ORIGINAL EN COULEUR
NP Z 43-120-8

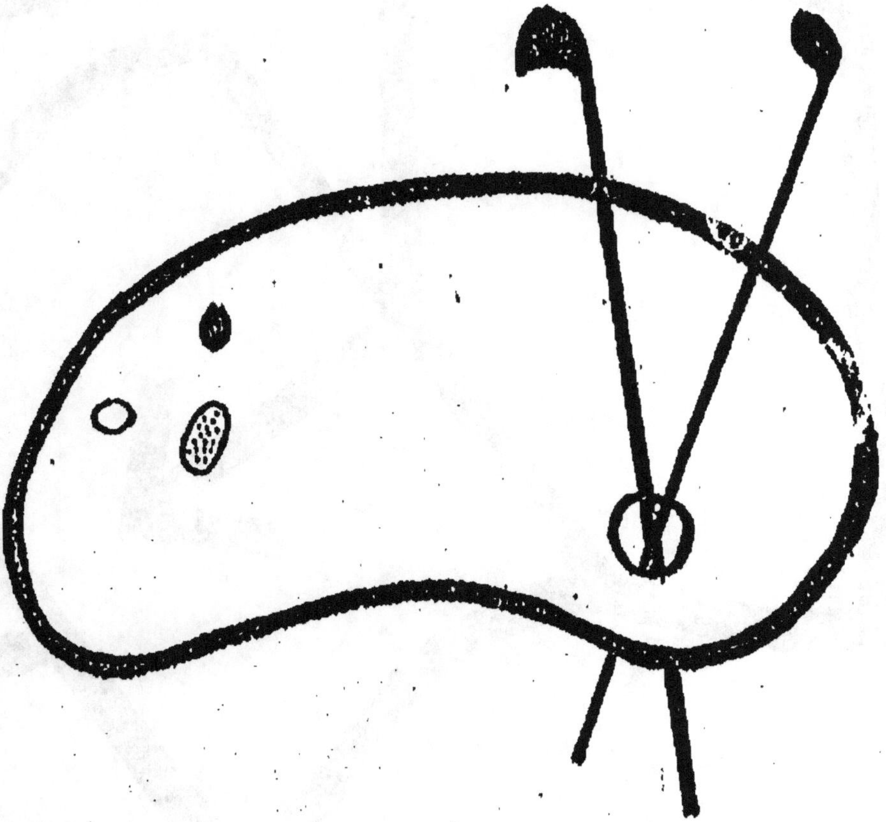

Couverture supérieure manquante

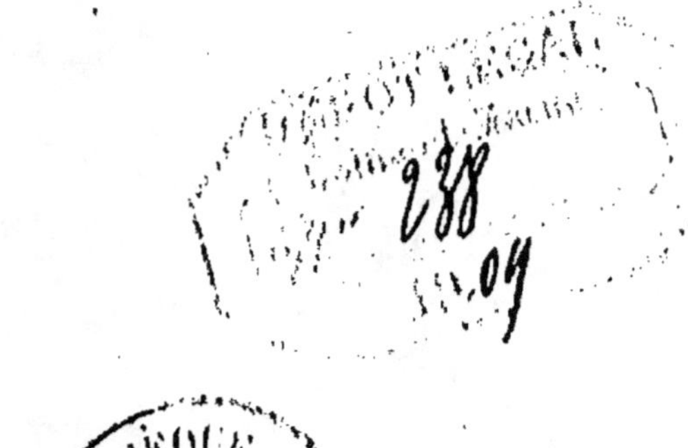

SOUVENIRS

ÉMILE COLIN ET Cie — IMPRIMERIE DE LAGNY
E. GREVIN, SUCC^r

HENRI BRISSON

Ancien Président du Conseil.

SOUVENIRS

AFFAIRE DREYFUS

AVEC DOCUMENTS

STÉNOGRAPHIE DE DÉBATS PARLEMENTAIRES,
TEXTE DES ARRÊTS DE LA COUR DE CASSATION,
PROJETS DE LOIS, LETTRES, DISCOURS, ETC.

PARIS

ÉDOUARD CORNÉLY ET Cⁱᵉ, ÉDITEURS

101, RUE DE VAUGIRARD, 101

1908

« Vive la justice quand même ! »

C'était le 9 septembre 1899; j'attendais anxieusement, sur la terrasse de mon jardinet de Montmorency, l'issue du procès de Rennes; je comptais sur un télégramme. Tout à coup, un inconnu, passant rapidement dans la petite rue des Moulins, me salue, et, lisant dans mon regard, crie vers moi, d'une voix tremblante d'émotion : « Dreyfus est condamné, encore une fois... Ne désespérons pas : vive la justice quand même ! »

Je n'ai jamais revu cet inconnu, je ne sais pas encore qui il était.

Combien il avait raison, l'événement l'a prouvé.

Les Souvenirs réunis dans ce livre ont été écrits au courant de la plume, au lendemain des incidents parlementaires des 6 et 7 avril 1903, incidents inoubliables pour moi ; ils ont paru dans le SIÈCLE en cette même année. Mes amis me conseillèrent dès lors de les rassembler en un volume. « Il y a d'abord, me disaient-ils, un intérêt bibliographique : ceux que le sujet intéresse n'auront pas à rechercher dans la collection d'un journal l'historique de faits que, seul, vous pouviez fixer. » Ils alléguaient aussi l'intérêt que présentaient en eux-mêmes ces faits ainsi précisés et rassemblés.

J'avais donc, dès 1904, réuni ces articles, selon le désir de mes amis ; mais, à la réflexion, j'ai préféré attendre, pour les présenter au public, le jour, certain pour moi, où la lutte serait définitivement close en faveur de la vérité.

« Vive la justice quand même ! »

Cette parole de mon inconnu de Montmorency résonnait constamment à mon oreille et à mon esprit.

Or, au moment où j'écrivais ces notes, Dreyfus était encore à l'état de condamné.

Depuis lors, la vérité a lui. Elle est entrée dans l'histoire. Tout récemment, au Luxembourg, le pays éclairé rendait à la mémoire du premier promoteur de la revision, à Scheurer-Kestner, l'hommage qui lui était dû.

Demain, ce sera le tour de Zola, au Panthéon.

« Vive la justice quand même! »

Je viens de relire ces SOUVENIRS; je viens de revivre ces deux mois qui s'écoulèrent pour moi à la présidence du Conseil des ministres entre le 30 août 1898, date des aveux d'Henry, ou du moins de la communication qui m'en fut faite, et le 25 octobre, jour où la Chambre me renversa parce que j'avais décidé la première revision.

Mon ami Sarrien, alors garde des sceaux, était renversé avec moi; c'était lui qui avait saisi la Cour de cassation de la demande en revision.

Huit ans plus tard, la seconde revision était faite. La Cour de cassation, toutes chambres réunies, par arrêt du 12 juillet 1906, annulait les deux condamnations de 1894 et de 1899.

« Vive la justice quand même ! »

Le 12 juin 1906, mon ami Sarrien, renversé avec moi le 25 octobre 1898, était devenu président du Conseil des ministres ; il présentait aux Chambres les deux lois par lesquelles Dreyfus et Picquart étaient replacés dans l'armée ; ces deux lois étaient votées par des majorités considérables.

Le 25 octobre 1898, cinq minutes avant le vote qui détermina ma chute, j'avais dit à la tribune :

« Jamais je n'ai eu la conscience d'avoir « rempli un devoir plus noble, plus impé- « rieux et plus difficile. »

Le 13 juillet 1906, devenu président de la Chambre des députés, après avoir proclamé le vote de la loi qui réhabilitait Dreyfus, je prononçais au fauteuil les paroles suivantes :

« Votre président, messieurs, enregistre

« avec fierté ce vote; il consacre par une loi
« ce triomphe de la justice qui depuis deux
« jours vaut à la France les acclamations du
« monde. »

Mes amis ont pensé qu'il n'était pas sans
intérêt, même à cette heure, de faire ce rap-
prochement historique entre l'échec de la première revision et le succès de la seconde.

« Vive la justice quand même ! »

H. B.

Montmorency, 15 mai 1908.

SOUVENIRS

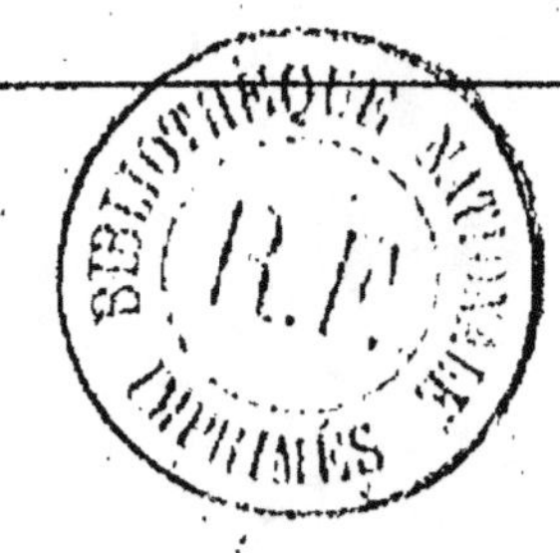

Paris, 10 janvier 1904.

Je ne pensais nullement à rien publier sur la part que j'avais prise, en septembre et octobre 1898, comme président du Conseil, à la revision de l'affaire Dreyfus. Près de cinq années s'étaient écoulées. Un grand malheur m'avait frappé au début de 1903; je n'intervenais plus dans les discussions de la Chambre. Arriva le bruit qui se fit autour du « bordereau annoté » et du rôle qu'il aurait joué dans le procès de Rennes. Le 6 avril, M. Jaurès montait à la tribune; je suivais avec une attention particulière sa merveilleuse argumentation, lorsque soudain il donna lecture de la fameuse lettre de M. le général de Pellieux. Je laisse ici la parole au *Journal Officiel :*

M. JAURÈS. — . . . .
. . . .
. . . .

Voici maintenant qu'éclate le faux Henry. Il semblait que ce faux, avoué par son auteur, devait enfin mettre un terme aux polémiques. Si le bon sens de ce pays avait été laissé à lui-même, si la conscience de ce pays avait été laissée à elle-même, la conviction unanime se serait faite dès le lendemain qu'une cause qu'on était réduit à servir par des pièces fausses était une cause injuste et mauvaise.

Il y a eu, messieurs, dans bien des consciences, un mouvement de révolte ; à cette heure bien des yeux se sont ouverts qui, jusque-là, étaient restés obstinément clos, et parmi les hommes qui ont crié non pas leur trouble mais leur colère, parmi les hommes qui ont crié aux machinateurs de faux : vous avez trompé le pays et vous m'avez trompé, il y a au premier rang celui qui avait été votre représentant le plus populaire, celui qui avait conduit l'enquête sur Esterhazy, celui qui, au procès Zola, avait porté la parole au nom de l'armée avec le plus d'autorité et le plus d'éclat, c'est le général de Pellieux que je veux dire.

Eh bien, lorsque le général de Pellieux a appris l'aveu d'Henry, il a écrit au ministre de la Guerre une lettre qui a été cachée au pays, une lettre qui n'a été montrée ni aux juges de la Cour de cassation, ni aux juges du conseil de Rennes.....

M. Massabuau. — On vous l'a montrée depuis à vous? (*Bruit à gauche.*)

M. Jaurès. — ... Une lettre dont les termes appelaient une enquête nécessaire. Cette lettre, des personnages qui ont vécu dans l'entourage du général de Pellieux et qui ont recueilli ses confidences désespérées m'en ont donné le texte que je communique à la Chambre :

« Le général de brigade adjoint au général de division commandant la place de Paris, à M. le ministre de la Guerre.

« Paris, le 31 août 1898.

« Dupe de gens sans honneur, ne pouvant plus espérer compter sur la confiance de mes subordonnés sans laquelle le commandement est impossible, et, de mon côté, ne pouvant avoir confiance en ceux de mes chefs qui m'ont fait travailler sur des faux; je demande ma mise à la retraite. » (*Vifs applaudissements à l'extrême gauche et à gauche.*)

M. Henri Brisson. — Je demande la parole.

M. LE PRÉSIDENT. — La parole est à M. Brisson, avec l'assentiment de M. Jaurès.

M. HENRI BRISSON. — Monsieur Jaurès, pardonnez à mon émotion de vous interrompre. (*Rumeurs à droite. — Applaudissements à gauche et à l'extrême gauche.*)

Vous avez dit, si je vous ai bien entendu — et je vous prête, vous pouvez le croire, toute mon attention — que cette lettre du général de Pellieux était datée du 31 août 1898.

M. JAURÈS. — Oui !

M. HENRI BRISSON. — Président du Conseil d'alors, je déclare que le gouvernement dont je faisais partie n'en a pas eu connaissance. (*Nouveaux applaudissements à gauche et à l'extrême gauche.*)

M. GEORGES BERRY. — Elle a paru dans tous les journaux (1).

M. ROULAND. — C'est un effet d'audience ; un scénario préparé. (*Bruit.*)

M. GODEFROY CAVAIGNAC. — Je demande la parole.

M. LE PRÉSIDENT. — La parole est à M. Cavaignac.

M. GODEFROY CAVAIGNAC. — Je voudrais bien savoir quelles conclusions vous avez l'intention de tirer d'une lettre que vous prétendez avoir été cachée et qui a été accompagnée à la même heure d'une interview semblable parue dans tous les journaux. (*Bruit.*)

---

(1) La lettre n'avait paru dans aucun journal.

Quand vous venez spéculer sur ces faits, je dis que vous jouez une pure comédie... (*Bruit prolongé à gauche.*)

M. LE PRÉSIDENT. — Il ne se joue pas de comédie ici.

M. GODEFROY CAVAIGNAC. — ... Et quant au jugement dont vous prétendez tirer parti ici et que le général de Pellieux aurait porté sur ses chefs, je déclare que je n'en ai pas tenu compte. (*Bruit.*)

De ce qui a été fait alors, je prends la responsabilité et j'apporte ici, aux hommes qu'on a mis en cause et contre lesquels on dirige dans le vague je ne sais quelles insinuations ou accusations dont on n'ose même pas prendre la responsabilité complète, le témoignage de ma confiance entière dans leur loyauté et dans leur bonne foi. (*Applaudissements à droite et sur divers bancs au centre.*)

M. HENRI BRISSON. — Messieurs, je ne veux faire ici qu'une constatation. Je savais déjà, par la déposition de M. le capitaine Cuignet devant la Cour de cassation, que M. Cavaignac, ministre de la Guerre, était, dès le 14 août — c'est la propre expression de M. le capitaine Cuignet — convaincu que ce que l'on a appelé « le faux Henry » était un faux. Or, il n'en a averti le président du conseil que le 30 août, et j'apprends maintenant que le 31 août, le jour où le colonel Henry mourait sous vos verrous, vous aviez cette lettre du général de Pellieux !

M. Georges Berthoulat. — Elle a été publiée dans tous les journaux.

M. Henri Brisson. — Vous saviez, le 31 août, que le général de Pellieux avait écrit cette lettre et vous déclarez que vous n'en avez tenu aucun compte et vous n'en avisez ni le président du conseil ni le gouvernement dont cette lettre pouvait aider à former l'opinion ! (*Très bien ! très bien ! à gauche.*)

Ah ! je vois bien la suite de vos actes : Entre le 14 août, jour où vous étiez convaincu du faux Henry, faux que vous aviez apporté à cette tribune, entre le 14 août et le 30 août, vous êtes allé au Mans présider le Conseil général, dit M. le capitaine Cuignet, mais au Mans vous vous êtes rencontré et vous avez pu sans doute vous concerter sur la conduite à tenir avec le général commandant le corps d'armée, M. le général Mercier. (*Vifs applaudissements à gauche et à l'extrême gauche.*)

La suite de ce concert aurait-elle été de vous pousser à cacher des pièces décisives au gouvernement dont vous faisiez partie et dont la loyauté se reposait sur votre renommée ? (*Applaudissements à gauche et à l'extrême gauche. — Rumeurs au centre et à droite.*)

Voilà ce que vous avez fait, monsieur Cavaignac. Le voilà ! (*Nouveaux applaudissements à gauche et à l'extrême gauche.*)

Eh bien ! bénissez l'amnistie, car si elle n'avait

pas été votée, vous mériteriez d'être mis en accusation. (*Vifs applaudissements à gauche et à l'extrême gauche. — Bruit à droite et au centre.*)

Mais que serait-il besoin d'un châtiment matériel en présence du châtiment moral qui pèse sur vous et vous atteint ? (*Applaudissements à gauche et à l'extrême gauche.*) Ce parti qui vous couvrait de ses acclamations il y a quelques années, lorsque vous déposiez des projets de réformes démocratiques, ce parti, regardez-le, entendez-le, écoutez-le ! (*Nouveaux applaudissements à gauche et à l'extrême gauche.*)

Parmi ceux qui faisaient votre éloge, j'ai le droit de me ranger. Un jour (1), à la tribune, j'ai rappelé que, quelques jours auparavant, vous aviez déposé une proposition de réforme fiscale et sociale, de réforme démocratique, et je vous ai félicité de marcher sur les traces de celui dont vous portez le nom et le prénom, de ce Godefroy Cavaignac dont vous sembliez suivre la tradition.

Depuis de longs jours, hélas ! je passe au cimetière Montmartre devant sa statue et je salue tristement ce bronze. Eh bien ! je me demande, à cette heure où retentit à la tribune la révélation que vous venez d'entendre, si ce bronze ne va pas se dresser et, tenant entre ses doigts crispés la plume et l'épée que Rude y avait mises comme pour exprimer que

______

(1) Voir page 268, discours du 17 juillet 1894.

ce paladin de la République donnait à sa cause et son âme et sa vie ; je me demande s'il ne va pas se dresser devant vous et vous crier : « Vous n'êtes plus de notre lignée ! » (*Vifs applaudissements à gauche et à l'extrême gauche. — Bruit sur divers bancs au centre et à droite.*)

M. GODEFROY CAVAIGNAC. — J'ai trois choses à répondre à M. Henri Brisson... (*Interruptions.*)

A droite. — Des Bouches-du-Rhône. (*Exclamations à gauche.*)

M. KRAUSS. — Paris vous a répondu hier !

M. GODEFROY CAVAIGNAC. — Il n'a pas craint de dire que sur la question du faux Henry ma conviction était faite le 14 août ; cela n'est pas vrai.

M. CHARLES BOS. — C'était fait avant. (*Bruit au centre.*)

M. GODEFROY CAVAIGNAC. — Ma conviction n'a été faite sur le faux Henry que le jour où, après être sorti volontairement des procédures régulières, j'ai fait venir devant moi l'homme qui avait commis cet acte et où, par la force de ma résolution et de ma volonté, j'ai obtenu de lui un aveu que personne autre que moi ne lui aurait arraché.

Ah oui ! si j'avais voulu faire ce que vous paraissez insinuer sans oser le dire, si j'avais voulu écarter ou dissimuler l'aveu, savez-vous ce que j'aurais fait ?

Le jour où le premier doute est venu dans mon

esprit, oui, j'aurais livré, sans aller jusqu'au bout de mon enquête, j'aurais livré le lieutenant-colonel Henry...

M. Pajot. — C'est ce que vous avez eu l'intention de faire !

M. Godefroy Cavaignac. — ... à quelqu'une, monsieur Henri Brisson, soit de ces instructions judiciaires où vous avez su accumuler les garanties pour l'accusé à tel point qu'il n'en reste plus pour la recherche de la vérité... (*Applaudissements sur divers bancs au centre et à droite. — Exclamations à l'extrême gauche.*)

M. Aristide Briand. — Vous avez préféré lui envoyer un rasoir. (*Bruit.*)

M. Godefroy Cavaignac. — Peut-être aussi, monsieur Henri Brisson, à quelqu'une de ces enquêtes parlementaires dont on nous parle aujourd'hui, dont vous avez dirigé l'une et où vous savez si bien combien la vérité échappe facilement à ceux qui la cherchent. (*Applaudissements et rires sur les mêmes bancs, au centre et à droite.*)

Eh bien, non ! Je suis sorti volontairement des voies régulières : j'ai fait venir le coupable devant moi et j'ai obtenu de lui ce que des voix sorties de vos rangs ont appelé un jour, dans un accès de franchise, le seul atome de vérité prouvée qu'il y ait dans cette affaire ; j'ai arraché de lui par ma résolution et par ma volonté l'aveu que vous essayez aujourd'hui d'exploiter contre nous. (*Bruit à l'extrême gauche.*)

Vous avez encore, monsieur Henri Brisson, insinué ou affirmé que j'aurais établi à ce sujet un concert avec le commandant du 4° corps. Sur ce point, c'est bien simple : je vous oppose le démenti le plus net et le plus formel. (*Applaudissements sur divers bancs, au centre et à droite.*)

Quant à cette autre affirmation que vous avez été singulièrement imprudent de porter ici, monsieur Henri Brisson, d'après laquelle je vous aurais dissimulé la pièce dont a parlé M. Jaurès, je n'ai jamais, quant à moi, connu cette pièce ; aucune des personnes avec qui j'ai été en rapport au ministère de la Guerre ne m'en a jamais soufflé un seul mot.

M. Jean Codet. — Monsieur Cavaignac, vous avez dit tout à l'heure le contraire !

M. Maurice Violette. — Vous avez dit que vous n'en aviez pas tenu compte !

M. Godefroy Cavaignac. — Je croyais que M. Henri Brisson faisait allusion à la prétendue lettre de l'empereur d'Allemagne, sur laquelle M. Jaurès a appuyé son argumentation.

M. Jaurès. — Mais vous ne contestez pas la lettre du général de Pellieux ! Non ! C'est entendu !

M. Godefroy Cavaignac. — Mais s'il s'agit de la lettre du général de Pellieux, en quoi cette lettre était-elle une pièce du dossier ? (*Exclamations à gauche et à l'extrême gauche.*)

M. Jaurès. — Je demande la parole! (*On rit.*)

M. Godefroy Cavaignac. — Je demande en quoi une appréciation produite, formulée par M. le général de Pellieux — vous ne savez pas même s'il l'a maintenue dans son esprit (*Exclamations à l'extrême gauche*) et je crois savoir qu'il l'a regrettée aussitôt après l'avoir écrite — je demande en quoi cette lettre de M. le général de Pellieux constituait une pièce du dossier ! (*Interruptions à gauche.*)

Je répète que tout le dossier a été mis à la disposition de M. Henri Brisson, qui l'a reconnu lui-même à cette tribune, dans la séance du 18 décembre.

M. Henri Brisson a terminé en mêlant à cette affaire la politique et les excommunications de parti. (*Exclamations ironiques sur les mêmes bancs.*) Il a prononcé des jugements au nom de la conscience universelle, comme si notre conscience, à nous, ne valait pas au moins la sienne. (*Applaudissements au centre et à droite. — Bruit à gauche.*)

Vous n'êtes pas des juges ; vous êtes des adversaires politiques que nous combattrons sans relâche.

M. Henri Brisson évoquait ici le souvenir des républicains d'autrefois, des républicains dont nous nous honorons de revendiquer les traditions, et faisait appel à leur témoignage. Oui, je voudrais bien qu'on les appelât ici, les hommes qui ont fondé autrefois la République contre les régimes de corruption de jadis ; je voudrais bien qu'on les appelât ici...

M. Jules-Louis Breton. — Ils vous enverraient à l'échafaud, ceux-là !

M. Godefroy Cavaignac. — J'ai peut-être plus de droits que M. Henri Brisson de parler au nom de ceux qu'il a eu l'audace d'évoquer tout à l'heure. Oui, je voudrais qu'on rappelât ici les hommes qui ont fondé la République autrefois en face des monarchies et qui ont créé ce parti d'honnêteté politique et de fierté nationale qu'était le parti républicain. Je voudrais bien qu'on rappelât ici... (*Interruptions et bruit à l'extrême gauche et à gauche.*)

M. Jules-Louis Breton. — Si nous étions la Convention, il y a longtemps que vous seriez guillotiné ! (*Bruit.*)

M. le Président. — Monsieur Breton, je vous rappelle à l'ordre.

M. Godefroy Cavaignac. — ... ceux qui ont fondé le parti républicain en face de la monarchie parlementaire de Juillet, je voudrais qu'on pût leur demander si le régime d'aujourd'hui ressemble plus à celui qu'ils avaient rêvé qu'à ceux qu'ils ont combattus et renversés. (*Applaudissements au centre.*)

M. LE PRÉSIDENT. — La parole est à M. Jaurès.

M. JAURÈS. — Je n'ai qu'un mot à ajouter sur cet incident.

Je n'ai jamais dit que M. Cavaignac ait eu connaissance de la lettre de Guillaume II ; mais je prends acte de sa déclaration relativement à la lettre du général de Pellieux : il l'a reconnue authentique et il reconnaît l'avoir reçue.

Ce que cette lettre a de grave, monsieur Cavaignac, et ce qui est vraiment étrange, c'est que vous n'ayez pas remarqué...

M. GODEFROY CAVAIGNAC. — Voulez-vous me permettre un mot ? (*Exclamations à gauche.*)

M. JAURÈS. — Soit ! Parlez !

Je crois, messieurs, que les documents que j'apporte peuvent soutenir la contradiction, et je n'ai qu'un regret, c'est qu'on n'ait pas soumis à la même épreuve ceux que M. Cavaignac apportait jadis à cette tribune. (*Très bien ! à l'extrême gauche et à gauche.*)

M. GODEFROY CAVAIGNAC. — J'ai pris, et je prends, je le répète, la responsabilité de tout ce qui a pu être fait au sujet de la lettre du général de Pellieux.

Cependant, comme il s'agit de souvenirs qui remontent à cinq années, je ne puis pas dire si elle est arrivée au ministère ou si elle y est arrivée avant ou après mon départ.

Le sens de mes paroles est celui-ci : je déclare que, même si cette lettre fût parvenue au ministère alors que j'y étais, je n'en aurais tenu aucun compte. (*Très bien! très bien! à droite et sur divers bancs. — Bruit à gauche et à l'extrême gauche.*)

M. JAURÈS. — Voilà un fait qu'il vaudrait vraiment la peine de tirer au clair.

Il s'agira de savoir qui a pris la responsabilité, dans cette crise, de garder pour lui-même un document qui, selon nous, pouvait éclairer le problème d'un jour décisif. Ce qui paraît avoir échappé, à moins qu'ils ne l'aient trop bien vu, à ceux qui ont gardé pour eux cette pièce, c'est qu'elle est grave, particulièrement grave, en ce que le général de Pellieux, qui avait conduit l'enquête Esterhazy qui a servi de base à tout le développement ultérieur, c'est que le général de Pellieux, rappelant ses souvenirs, les éclairant à la lumière de l'aveu d'Henry, accuse certains de ses chefs, non pas de s'être trompés comme lui, mais de l'avoir systématiquement et délibérément trompé .. (*Mouvements divers.*)

Lorsqu'il dit : « Dupe de gens sans honneur », et lorsqu'il ajoute qu' « il ne peut garder sa confiance en ceux de ses chefs qui l'ont fait travailler sur des faux », c'est l'accusation directe de complicité morale avec Henry que porte le général de Pellieux. (*Applaudissements à gauche et à l'extrême gauche. — Exclamations au centre et à droite.*)

Et notez qu'il dit qu'on l'a « fait travailler sur des faux », c'est-à-dire qu'on a égaré sur des pièces fausses l'enquête d'où devait résulter pour ce pays la lumière et l'apaisement.

Voilà ce qui était grave au moment où Henry avouait le crime commis par lui, et où il importait de savoir si c'était un crime isolé ou bien s'il se rattachait à tout un système de mensonge et de faux. Cette pièce pouvait avoir une importance capitale. En tout cas, c'était le devoir de ceux qui l'avaient reçue d'appeler le général de Pellieux à s'expliquer sur son contenu non seulement devant eux-mêmes, mais devant tout le gouvernement responsable qui avait à prendre solidairement des décisions et des responsabilités. C'est ce devoir qui n'a pas été rempli ; et lorsque vous dites que vous ne savez pas si le général de Pellieux n'a pas en partie retiré la pensée exprimée par lui dans cette lettre, j'ai des raisons de croire qu'il l'a maintenue, j'ai des raisons de croire qu'il a insisté pour que la pièce qui lui était renvoyée retournât au point où il avait voulu la destiner, mais je serai d'accord avec vous, si vous le demandez, pour réclamer que sur ce point où il importe que la lumière soit faite, le ministre, le gouvernement, nous apportent après enquête le résultat nécessaire que doit attendre le pays républicain.

Mais, messieurs, laissez-moi vous dire — et cela

se rattache étroitement à tout le plan que j'ai développé ici — laissez-moi vous dire qu'en cachant cette lettre du général de Pellieux qui aggravait la signification du faux Henry et la portée de ses aveux, on a permis au parti du faux, au parti du mensonge, de se recueillir, de se ressaisir, et, après quelques journées de stupeur, de recommencer autour d'un autre faux, la lettre de Guillaume II, la même campagne plus audacieuse encore et plus cynique. (*Applaudissements à l'extrême gauche.*)

Le lendemain 7 avril, le débat reprenait ; nous échangions encore, M. Cavaignac et moi, des paroles décisives, et M. le général André, ministre de la Guerre, faisait à la Chambre les communications que l'on va lire :

M. LE PRÉSIDENT. — La parole est à M. le ministre de la Guerre.

M. LE GÉNÉRAL ANDRÉ, *ministre de la Guerre.* — Messieurs, le Gouvernement entend faciliter, dans la plus large mesure, la recherche et la mise en évidence de la vérité dans l'affaire dont il s'agit aujourd'hui. (*Applaudissements sur divers bancs.*)

M. FABIEN-CESBRON. — Mais les juges ont parlé!

M. LE MINISTRE DE LA GUERRE. —Pour mon compte,

je tiens à affirmer que l'honneur de l'armée n'est à aucun degré engagé dans cette affaire. (*Applaudissements.*) Des condamnations ont été prononcées, je le reconnais, mais à aucun moment, je n'ai pu être heureux de voir condamner pour le plus infâme des crimes, un officier français. (*Nouveaux applaudissements.*)

M. LE COMTE DU PÉRIER DE LARSAN. — Nous sommes tous de cet avis.

M. LE PRÉSIDENT. — Bien entendu, tout le monde partage ce sentiment.

M. LE MINISTRE DE LA GUERRE. — Je ne suivrai pas l'honorable M. Jaurès dans l'examen assez détaillé qu'il a fait de cette affaire. Je m'en tiens au jugement du dernier conseil de guerre. (*Vifs applaudissements au centre et à droite.*)

Mais j'estime que la conscience de ce pays a singulièrement été inquiétée par l'apparition des circonstances atténuantes dans un crime de cette nature. (*Mouvements divers.*)

M. JULIEN GOUJON (*Seine-Inférieure*). — Le décret de grâce l'a rassurée.

M. LE MINISTRE DE LA GUERRE. — Tout en restant, comme membre du gouvernement, respectueux de la vérité légale, je comprends parfaitement les inquiétudes et l'anxiété de certains d'entre vous.

Pour apporter en ce moment une contribution à la vérité, j'apporte la lettre du général de Pellieux

dont il a été question. (*Applaudissements à gauche.
— Mouvements divers à droite.*)

Les secrets dont j'ai la garde et que je conserve, je les communique au Parlement. (*Applaudissements à gauche. — Exclamations et rires à droite.*)

M. GAYRAUD. — C'est un étrange moyen de les conserver.

M. LE MINISTRE DE LA GUERRE. — Permettez ! je les communique dans la limite où je le crois possible.

Il y a d'abord une lettre du 31 août 1898 :

« Le général de brigade de Pellieux, commandant le département de la Seine, au général de division commandant la place de Paris.

» Mon général,

» J'ai l'honneur de vous prier de vouloir bien transmettre à M. le ministre de la Guerre la demande ci-jointe que je lui adresse.

» DE PELLIEUX. »

» Paris, 31 août.

» Vu et transmis :
» Le général commandant la place de Paris,
» BORIUS. »

Il n'y a rien avec cette pièce. Pourquoi n'y a-t-il rien ?

Mais voici une note :

« J'ai l'honneur de retourner cette demande au général commandant la place de Paris. Le général de Pellieux a bien voulu consentir à la retirer.

» 2 septembre 1898.

» *Le gouverneur militaire de Paris,*
» Zurlinden. »

Donc une pièce est arrivée au ministre.

Elle est arrivée au gouverneur et le gouverneur l'a retournée à son tour.

Continuons l'historique. Ceci est du 31 août 1898.

Le 4 juin 1899, le général Zurlinden, gouverneur de Paris, écrit au ministre de la Guerre :

« Monsieur le Ministre,

» J'ai l'honneur de vous adresser ci-joint une lettre du général de Pellieux du 31 août 1898, dont je vous ai parlé hier. (*Mouvements divers.*)

» Cette lettre est écrite le 4 juin 1899.

» Je crois que, pour fixer complètement votre opinion sur cet officier général, il serait utile que vous le fissiez venir dans votre cabinet. En quelques minutes de conversation vous verriez certainement plus clair dans son intervention et son rôle qu'à la suite de longues recherches.

» Général Zurlinden. »

» *Post-scriptum* : C'est à la suite d'un entretien avec M. Cavaignac, alors ministre de la Guerre, que le général de Pellieux a retiré sa demande du 31 août 1898. » (*Exclamations à gauche.*)

(M. Godefroy Cavaignac fait un signe de dénégation.)

M. LE PRÉSIDENT. — Le silence convient dans la circonstance.

M. LE MINISTRE DE LA GUERRE. — C'est là une lettre d'envoi adressée au ministre de la guerre; elle est du 4 juin 1899 et voici la lettre d'envoi qui accompagne la première.

C'est le général de Pellieux qui renvoie sa lettre.

« A Monsieur le gouverneur militaire de Paris » : — c'est la voie hiérarchique.

« Monsieur le Gouverneur,

» Conformément au désir que vous m'exprimez dans votre lettre du 3 juin, j'ai l'honneur de vous adresser la demande que je vous priais de transmettre à M. le ministre de la Guerre en date du 31 août dernier. »

Voici la lettre que le général de Pellieux a conservée pendant dix mois et qu'il renvoie au ministre de la Guerre. Elle arrive avec sa date du 31 août 1898 :

« **Monsieur le Ministre,**

» Dupe de gens sans honneur, ne pouvant espérer conserver la confiance de mes subordonnés sans laquelle il n'y a pas de commandement possible, ayant perdu de mon côté la confiance de ceux de mes chefs qui m'ont fait travailler sur des faux... »

A l'extrême gauche. — Voilà !

M LE MINISTRE DE LA GUERRE. — « ... j'ai l'honneur de vous prier de vouloir bien liquider ma retraite pour ancienneté de service. »

Voilà, vérifiée, certifiée officiellement, la lettre dont il vous a été donné lecture hier. (*Applaudissements à l'extrême gauche et à gauche.*)

Je le répète, je n'examine absolument pas la question, mais le gouvernement, désireux de faciliter absolument la recherche de la vérité dans cette affaire, accepte entièrement d'être chargé de procéder administrativement à une enquête. (*Vifs applaudissements à l'extrême gauche et à gauche.*)

J'ajoute que, pour sauvegarder ma responsabilité, je me propose, d'accord avec le gouvernement qui en a ainsi décidé, de me laisser assister par un certain nombre de magistrats dans le dépouillement des pièces auquel il sera procédé. (*Applaudissements sur les mêmes bancs.*)

M. GODEFROY CAVAIGNAC — Je demande la parole.

M. LE PRÉSIDENT. — La parole serait à M. Lasies.

M. LASIES. — Je cède mon tour de parole à M. Cavaignac.

M. CAMILLE KRANTZ. — Je demande la parole pour un fait personnel.

Sur plusieurs bancs. — Parlez !

M. LE PRÉSIDENT. — Je donne la parole à M. Krantz pour un fait personnel.

M. CAMILLE KRANTZ. — J'ai demandé la parole pour confirmer ce que M. le ministre de la guerre vient de dire et pour expliquer dans quelles circonstances le ministre de la Guerre de juin 1899 a pris connaissance de la lettre du général de Pellieux. A cette époque, 4 juin 1899, l'arrêt de révision était rendu. Le gouvernement dont j'avais l'honneur de faire partie avait décidé de rechercher, après le prononcé de l'arrêt de révision, toutes les responsabilités qui pouvaient être engagées...

M. PAUL DELOMBRE. — Très bien !

M. CAMILLE KRANTZ. — ... dans l'affaire Dreyfus et que cette révision avait révélées. Ayant succédé à M. de Freycinet au ministère de la Guerre et conformément à l'engagement qu'il avait pris dans le conseil, je me suis occupé de rechercher ces responsabilités et j'ai eu notamment à m'occuper du général de Pellieux. C'est à cette occasion qu'ayant appris par M. le général Zurlinden, gouverneur de

Paris, que le général de Pellieux, le 31 août 1898, à la suite de la découverte du faux Henry, avait demandé sa mise à la retraite et avait ensuite retiré cette demande, j'ai demandé communication de la lettre qu'il avait écrite.

M. GUSTAVE ROUANET. — Elle n'avait donc pas paru dans les journaux ?

M. CAMILLE KRANTZ. — Ce n'est pas dans les journaux que le ministre de la Guerre a coutume de rechercher ce qui concerne les officiers sur le sort desquels il peut avoir à se prononcer. (*Applaudissements à droite et au centre.*)

J'ai pris connaissance de cette lettre ; j'ai fait venir dans mon cabinet le général de Pellieux et, après l'avoir entendu, je me suis absolument refusé à le déplacer. (*Applaudissements au centre et à droite.*)

M. JULES-LOUIS BRETON. — Cela n'empêche pas que sa lettre avait été escamotée par M. Cavaignac. (*Exclamations et bruit au centre et à droite.*)

M. LE PRÉSIDENT. — La parole est à M. Cavaignac.

M. GODEFROY CAVAIGNAC. — Je n'ai tout d'abord qu'à renouveler ici la déclaration que j'ai faite hier devant la Chambre. Cette déclaration était celle-ci : Je prends la responsabilité de tout ce qui a été fait et j'estime qu'en présence d'une lettre comme celle du général de Pellieux, le ministre de la Guerre n'avait qu'une résolution à prendre, c'était de n'en point tenir compte. (*Exclamations iro-niques à l'extrême gauche et à gauche. — Applau-dissements à droite et au centre.*)

Cette première déclaration faite, afin que per-sonne ne puisse supposer que dans l'examen des faits je cherche à dégager ma responsabilité, j'en arrive à la précision sur des faits qui n'ont, à mes yeux d'ailleurs, je le répète, aucune importance. (*Rires ironiques à gauche.*)

Lorsque M. le général de Pellieux s'est adressé au gouverneur militaire de Paris, M. le général Zurlinden — et je suis ici autorisé à parler au nom de M. le général Zurlinden — lorsque le général de Pellieux est venu apporter au gouverneur militaire de Paris la lettre qu'il lui avait adressée, celui-ci a fait ce que font en pareil cas tous les chefs mili-taires, toutes les fois qu'ils se trouvent en présence d'une demande faite dans un premier mouvement qu'ils peuvent juger irréfléchi ; il a dit au général de Pellieux : Je garderai votre lettre ; nous en re-parlerons dans quelques jours.

Quelques jours après, le général de Pellieux est venu retrouver le général Zurlinden et il a repris sa lettre ; ceci confirme et explique notamment les pièces mêmes apportées tout à l'heure par M. le ministre de la Guerre.

Sur plusieurs bancs à gauche. — Mais non !
A droite. — Mais si !

M. Godefroy Cavaignac. — Je vous demande pardon !

Ceci concorde absolument avec les deux pièces qu'a apportées M. le ministre de la Guerre, la lettre de transmission du général Borius au général Zurlinden et la lettre en retour du général Zurlinden au général Borius, ne contenant plus la lettre reprise par le général de Pellieux.

Donc à ce moment, je tire de là, s'il vous plaît de tirer des conclusions, je tire cette première conclusion que contrairement à ce que M. Jaurès a dit hier, le général de Pellieux n'a pas maintenu ce qu'il avait dit dans sa lettre. (*Interruptions et dénégations à l'extrême gauche et à gauche.*)

Je vous demande bien pardon ! C'était contesté hier et c'est établi aujourd'hui et par les déclarations que j'apporte et par celles qu'a apportées M. le ministre de la Guerre. (*Mouvements divers.*)

Je n'admets sur ce point aucune dénégation. Je dis que les déclarations que j'apporte de M. le général Zurlinden et celles que M. le ministre de la Guerre a apportées sont parfaitement concordantes. (*Protestations à l'extrême gauche et à gauche. — Applaudissements à droite et sur divers bancs.*)

M. le ministre de la Guerre. — Je veux faire remarquer que dans la lettre adressée par le général Zurlinden, gouverneur militaire de Paris, le 4 juin, il y a le *post-scriptum* suivant...

M. Godefroy Cavaignac. — Nous allons en parler tout à l'heure, monsieur le ministre de la Guerre.

A l'extrême gauche. — Lisez! lisez! (*Bruit.*)

M. le ministre de la Guerre. — Voici le *post-scriptum...*

M. Godefroy Cavaignac. — Monsieur le ministre, de la Guerre, je m'expliquerai à la fin. Je ne laisserai pas interrompre ma discussion. (*Applaudissements à droite. — Vives exclamations et protestations à l'extrême gauche.*) Vous imaginez-vous, messieurs, par hasard, que je suis ici pour subir vos volontés?

M. le Président. — Parlez en face, monsieur Cavaignac.

M. Godefroy Cavaignac. — Je parlerai comme il me convient et puisqu'on m'interrompt de ce côté (*l'extrême gauche*), je parlerai aux gens qui m'interrompent. (*Rumeurs et protestations à l'extrême gauche. — Bruit.*)

M. le Président. — Messieurs, vous ne pouvez pas empêcher M. Cavaignac de s'expliquer. Il a été appelé à la tribune, il doit avoir le droit de discuter librement. Votre dignité est engagée à l'écouter dans le silence le plus complet.

M. Godefroy Cavaignac. — Vous figurez-vous que nous prendrons en face de vous l'attitude d'accusés? (*Oui! oui! à l'extrême gauche. — Applaudissements à droite et sur divers bancs au centre.*)

Nous sommes en présence d'adversaires politiques, et s'il vous plaît de soulever ici des incidents personnels... (*Bruit.*)

M. LE PRÉSIDENT. — Je ne le tolérerais pas.

M. GODEFROY CAVAIGNAC. — Je reviens à l'examen des faits et je dis qu'il y a un premier point établi (*Bruit à gauche*), sur lequel, malgré la diversion de M. le ministre de la Guerre, je rappellerai l'attention de la Chambre : c'est que la lettre adressée par M. le général de Pellieux à M. le général Zurlinden lui a été remise par celui-ci trois jours après ; c'est la raison pour laquelle elle ne se trouve pas dans le dossier.

J'ajouterai, puisqu'en vérité, hier, on a paru attacher tant d'importance à ce que cette pièce du dossier, comme on disait, eût été entre les mains du ministre de la Guerre et qu'il l'eût gardée et dissimulée à M. Brisson, ce que M. Brisson n'a pas craint de venir affirmer faussement ici hier... (*Vives protestations à gauche et à l'extrême gauche. — Applaudissements à droite. — Bruit.*)

M. LE PRÉSIDENT. — Vous vous servez d'un mot, monsieur Cavaignac, que je ne puis tolérer.

M. HENRI BRISSON. — Je demande la parole. (*Rumeurs à droite. — Applaudissements à gauche et à l'extrême gauche.*)

M. LE PRÉSIDENT. — Vous avez la parole.

M. HENRI BRISSON. — M. Cavaignac ne peut pas

dire qu'il m'a communiqué la lettre de M. le général de Pellieux, car il a dit hier, répondant à
M. Jaurès, qu'il ne se rappelle même plus s'il était
encore au ministère de la Guerre lorsqu'elle y est
arrivée. (*Vifs applaudissements à gauche et à
l'extrême gauche.*)

M. Godefroy Cavaignac. — Je suis autorisé par
M. le général Zurlinden à dire ici qu'il a gardé
cette pièce et qu'elle n'a jamais été au ministère de
la Guerre. Voilà une déclaration positive et nette.
(*Applaudissements à droite.*)

M. Charles Bos. — Et le *post-scriptum?*

M. Godefroy Cavaignac. — J'en viens à la phrase
qu'a citée M. le ministre de la Guerre, à cette phrase
dans laquelle M. le général Zurlinden explique que
c'est à la suite d'un entretien avec moi que M. le
général de Pellieux aurait retiré sa lettre. M. le général Zurlinden commet sur ce point une erreur.
(*Exclamations à l'extrême gauche et à gauche.*) Je
n'ai pas vu le général de Pellieux et je ne l'ai pas
déterminé à retirer sa lettre. Mais j'ajoute, pour
vous mettre tout à fait à l'aise, que ce point n'a
aucune importance. (*Exclamations ironiques sur les
mêmes bancs.*)

Vous paraissez très préoccupés d'engager ma
responsabilité dans cette affaire.

M. Jules-Louis Breton. — Vous l'y avez engagée
tout seul.

M. LE PRÉSIDENT. — Monsieur Breton, je vous rappelle à l'ordre.

M. GODEFROY CAVAIGNAC. — Je vous dis : ne vous inquiétez pas de la voir vous échapper ; ma responsabilité, je l'engage devant vous. Je déclare d'abord que je prends, comme chef, la responsabilité de ce qu'a fait **M.** le général Zurlinden, vous entendez bien ; et je déclare ensuite que si la lettre, au lieu d'être venue entre ses mains, et d'être restée là, était venue entre les miennes, j'aurais fait exactement ce qu'il a fait, j'aurais considéré que cette lettre était un acte irréfléchi et sans portée (*Applaudissements à droite et sur plusieurs bancs au centre. — Interruptions et bruit à gauche*) et je lui aurais demandé de la retirer.

M. VIOLLETTE. — Vous avez dit le contraire hier.

M. GODEFROY CAVAIGNAC. — Je prends donc nettement aujourd'hui, comme je l'ai prise hier, la responsabilité de tout ce qui a été fait dans cette affaire. (*Très bien ! très bien ! à droite.*)

Et maintenant, messieurs, je réponds à M. Jaurès.

M. Jaurès a mis ici le parti nationaliste en cause. Il a parlé de ces accusations qui ont été portées contre la majorité actuelle au cours des opérations électorales, que nous sommes censés discuter. Je n'ai pas à parler ici de la forme de ces attaques. Ce n'est pas de la forme, mais du fond que je veux parler. On a mis le parti nationaliste en cause.

Eh bien ! oui, nous nous sommes trouvés, au cours de la dernière campagne électorale, en face de M. Jaurès, et nous avons dit au pays qu'on l'entraînait à son insu dans une entreprise de désorganisation nationale. (*Interruptions à gauche. — Applaudissements à droite et sur divers bancs au centre.*)

M. Jaurès et la majorité nous ont répondu à ce moment que la question n'était pas là ; que le débat entre nous était purement politique, qu'il s'agissait seulement de la défense de la République et du progrès démocratique.

Eh bien ! je dis qu'aujourd'hui en engageant, en imposant à la Chambre le débat qu'il a apporté ici, M. Jaurès s'est chargé de prouver lui-même que c'est nous qui avions raison. Il est assez manifeste, par la futilité même des arguments qu'on a apportés à cette tribune (*Applaudissements à droite et sur divers bancs au centre*), qu'il s'agit d'une entreprise politique. On ne viendra pas prétendre que c'est par amour de la vérité qu'on a apporté ici les allégations que nous avons entendues en ce qui concerne particulièrement la lettre du général de Pellieux. Nous nous trouvons en présence d'une entreprise politique nettement caractérisée ! Vous n'êtes pas ici les serviteurs de la vérité, vous êtes simplement les esclaves de vos passions et de vos rancunes politiques. (*Nouveaux applaudissements sur les mêmes bancs.*)

M. Octave Vigne. — Vous ne réussirez pas à tromper le pays.

M. Godefroy Cavaignac. — C'est l'importance de la séance d'aujourd'hui ; M. Jaurès a imposé à la majorité une entreprise nouvelle qui donne raison à tout ce que nous avons dit au cours de la campagne électorale (*Applaudissements à droite*) ; il vient d'arracher la Chambre à cette entreprise qui paraissait absorber toute son attention, à cette entreprise où elle a transformé l'ancienne politique anticléricale du parti républicain, qui était une politique de neutralité religieuse, où elle l'a transformée en une entreprise dans laquelle elle met la puissance de l'État au service d'une lutte contre une doctrine religieuse. (*Applaudissements sur divers bancs au centre et à droite.*) M. Jaurès a réussi à imposer à la majorité, qui n'en voulait pas, la continuation de ce que nous avons appelé et de ce que nous appelons encore une œuvre de désorganisation et de reniement national. (*Applaudissements sur les mêmes bancs.*) S'il pouvait y avoir un doute sur la nature et le caractère même de cette entreprise, ah ! j'en trouverais facilement la preuve dans les déclarations successives de M. Jaurès ; il a avoué lui-même un jour devant son parti que ce qu'il présentait ailleurs comme une campagne de justice et de vérité, n'était au fond qu'une entreprise contre l'organisation militaire elle-même.

M. Jules-Louis Breton. — Ce n'est pas clair. (*Exclamations à droite.*)

M. Godefroy Cavaignac. — Puis il a prononcé ici même, à cette tribune, au mois de juin dernier, des paroles de reniement national (*Applaudissements sur divers bancs au centre et à droite*), lorsqu'il a dit que nous devions proclamer à la face du pays que la France n'avait plus rien dans le fond de sa conscience qui l'empêchât de réclamer le désarmement simultané des peuples. (*Applaudissements sur les mêmes bancs.*)

Ce qu'on vise, ce ne sont pas telles ou telles personnalités, mais bien l'institution militaire elle-même. Cet aveu a échappé à M. Jaurès dans la surprise de son débat de l'autre jour avec M. Ribot, il a prononcé ici des paroles que je veux citer textuellement; il a dit...

A l'extrême gauche. — Est-ce un faux ?

M. Godefroy Cavaignac. — Messieurs, j'entends une interruption que je relève.

Vous voulez, vous, un débat personnel...

M. le Président. — Je ne le tolérerai pas, monsieur Cavaignac...

M. Godefroy Cavaignac. — Vous n'en avez pas l'air. (*Exclamations et bruit à l'extrême gauche.*)

M. le Président. — Je laisse à la Chambre le soin de juger si j'ai défendu le droit de parole de M. Cavaignac. (*Applaudissements.*)

M. Godefroy Cavaignac. — J'ai demandé tout à l'heure — et je répète mes paroles pour qu'elles soient entendues — si vous étiez tous des lâches comme M. Jaurès ? (*Vives protestations à gauche et à l'extrême gauche. — Cris : A l'ordre. — Applaudissements à droite.*)

M. le Président. — Il appartient au président...

M. Jaurès. — Je demande la parole... (*Très bien ! très bien ! à l'extrême gauche.*)

Laissez-moi dire que je n'ai pas été, que je ne suis pas et que je ne serai pas dupe de la diversion grossière de M. Cavaignac. Cette provocation préméditée et personnelle que rien dans mes paroles n'avait justifiée (*Applaudissements à gauche. — Exclamations à droite*), et qui est simplement la convulsion désespérée d'un homme aux abois, ne relève que de mon dédain. (*Vifs applaudissements à l'extrême gauche et sur divers bancs à gauche. — Rumeurs à droite et sur divers bancs au centre.*)

M. le Président. — Après la réponse de M. Jaurès, je crois que le règlement n'a plus à intervenir. (*Marques d'assentiment.*)

La parole est à M. Cavaignac.

M. Jaurès. — La parole est à M. Cavaignac. (*Applaudissements à l'extrême gauche. — Exclamations et rires à droite. — Mouvements divers.*)

A droite. — C'est M. Jaurès qui est dictateur.

M. le Président. — J'occupe encore le fauteuil,

messieurs, et j'ai moi-même donné la parole à M. Cavaignac.

M. GODEFROY CAVAIGNAC. — Je reviens à ma discussion et je n'ai plus qu'un mot à ajouter. Je dis qu'il est clair, aujourd'hui plus que jamais, que nous sommes en présence d'une entreprise de désorganisation nationale. (*Applaudissements sur divers bancs au centre et à droite. — Vives réclamations à gauche.*)

Et lorsque vous prétendez que ce n'est pas l'institution militaire elle-même que vous attaquez, et que vous ne tentez pas, après avoir renié la pensée nationale, de briser entre les mains de la France l'instrument qui est la garantie de sa grandeur et de sa sécurité, je vous réponds par les paroles mêmes que vous avez prononcées à cette tribune. (*Bruit à gauche. — Applaudissements à droite*)

Vous avez dit, il y a quelques jours : « Et lorsque le pays tout entier, lorsque les honnêtes gens du pays tout entier ont vu la profondeur de corruption, de parjure, de faux, de trahison, et lorsque le pays a pu se dire que cette politique de faux... avait empoisonné la conscience de l'armée elle-même... » (*Applaudissements à l'extrême gauche et sur divers bancs à gauche.*)

Applaudissez, messieurs, j'en prends argument.

Ainsi il est bien établi par votre aveu même et par les applaudissements que la phrase de M. Jaurès vient de recueillir, il est bien entendu que ce n'est pas telle ou telle personne que vous visez ici, et s'il en est que vous visiez plus particulièrement parce qu'elles ont eu l'honneur, dans des circonstances difficiles, d'être les défenseurs des idées que vous attaquez, de cela encore, nous sommes fiers. Sachez-le bien, en face de vous, en face des idées que vous avouez aujourd'hui, vous nous trouverez armés d'une résolution inébranlable. (*Applaudissements sur divers bancs à droite et au centre.*)

Il est possible que nous ne soyons qu'une minorité. (*Oui ! oui ! à l'extrême gauche.*)

Il est possible, dis-je, que nous ne soyons qu'une minorité, mais nous sommes une minorité résolue et une minorité forte... (*Exclamations ironiques à gauche et à l'extrême gauche. — Applaudissements sur divers bancs à droite, et au centre*)... forte de ce qui a été autrefois la grandeur et l'honneur du parti républicain et du parti socialiste lui-même.

M. Jules-Louis Breton (Cher). — Vous osez prétendre que votre parti est un parti républicain !

A l'extrême gauche. — Vous pouvez lui parler d'honneur !

M. Paul Constans (Allier). — Le parti socialiste est de bonne foi, lui !

M. le Président. — Vraiment, messieurs, ces interruptions sont intolérables.

M. Paul Constans (Allier). — L'orateur n'a pas le droit, monsieur Cavaignac, de parler du parti socialiste, cela ne le regarde pas !

M. le Président. — Je vous rappelle à l'ordre.

M. Godefroy Cavaignac.— ...forte d'une foi indestructible dans la puissance et dans l'avenir des idées que nous représentons. (*Applaudissements sur divers bancs, au centre et à droite. — Rumeurs à l'extrême gauche et à gauche.*)

M. Henri Brisson. — Je demande la parole pour un fait personnel. (*Vifs applaudissements à gauche et à l'extrême gauche.*)

Voix nombreuses. — A la tribune !

(*M. Henri Brisson monte à la tribune. — Vifs applaudissements à gauche et à l'extrême gauche.*)

M. Henri Brisson. — M. Cavaignac a tout à l'heure prononcé le mot « faussement » en l'accolant à ce que j'avais dit hier et à mon nom. Je lui demande s'il applique ce mot « faussement » à l'assertion que j'ai produite hier, à savoir qu'il n'avait pas communiqué au gouvernement ni à moi la lettre de M. le général de Pellieux. (*Applaudissements à gauche et à l'extrême gauche.*)

A droite. — Il ne l'avait pas !

M. Godefroy Cavaignac. — J'applique cette affirmation à la phrase dans laquelle vous avez dit que vous appreniez — en feignant d'ailleurs de l'apprendre au cours de la séance... (*Applaudisse-

ments à droite. — Réclamations à gauche), que vous appreniez que j'avais gardé une pièce qui ne vous avait pas été communiquée et que cette pièce était la lettre du général de Pellieux. (*Mouvements divers.*)

M. HENRI BRISSON. — Donc, il reste acquis que que M. Cavaignac n'a pas communiqué au gouvernement dont il faisait partie la lettre de M. le général de Pellieux. (*Applaudissements à l'extrême gauche et à gauche. — Bruit à droite.*)

A droite. — Puisqu'il ne l'a pas eue !

M. HENRI BRISSON. — Il reste acquis de plus, par la parole écrite de M. le général Zurlinden, que c'est après une conversation entre M. le général de Pellieux et M. Cavaignac que M. le général de Pellieux a retiré cette lettre. (*Vifs applaudissements à gauche et à l'extrême gauche.*)

M. GODEFROY CAVAIGNAC. — Je demande la parole. (*Rumeurs à l'extrême gauche.*)

M. LE PRÉSIDENT. — Vous n'avez pas le droit de protester ainsi, messieurs. Une question a été posée, écoutez la réponse.

M. GODEFROY CAVAIGNAC. — Il reste acquis que ce n'a pas été à la suite d'une conversation qui n'a pas eu lieu, que M. le général de Pellieux a retiré sa lettre.

Il reste acquis que, contrairement à ce que vous avez affirmé vous-même, la lettre du général de Pellieux n'a jamais été au ministère de la Guerre.

(*Applaudissements à droite et au centre. — Exclamations à gauche et à l'extrême gauche.*)

M. LE GÉNÉRAL ANDRÉ, *ministre de la Guerre. —*
Je demande la parole. (*Applaudissements à gauche
et à l'extrême gauche.*)

M. LE PRÉSIDENT. — La parole est à M. le ministre de la Guerre.

M. LE MINISTRE DE LA GUERRE. — Je donne de
nouveau lecture à la Chambre... (*Non ! non ! à
droite. — Applaudissements à gauche.*)

M. LE PRÉSIDENT. — Messieurs, vous l'avez
voulu !

M. LE MINISTRE DE LA GUERRE. — ... sans en tirer
aucune conclusion de moi-même, de la version de la
lettre du général Zurlinden, gouverneur militaire
de Paris, lettre qui est datée du 4 juin 1899 :

« *Post-scriptum.* — C'est à la suite d'un entretien avec M. Cavaignac, alors ministre de la Guerre,
que le général de Pellieux a retiré sa demande du
31 août 1898. » (*Vifs applaudissements à l'extrême
gauche et à gauche.*)

M. LE PRÉSIDENT. — La parole est à M. Cavaignac. (*Bruit.*)

M. GODEFROY CAVAIGNAC. — Messieurs, je commence par préciser bien exactement ce que j'ai dit
hier, parce que j'ai cru comprendre par les interruptions de quelques-uns de mes collègues qu'il
était dans la pensée de quelques-uns d'entre eux

que j'avais dit hier avoir reçu la lettre du général de Pellieux.

M. François Fournier. — Vous l'avez dit !

M. Gustave Rouanet. — C'est au *Journal officiel*.

M. Maujan. — Vous vous êtes repris ensuite !

M. Godefroy Cavaignac. — Je ne l'ai pas dit du tout. (*Bruit à l'extrême gauche.*) J'ai même, afin qu'il n'y eût aucune équivoque, interrompu M. Jaurès après qu'il avait repris la parole, et chacun s'en souvient. Pour bien préciser quel était le sens de mes déclarations, j'ai dit : « J'ai pris et je prends, je le répète, la responsabilité de tout ce qui a pu être fait au sujet de la lettre du général de Pellieux ». (*Exclamations à l'extrême gauche.*)

Mais, messieurs, je donne lecture du *Journal officiel*. (*Interruptions et bruit à l'extrême gauche et à gauche.*)

Si vous voulez, nous allons nous reporter à la sténographie.

M. Francis de Pressensé. — Reproduisez-nous votre première déclaration.

M. Godefroy Cavaignac. — J'irai jusqu'au bout. Si vous prétendez créer ici une équivoque...

A l'extrême gauche. — Ne renversez pas les rôles !

M. Godefroy Cavaignac. — Je vous demanderai quelle est votre singulière conception de la loyauté. (*Interruptions à l'extrême gauche.*)

A l'extrême gauche. — Vous n'avez pas le droit de dire cela !

M. Godefroy Cavaignac. — Si vous prétendez prendre une partie de la pensée d'un homme sans en prendre le reste... (*Applaudissements au centre et sur divers bancs.*)

M. Gustave Rouanet. — Il y a simplement deux passages contradictoires.

M. le Président. — La tâche des interrupteurs est vraiment facile ! (*Très bien ! — On rit.*)

M. Godefroy Cavaignac. — J'ai dit — et ma déclaration ne pouvait avoir qu'un sens — que je prenais la responsabilité de tout ce qui avait été fait ; mais comme mes souvenirs remontaient à cinq années, je ne pouvais pas savoir et je ne savais pas effectivement à ce moment-là, si la lettre était parvenue au ministère de la Guerre avant ou après mon arrivée.

Voilà toutes les paroles que la Chambre a entendues et vous pouvez, messieurs, si cela convient à vos passions politiques, fouiller toute la sténographie ; je vous défie de trouver une parole de moi par laquelle je déclare avoir reçu la lettre. (*Bruit à gauche.*)

A l'extrême gauche. — Si, vous l'avez dit !

M. Godefroy Cavaignac. — C'est un peu fort !

M. Maurice Viollette. — Vous avez dit à peu près textuellement que vous l'aviez reçue et que vous n'en aviez tenu aucun compte et c'est pour cela que je vous ai répondu dans une interruption.

M. Godefroy Cavaignac. — Vous aurez beau faire pour introduire dans ce débat la déloyauté de vos interruptions. (*Exclamations à l'extrême gauche*), je dirai ce que j'ai à dire.

M. Maurice Viollette. — C'est vous qui...

M. le Président. — Monsieur Viollette, vous n'avez pas la parole !

M. Godefroy Cavaignac. — Je répète donc ici quel a été hier le sens de mes déclarations et, pour répondre à ce que vient de dire M. le général André, qui essaie de tirer une conclusion d'une note de M. le général Zurlinden et qui a reproduit cette note après la déclaration que j'avais apportée, je vais vous lire la lettre même que m'a adressée le général Zurlinden :

« Monsieur le député... »

M. Charles Bos. — La signature est-elle légalisée ? (*Exclamations au centre.*)

A l'extrême gauche. — Quelle est la date de cette lettre ?

M. Godefroy Cavaignac. — Elle est du 7 avril 1903.

M. Aristide Briand. — C'est une lettre de complaisance. (*Bruit.*)

M. Godefroy Cavaignac. — « Monsieur le député, toutes réflexions faites, voici comme, à mon avis, doit être rétabli l'affaire de la lettre du général de Pellieux, demandant sa mise à la retraite, dont on a parlé hier lundi, à la Chambre des députés.

» Aussitôt après la découverte du faux Henry, le général Borius, alors commandant de la place de Paris, le chef immédiat du général de Pellieux, est venu me trouver dans mon cabinet, aux Invalides, pour m'apporter cette lettre du général de Pellieux et appeler mon attention sur sa gravité. (*Ah ! ah ! à l'extrême gauche.*)

» Je fis venir immédiatement le général de Pellieux. Il était très surexcité, très énervé à l'idée qu'on pourrait l'accuser d'avoir cité trop légèrement une pièce fausse au procès Zola ; douloureusement préoccupé surtout de la pensée que ses enfants pourraient un jour lui reprocher de n'avoir pas assez défendu l'honneur de leur nom. (*Vifs applaudissements sur un grand nombre de bancs.*)

» J'essayai de le calmer, de lui demander des explications sur les accusations qu'il formulait ; mais je ne pus rien en obtenir ; et je restai convaincu — je le suis encore aujourd'hui, — que le général de Pellieux avait cédé ce jour-là à un premier mouvement de colère et de révolte bien compréhensibles, et qu'il était de mon devoir d'attendre que le calme se fût fait dans l'esprit de cet excellent officier, qu'il importait d'essayer de maintenir dans l'armée... »

Au centre. — Voilà la vérité !

M. Godefroy Cavaignac. — « ...Je conclus en lui disant que je désirais lui donner le temps de réfléchir avant de transmettre sa demande ; que je garderais sa lettre pendant deux ou trois jours ; et qu'ensuite je la lui renverrais par le général Borius, afin qu'il puisse agir à tête reposée... »

M. Ribot. — Cette lettre est très honorable pour le général Zurlinden. (*Applaudissements.*)

M. Godefroy Cavaignac. — Parfaitement.

M. Maurice Dutheil. — C'est ainsi qu'un chef soucieux de ses devoirs doit agir. (*Très bien ! très bien !*)

M. Jules-Louis Breton. — Est-ce que vous trouvez que cette lettre est honorable pour M. Cavaignac? (*Bruit au centre.*)

M. Paul Guieysse. — Alors, monsieur Cavaignac, ce que M. le ministre de la Guerre a lu du général Zurlinden serait d'après vous un faux?

M. Godefroy Cavaignac. — Ainsi que vient de le dire M. Ribot, c'est une lettre très honorable pour le général Zurlinden, et j'estime que je m'honore en couvrant ce qu'il a fait de ma responsabilité, et en déclarant, comme je l'ai fait à toutes reprises, qu'à sa place et si j'avais été saisi de la lettre, j'eusse agi comme lui. (*Interruptions à l'extrême gauche. — Applaudissements au centre et sur divers bancs.)*

M. ARISTIDE BRIAND. — C'est vous qui avez besoin d'être couvert ! (*Bruit.*)

M. GODEFROY CAVAIGNAC. — « ...Le général Borius fut prévenu, la lettre fut retournée quelques jours après. Depuis, je n'en ai plus entendu parler, quoique j'aie vu plusieurs fois le général de Pellieux. C'était un homme énergique; s'il avait voulu maintenir sa demande, rien ne l'en aurait empêché ; et réglementairement rien ne s'y opposait.

» Les états-majors du gouvernement militaire de Paris n'ont pas été mêlés à cette affaire. Il est probable qu'on ne trouvera rien dans les archives... » et ici M. le général Zurlinden commet une erreur puisque M. le ministre de la Guerre a retrouvé les pièces qu'il est venu lire à cette tribune. (*Exclamations et applaudissements ironiques à l'extrême gauche.*)

Vous êtes bien fiers, messieurs, de votre infaillibilité si vous pensez qu'un homme ne puisse pas même se tromper sur des probabilités de cet ordre.

« M. le général Borius est mort ; le général de Pellieux aussi. Je reste donc seul pour faire la lumière sur ce triste incident, et sur la suite qui lui a été donnée, dont j'accepte toute la responsabilité.

« Peut-être ai-je parlé de cette affaire à votre

chef de cabinet? Mes souvenirs ne sont pas précis à cet égard... »

M. Paul Gouzy. — Mais la lettre qui a été lue par M. le ministre de la Guerre est précise. Le général Zurlinden dit qu'il a parlé à M. Cavaignac.

M. Godefroy Cavaignac. — Attendez un peu, monsieur Gouzy. Vous allez trouver la réponse aussi formelle que vous pouvez le désirer à l'allégation qui a été apportée ici par M. le ministre de la Guerre.

M. Gustave Rouanet. — C'est un faux, alors?

M. Paul Gouzy. — Il s'agit d'une lettre signée du général Zurlinden, ce n'est pas une allégation !

M. Godefroy Cavaignac. — Je poursuis :

« J'ai cru hier vous en avoir parlé à vous-même, mon ancien ministre; mais j'ai fait une confusion ; c'est pour une autre affaire, concernant aussi le général de Pellieux... » (Interruptions à gauche.)

Mais enfin, messieurs, vous êtes véritablement bien extraordinaires ! Vous êtes véritablement bien assurés de votre mémoire, si vous essayez de tirer argument, cinq ans après, de ce qu'un homme... (Nouvelles interruptions sur les mêmes bancs.)

M. Gustave Rouanet. — Dix mois après.

M. Godefroy Cavaignac. — De quelle date est la lettre dont M. le ministre de la Guerre a donné lecture ?

M. Maujan. — L'allégation dont vous parlez est

écrite de la main du général Zurlinden et signée par lui.

M. GODEFROY CAVAIGNAC. — Et après? Qu'est-ce que cela prouve? Cela prouve que M. le général Zurlinden, sur un fait qu'il ne connaissait pas et qu'il n'avait pas de raison de connaître, a eu une interprétation à ce moment et que, dans ses souvenirs, il retrouve aujourd'hui que cette interprétation a donné lieu à une confusion. (*Bruit à gauche.*)

M. URSLEUR. — Ses souvenirs étaient plus exacts il y a quatre ans.

M. GODEFROY CAVAIGNAC. — Je termine la lettre.

« C'est pour une autre affaire, concernant aussi le général de Pellieux, que j'ai prié un autre ministre, peut-être M. Krantz, de faire venir cet officier général dans son cabinet.

» Je vous autorise à faire de cette lettre à la tribune de la Chambre l'usage qui vous paraîtra convenable. »

Je vous demande en vérité, messieurs, ce que vous cherchez. Vous cherchez, alors que des hommes vous apportent, sur des événements qui se sont passés il y a cinq années, des souvenirs qui ne sont pas d'une précision absolue; vous cherchez à savoir comment les choses se sont passées. Quel intérêt cela a-t-il puisque je vous déclare que si M. le général de Pellieux était venu me trouver, j'aurais fait précisément ce que vous pensez pouvoir me reprocher d'avoir fait? (*Applaudissements à droite et sur divers bancs.*) Quel est donc l'intérêt de ce débat? Que cherchez-vous à faire? Vous cherchez ici à créer des équivoques. (*Interruptions à gauche.*)

Quel intérêt cela a-t-il, que les choses se soient passées d'une façon ou d'une autre, que M. le général Zurlinden ait fait lui-même ce qu'il s'honore d'avoir fait ou que j'eusse fait moi-même ce que je m'honorerais d'avoir fait, quelle importance cela a-t-il pour le but politique que vous poursuivez? (*Applaudissements à droite et sur divers bancs. — Bruit à gauche.*)

M. Gustave Rouanet. — Il s'agit de savoir si vous avez trahi votre président du conseil.

M. Godefroy Cavaignac. — Quant à ma responsabilité, je l'affirme ici pleine et entière, solidaire avec celle de M. le général Zurlinden. (*Vifs applaudissements à droite et sur divers bancs.*)

Le soir même de cette séance, le *Temps* publiait un article où se lisaient les lignes suivantes :

« ...Qu'on le veuille ou non, le principal élément d'intérêt et de passion a disparu depuis que le condamné de 1894 et de 1899, gracié, ne souffre plus dans sa chair.

.   .   .   .

» M. Jaurès a lu une lettre du général de Pellieux, écrite au lendemain de la mort du commandant Henry.

.   .   .   .

» L'opinion du général de Pellieux ne se présentait pas avec un caractère absolu d'inédit; mais le texte de la lettre lue par M. Jaurès, les chefs mis en cause par un général en activité de service, l'accent indigné de cette protestation, tout cela valait d'être mis en lumière au moment même. Le général de Pellieux avait joué un rôle trop important dans le procès Zola pour que l'on ait eu le droit de cacher les nuances et les mouvements de sa pensée, quand même ces nuances eussent été changeantes et ces mouvements fugitifs.

» A l'heure où la conscience publique secouée par l'aveu du faux et par le suicide se cherchait, tout indice était capital; et nul ne sait ce qui pouvait faire pencher la balance...

.   .   .   .

» M. Henri Brisson, président du Conseil en 1898, s'est levé de son banc pour l'affirmer. Son interruption véhémente a fait surgir M. Cavaignac. Et, sous les yeux de M. Jaurès devenu silencieux à la tribune, le colloque s'est engagé entre les deux anciens collègues. Ce fut une scène, dans tous les sens du mot, un corps à corps violent et farouche. Nous avons vu, pendant une demi-heure, pour la première fois, ce que pouvait être la mêlée d'une séance de la Convention, un 9 thermidor par exemple. Ce que tous les historiens révolutionnaires, sans aucune exception, sont impuissants à nous restituer, nous en avons eu la sensation directe et vivante.

» Scène tragique, mais d'un tragique de théâtre, puisqu'il n'y avait pas Samson le bourreau pour sanctionner ces « décrets d'accusation » qui allaient et venaient de la Montagne au Marais. « Complice de faux ! » disait l'un. « Protecteur des corrompus ! » disait l'autre. Il n'y manquait vraiment que la guillotine, « la sainte présence de la mort », dit Gabriel d'Annunzio, pour ennoblir cette lutte où, comme dans toutes les batailles politiques, l'instinct de la conservation personnelle, le souci de proscrire pour ne pas être proscrit, la préoccupation ambitieuse des partis animaient de passion humaine les principes, les froids principes entrechoqués. On entendait à peine les répliques de M. Cavaignac à M. Henri Brisson. L'extrême gauche couvrait d'invectives cette voix qu'elle avait tant applaudie.

» Et M. Cavaignac, désormais seul responsable, paraît-il, ne recueillait que quelques applaudissements de nationalistes. On l'abandonnait, lui qui, dans d'autres temps, lançait le tonnerre et maniait la foudre ; lui l'orateur deux fois affiché pour la gloire d'être implacable ; justicier qui avait passé sa vie à trancher et qu'on retranchait du « parti » et de sa propre « lignée », par un anathème exactement renouvelé des excommunications majeures : « Tu es sans nom ! »

Depuis six semaines, grâce à l'hospitalité de mes amis du *Siècle*, j'étais rentré dans le journalisme. La pensée me vint que je pouvais peut-être apporter à mon tour mon témoignage dans ce grand procès instruit depuis 1894 devant la conscience nationale.

De là, les articles que l'on va lire.

Je les publie tels quels.

Ils offrent des redites ; mais elles portent sur des points importants et qui se trouveront ainsi mieux précisés.

SOUVENIRS

Siècle du 10 avril 1903.

Un jour, durant que j'écrivais au *Temps*, — collaboration qui reste un de mes meilleurs souvenirs. — Adolphe Guéroult, député au Corps Législatif, rédacteur en chef de l'*Opinion nationale*, m'accusa d'avoir transformé la « feuille protestante » en un journal athée ; des contemporains assurent même que je me défendis pauvrement contre cette calomnie ; mais ce sont là vieilles choses et ce n'est pas d'elles que je voudrais parler. Je soupçonne à mon tour les jeunes hommes pleins de talent qui rédigent le *Temps* aujourd'hui, de lui avoir fait subir une transformation nouvelle et d'en avoir fait un journal esthète. « Esthète », est-ce bien là ce qu'il faut dire ? il est si difficile de se retrouver dans ces idées nouvelles et cette langue du jour où « tuyaux » a remplacé renseignements ! Toujours

est-il que je ne puis attribuer qu'à une tendance de
ce genre l'article consacré à l'églogue dont M. Cavaignac et moi fûmes l'autre jour les acteurs à la
Chambre des députés : l'auteur y exprime gaillar-
dement le regret que, pour la beauté du « geste »,
nous n'ayons pas été cueillis en sortant du Palais-
Bourbon, l'un ou l'autre ou l'un et l'autre, sur la
place de la Concorde, redevenue la place de la Révolution, par « Samson le bourreau », çà y est en
toutes lettres ; même, en lisant soigneusement l'article, on s'aperçoit que si l'un de nous deux seulement eût dû être immolé, c'est à moi, à titre d'ancien collaborateur, que le *Temps* eût donné la pré-
férence et je l'en remercie : du moment, en effet,
où l'on se place au point de vue exclusif des atti-
tudes, celle de la victime paraît condenser plus
d'élégance que celle du vainqueur ; l'écrivain ne
manque point, d'ailleurs, de me faire remarquer
que la mort y ajoute une poésie pénétrante ; avec
l'échafaud en plus, M. Cavaignac et moi, nous aurions pu présenter quelque intérêt ; privés de cet
accessoire, nous étions sans grandeur, médiocres,
étriqués.

Puis-je me permettre de proposer au *Temps* une
autre esthétique, plus indépendante du décor, plus
attachée au fond des choses? Dans le même article,
le rédacteur dit aussi que la cause de Dreyfus a
grandement perdu de son intérêt parce qu'il n'est

plus à la double boucle. Je vois différemment : la crainte de la mort ou de la souffrance me semble n'ajouter rien à la beauté de la vérité ou de l'honneur. Détachées du risque de la proscription, la recherche, la poursuite de la vérité et de la justice pour elles-mêmes m'apparaissent plus désintéressées et plus pures. De même pour Dreyfus ; je ne connais pas le capitaine Dreyfus ; je ne connais aucun des siens, ni des acteurs directs de ce drame, pas même les avocats de la défense ; sa cause est pour nous comme une cause idéale et si elle nous passionne, c'est avec d'autant plus d'intensité qu'elle est moins personnelle ; quant à lui, à l'île du Diable comme ici, son vrai tourment était autre que la torture physique ; c'est même à cause de cela que « l'incident », on le voit bien, ne sera jamais « clos » ; c'est parce qu'il souffre dans cet impondérable qui est tout ; ou bien tout est vain dans ce que nous pensons et disons de la dignité de la personne humaine et de la douleur que nous ressentons lorsqu'elle est blessée en autrui, ou c'est bien là la réalité poignante du drame, la réalité et la beauté.

Dans un autre ordre d'idées, la dissimulation durant quatre ans et demi de la lettre du général de Pellieux se rattache à une manière de voir générale qu'il ne faudrait pas négliger.

C'est le mardi 30 août 1898, vers cinq heures du

soir, que M. Cavaignac est venu m'annoncer que la pièce Henry était un faux ; c'est dans la soirée du même jour qu'il fit part de sa découverte aux ministres assemblés.

Or, je lis dans la déposition du capitaine Cuignet devant la Cour de cassation (audience du 30 décembre 1898, *Enquête*, tome Ier, page 340) :

« Le lendemain matin, je fis part de mes constatations à mon chef direct, M. le général Roget. Celui-ci ne se rendit pas compte immédiatement des différences de coloration que je lui signalais dans le quadrillage. Il voulut se mettre dans les conditions de lumière où je m'étais trouvé la veille. On fit la nuit dans son bureau, on apporta des lampes, et dès que le général Roget eut de nouveau jeté les yeux sur les pièces, il se rendit compte de l'exactitude des constatations que j'avais faites. Nous montâmes tous deux chez le ministre, M. Cavaignac, à qui le général Roget fit part de ses constatations. M. Cavaignac éprouva d'abord les mêmes difficultés que le général Roget à se rendre compte de l'exactitude des faits qui lui étaient signalés ; leur évidence ne se manifesta pour lui que lorsqu'il eut examiné les pièces à la lueur des lampes.

» Cette difficulté à reconnaître les particularités des teintes de quadrillage à la lumière du jour me paraît expliquer pourquoi on fut si longtemps à reconnaître la matérialité du faux. Cette matérialité ne m'eût peut-être pas sauté aux yeux si je n'avais été amené par hasard à examiner les pièces pour la première fois à la lumière des lampes.

» *Tout ceci se passait le 14 août*. M. Cavaignac, bien que convaincu de l'existence du faux, ne voulut pas mettre le lieutenant-colonel Henry en demeure de s'expliquer immédiatement... »

Dans la séance de la Chambre des députés de lundi dernier, M. Cavaignac s'est exprimé ainsi (*Journal officiel*, page 1624, 2ᵉ colonne) :

« M. Henri Brisson n'a pas craint de dire que sur la question du faux Henry ma conviction était faite le 14 août; cela n'est pas vrai. »

Ceci est affaire entre M. le commandant Cuignet et M. Cavaignac; je n'ai d'ailleurs pas besoin d'insister sur ce point pour la démonstration que je veux faire en ce moment. Ce qui est sûr, c'est que, dès le 14 août, on était certain au ministère de la Guerre, on était convaincu de la matérialité du faux; quant à en accuser Henry, ce pouvait être une autre affaire.

Il valait bien la peine de m'en parler; d'autant plus que ce malheureux faux lu par M. Cavaignac à la tribune le 7 juillet et affiché partout, je m'étais opposé, dans une certaine mesure, à ce qu'on en fît cet usage; je ne suis même pas fâché d'avoir une occasion de le dire. Oh ! je ne veux pas me vanter d'une perspicacité qui m'a tout à fait manqué. Malgré tout ce qu'on avait déjà dit; je ne pouvais pas croire, il n'entrait pas dans mon esprit que l'on pût fabriquer des faux au ministère de la Guerre.

Je m'étais placé à un tout autre point de vue : dans le conseil de cabinet qui précéda la séance du 7 juillet 1898, lorsque M. Cavaignac exposa le discours qu'il préparait en réponse à l'interpellation de M. Castelin et mentionna les pièces nouvelles dont il voulait donner lecture, je fis observer assez longuement et à plusieurs reprises que ce procédé de discussion, loin de fortifier l'autorité de la chose jugée, risquait fort de l'ébranler, précisément par la prétention de la fortifier ; étayer une sentence par la production de documents postérieurs à sa date, c'était faire remarquer que cet appui lui manquait alors. La majesté (je me rappelle m'être servi de l'expression), la majesté des jugements, disais-je, se suffit à elle-même, il n'y faut point toucher.

Je n'avais pas réussi à persuader M. Cavaignac et il fit à la tribune les malheureuses citations que l'on sait; il eût donc été juste, une fois certain du faux, de venir m'en parler dès le 14 ; M. Cavaignac ne m'en a parlé que le 30. Pourquoi ? Durant cette longue quinzaine, nous aurions pu aviser et agir ; Henry eût été sans doute conduit non au Mont-Valérien, mais à la prison du Cherche-Midi, au milieu de Paris peu propice au mystère ; mis au régime des prisonniers, il n'eût peut-être pas pu se tuer aussi facilement ; cette source de renseignements ne se fût sans doute pas aussi vite tarie. Pourquoi, je le répète, pourquoi ce silence de quinze jours ? Je sais bien que M. Cavaignac n'a pas dû s'en remettre à sa seule sagesse : à Paris comme au Mans, dans son département ministériel comme dans son pays électoral, il était entouré de fantassins, de cavaliers, de sapeurs, d'artilleurs à à l'infaillible flair ; mais ces armes d'élite sont faites, l'une pour construire et l'autre pour détruire, aucune pour gouverner. Enfin, et surtout, elles n'étaient pas politiquement responsables ; seul, le gouvernement l'était et c'est avec lui seul qu'il fallait, sans tarder, délibérer et aviser. Encore une fois, pourquoi n'ai-je rien su que quelques heures avant la mort d'Henry ?

Voilà pour la journée du 30 août.

Passons à celle du 31.

Il y avait eu, ce jour-là, deux conseils de cabinet et deux conseils des ministres ; j'étais extrêmement fatigué et je me disposais, vers neuf heures du soir, à sortir pour prendre l'air quelques instants aux Champs-Elysées, lorsque j'eus l'idée de passer par le cabinet où arrivent les télégrammes en communication. Le troisième qui me passa sous les yeux était ainsi conçu :

« Mont-Valérien, 31 août 1897, 7 heures 20 du soir.

» *Commandant d'armes Mont-Valérien à Gouverneur militaire, Paris.*

» Événement grave dont je rends compte par lettre au général commandant la place. La lettre part à 7 heures 30 soir par bicycliste. Il serait bon qu'un officier de la place vînt immédiatement au Mont-Valérien. »

Je téléphone sur le champ au gouvernement militaire de Paris; un officier de service se met en rapport avec moi; je lui donne lecture du télégramme ci-dessus et lui demande quel est l'événement grave en question. Il me répond qu'il n'en sait rien, qu'on n'a pas vu de bicycliste; je lui réplique qu'entre sept heures et demie et neuf heures, un bicycliste a eu trois ou quatre fois le temps d'arriver du Mont-Valérien; j'insiste, un certain temps se passe et un second officier m'annonce enfin la mort d'Henry. Pourquoi ne m'en avait-on pas informé tout de suite? Quand aurais-je connu cette mort si je n'avais pas eu la pensée d'entrer moi-même au cabinet des télégrammes en communication?

Même jour, 31 août. Lettre du général de Pellieux. J'en donne le texte tel qu'il a été lu par M. le

général André, ministre de la Guerre, dans la
séance de mardi dernier :

« Paris, le 31 août 1898.

» Monsieur le Ministre,

» Dupe de gens sans honneur, ne pouvant espérer conserver la confiance de mes subordonnés
sans laquelle il n'y a pas de commandement possible, ayant perdu de mon côté la confiance en ceux
de mes chefs qui m'ont fait travailler sur des faux,
j'ai l'honneur de vous prier de vouloir bien liquider
ma retraite pour ancienneté de service.

» Général DE PELLIEUX. »

M. le général de Pellieux avait fait l'enquête Esterhazy en novembre 1897 ; c'est le général de Pellieux qui, à l'audience de la cour d'assises du 27 février 1898, avait lancé le premier la pièce Henry.
Et le voilà qui affirme que ses chefs l'ont fait
« travailler sur *des faux*. » Faux au pluriel. On est
au lendemain de la découverte officielle du faux
Henry, au jour de son suicide. S'il y a quelqu'un
qui puisse éclairer le gouvernement sur cette obs-
cure tragédie, c'est M. le général de Pellieux ; mais
sa lettre est cachée au gouvernement ; je laisse de
côté pour le moment la question de savoir si M. Cavaignac a connu lui-même cette lettre comme

l'écrivait M. le général Zurlinden le 4 juin 1899, ou s'il ne l'a pas connue ; en fait cette lettre n'a pas été communiquée au gouvernement responsable et solidaire. Que penser de ces procédés ?

Si nous retournons en arrière, nous avons entendu, si mes souvenirs ne me trompent pas, MM. Barthou et Poincaré, alors ministres, déclarer qu'ils n'avaient connu que par les journaux l'arrestation du capitaine Dreyfus en 1894. Et pourtant on assurait que certains incidents du procès pouvaient nous exposer à la guerre !

Comment gouverner avec quelque sécurité dans de semblables conditions, si une administration aussi importante que celle de la Guerre se croit autorisée à vivre de sa vie propre et solitaire, à cacher au gouvernement, même à son chef, les faits les plus importants et au moment même où ces faits peuvent éclairer la marche du gouvernement, exercer une influence décisive sur ses déterminations ? Depuis le ministre jusqu'à l'humble officier qui, au téléphone, hésitait à me répondre par la vérité, n'est-il pas manifeste que c'est comme une consigne de s'isoler du gouvernement, d'agir d'après cette maxime que le militaire ne doit rien au civil ? Et le pire, c'est que l'on en est arrivé à trouver cela tout naturel. Dans cette même séance de mardi, l'on a vu M. Ribot, parlementaire résolu, *pater parliamentorum*, reprocher au ministre de la Guerre actuel de consentir à montrer ses dossiers à quelques magistrats choisis par lui. Cette conception et ces habitudes sont un péril, une cause de trouble intérieur, peut-être une menace latente de guerre inopinée ; la solidarité ministérielle devient une fiction pure et le régime parlementaire une illusion. De la vie officielle, ces fâcheuses pratiques s'étendent à la vie mondaine ; on peut citer, dit-on, des commandements de corps d'armée, où, dans les soirées de réception, l'on parquait les femmes des fonctionnaires civils dans un salon, et celles des officiers dans un autre. Ainsi, tandis que l'armée et la nation se fondent de plus en plus, le monde militaire proprement dit chercherait, au contraire, à se faire une vie à part. Rien de plus périlleux que ces tentatives de créer des castes dans une démocratie. Peut-être le mal vient-il en partie de l'institution des conseils de guerre. Il est difficile à une catégorie d'hommes qui, même pour les délits ordinaires, échappe à la justice ordinaire, de ne pas se considérer comme légitimement constituée en aristocratie. C'est sans doute de ce côté qu'il importe de chercher et d'appliquer promptement un remède.

*
* *

Siècle du 17 avril.

Je viens de lire dans le Siècle d'aujourd'hui l'article de notre collaborateur, M. Raoul Allier, sur « le bordereau annoté », plus particulièrement sur la démission de M. le général de Boisdeffre, et voici que mes souvenirs accourent en foule, aidés de quelques notes.

Dans le *Siècle* du 10 avril, j'ai déjà rapporté comment j'avais été avisé le 30 août 1898, à cinq heures du soir, de la découverte du faux Henry.

Les ministres et les sous-secrétaires d'État, sauf M. Léon Bourgeois, absent, devaient dîner le soir, sans autre convive, chez M. Delcassé, ministre des Affaires étrangères. Il fut convenu entre M. Cavaignac et moi que nous ne parlerions de l'événement à nos collègues qu'après le dîner.

Je passai donc une heure environ à méditer tout seul sur cette horrible histoire. En ma qualité d'auteur de la révision, l'on a cherché à me faire passer pour un ennemi de l'armée ; rien n'est moins exact ; je ne le dis pas pour lui faire la cour ; car j'ajoute immédiatement que j'ai quelque peu rabattu de mes sentiments antérieurs à 1898 ; mais, à cette époque, je l'ai dit et je le répète, l'idée qu'il se trouvait au ministère de la Guerre des lieutenants-colonels pour faire des faux et des généraux assez légers (ma pensée n'allait pas au-delà) pour faire usage de ces faux en cour d'assises, et ensuite de façon à égarer leur ministre, cette idée m'emplissait de stupeur. Mon éducation en est la cause : ma grand'mère maternelle avait épousé en secondes noces un vieux soldat, et je n'ai pas connu d'homme plus droit ni meilleur ; mon père avait pour vieil ami un ancien colonel de la garde impériale (du premier empire, bien entendu); quelle trempe que celle des hommes de ce temps-là! Ouvrier chapelier à Metz (hélas!), il s'était engagé à seize ans ; il était arrivé à son corps à la veille de Valmy (comme ma mémoire remonte loin!), complètement illettré, ne sachant ni lire ni écrire; il s'était battu par toute l'Europe jusqu'à 1815, et il avait trouvé le moyen, en ces vingt-deux années de guerres incessantes, d'apprendre le latin; il corrigeait mes thèmes et mes versions avec plus de profit pour moi que mon professeur : je l'écoutais, je l'admirais, je le buvais; il y avait des batailles que j'aurais mieux contées que le maréchal Soult. Étonnez-vous, après cela, que M. Jaurès ait pu me dire un jour, en plaisantant, à la bibliothèque de la Chambre, que, si les nationalistes m'entendaient parler, ils me prendraient pour chef, tant il me trouvait pompon !

Tout ceci pour dire mon état d'âme en attendant ce dîner.

Le repentir d'avoir fait afficher un faux me bouleversait aussi ; il me tourmente encore ; j'ai eu des rêves où j'arrachais ces malheureuses affiches avec mes ongles.

Ce dîner vint pourtant.

Après le repas, nous nous groupâmes dans un coin et M. Cavaignac nous fit le récit qu'il m'avait fait dans l'après-midi. Je proposai le renouvellement de l'état-major général et j'ajoutai qu'il fallait nous mettre en face de la question de la révision ; la discussion s'ouvrit sur l'état-major ; elle fut vive à un moment de ma part. Ma contrainte avait été si grande durant le dîner ! Nous tombâmes d'accord uniquement sur ce point qu'il ne fallait pas que le public apprît un s' gros événement par d'autres que nous ; une note fut rédigée et portée à l'agence Havas vers 11 heures, 11 heures et quart.

Le lendemain, mercredi 31 août, comme je l'ai dit l'autre jour, il y eut deux conseils des ministres et deux conseils de cabinet. Je demandai le remplacement :

1° Dans son commandement du département de la Seine, de M. le général de Pellieux qui, le premier, à l'audience du 17 février précédent, lors du procès Zola, avait publiquement lancé le faux Henry et, à l'audience du 16, presque menacé le jury ;

2° Dans sa situation de sous-chef à l'état-major général de l'armée, de M. le général Gonse qui, à la même audience du 17 février, avait certifié l'authenticité du faux Henry ;

3° Dans sa situation de chef d'état-major général de M. le général de Boisdeffre qui, le lendemain, à l'audience du 18 février, avec cette circonstance aggravante que toute une soirée, toute une nuit et toute une matinée lui avaient été données pour examiner la pièce (à la lampe, en février) et réfléchir, en avait à son tour certifié l'exactitude et la sincérité et avait, lui aussi, menacé le jury en ces termes :

« Vous êtes le jury, vous êtes la nation ; si la nation n'a pas confiance dans les chefs de son armée, dans ceux qui ont la responsabilité de la défense nationale, ils sont prêts à laisser à d'autres cette lourde tâche, vous n'avez qu'à parler. Je ne dirai pas un mot de plus. »

M. le général de Boisdeffre et M. le général de Pellieux avaient eux-mêmes le sentiment que leur remplacement s'imposait : le premier demandait à être relevé de ses fonctions et le second (je l'ai su il y a quelques jours) réclamait sa mise à la retraite.

M. Cavaignac, lui, persistait à vouloir maintenir M. le général de Boisdeffre à son poste : les lettres publiées aujourd'hui par M. Raoul Allier en font foi. (*Voir aux annexes.*)

La controverse se concentra sur ce point : acceptation ou refus de la démission de M. le général de Boisdeffre ; sans doute, je ne sus trouver ni les arguments décisifs ni le langage de la persuasion, car nous nous séparâmes à midi sans que la démission fût acceptée.

Dans la réunion de l'après-midi, nous ne pûmes

pas nous accorder davantage. Une crise allait sortir de ce désaccord, — car j'étais bien résolu à ne pas céder et j'en avais donné la preuve au conseil, — lorsqu'un de nous fit remarquer que nous ne pouvions pas prendre des résolutions aussi graves en l'absence de M. Léon Bourgeois. La remarque était juste; il fut convenu que je le prierais par télégraphe de revenir de Suisse où il prenait les eaux et que je convoquerais le conseil dès que j'aurais connaissance de son retour. On voit déjà combien ma position était difficile et quels efforts exigeaient les mesures les plus commandées par la situation; et pourtant la révision n'avait pas encore été mise en discussion !

Ce premier épisode fait pressentir les difficultés au milieu desquelles je dus me débattre et qui m'entravèrent dans la tâche que je voulais accomplir, agrémentée d'ailleurs qu'elle fut par une grève de terrassiers à Paris qui dura vingt-deux jours et par la menace d'une grève générale des chemins de fer.

C'est à travers des obstacles sans cesse renouvelés que j'ai marché à la révision; j'ai dû les enlever, pour ainsi dire, redoute par redoute, non sans avoir été aidé par des amis à qui je garde la plus vive reconnaissance.

Pour cette révision, j'ai été bien attaqué, bien vilipendé. Par les antidreyfusards, c'était naturel.

Mais les dreyfusards, et je dis les dreyfusards de marque ! M'ont-ils assez poursuivi de leurs imprécations ! Assis tranquillement devant le papier blanc qu'ils allaient noircir, ont-ils assez supposé que je n'avais, comme eux, qu'à tremper ma plume dans l'encrier ? Et surtout, leurs écrits m'ont-ils assez gêné ! Mes contradicteurs m'apportaient leurs journaux, me faisaient lire leurs invectives, et me disaient : « Voilà les gens pour qui vous vous battez ! » Heureusement, je ne me battais pas pour eux, je me battais pour la vérité, pour effacer ce faux affiché dans toutes les communes de France ! On m'assure que, ces jours-ci encore, l'un d'entre eux s'est plaint de moi dans un journal ; il connaîtra peut-être quelque jour les lances que j'ai rompues pour lui, et dans des conditions deux fois difficiles : difficiles d'abord parce qu'un président du conseil ne peut pas, ne doit pas intervenir de son autorité dans une instruction ; je ne l'aurais pas fait même en 1885, étant ministre de la Justice, je ne l'ai pas fait davantage en 1898 ; difficiles encore, parce qu'il ne fallait compromettre par aucun incident, pour aucun intérêt, même grave, le but suprême que je proposais : la révision ; — et j'y suis arrivé.

Le 31 août, je le rappelle, la bataille ne s'était pas encore livrée sur la révision. Il s'agissait simplement de M. le général de Boisdeffre, du personnage militaire, en fait supérieur au ministre, dont j'ai rappelé le langage hautain en cour d'assises.

Il sentait lui-même, à cette heure, que sa démission s'imposait, et l'on me contestait, durant toute une journée, l'évidence, qui commandait de le relever de ses fonctions ! Le fait peut paraître incroyable. Il est. Si une mesure aussi nécessaire rencontrait tant d'opposition, quels obstacles ne devait pas trouver la révision !

Le soir, pourtant, vers 10 heures, M. Cavaignac venait me trouver au ministère de l'Intérieur ; il consentait à la démission de M. le général de Boisdeffre ; quelques minutes auparavant, comme je l'ai rapporté dans le *Siècle* du 10 avril, j'avais appris le suicide du colonel Henry ; aussi, dès les premiers mots, je l'interrompis et lui dis : « Henry s'est suicidé ! »

M. Cavaignac me répondit :

« Ah ! il s'est suicidé ! »

*
* *

Siècle du 2 mai.

Il y a vraiment des fatalités. Je suis allé à la campagne pour échapper à la lettre de M. le général de Pellieux, qui m'obsédait dans Paris, et voici qu'elle me poursuit sous la forme d'un paquet enveloppé dans des journaux du 7 et du 8 avril !

Je la reproduis, cette mémorable lettre :

« Paris, 31 août 1898.

» Monsieur le Ministre,

» Dupe de gens sans honneur, ne pouvant espérer conserver la confiance de mes subordonnés sans laquelle il n'y a pas de commandement possible, ayant perdu de mon côté la confiance en ceux de *mes chefs* qui *m'ont fait* travailler sur *des faux*, j'ai l'honneur de vous prier de vouloir bien liquider ma pension de retraite pour ancienneté de services.

» Général DE PELLIEUX. »

Cette lettre, plus on la relit, plus on y trouve de particularités remarquables :

« Ceux de mes chefs qui m'ont fait travailler sur des faux. » Mes chefs. Or, l'auteur de la lettre est général de brigade; ses chefs, ce sont donc des généraux de division ? Lesquels ? Malgré la fonction de M. de Pellieux, alors adjoint au général de division commandant le département de la Seine, ce ne peut être ce dernier, M. le général Borius, qui n'a jamais été mêlé à l'affaire Dreyfus, ni M. le général Zurlinden, gouverneur militaire de Paris, qui n'y avait pas encore été mêlé et ne l'y fut qu'un peu plus tard comme ministre de la Guerre. Quels étaient donc ces généraux de division ? Dans sa lettre de démission, M. le général de Boisdeffre s'accusait d'avoir été trompé, d'avoir « déclaré vraie une pièce qui ne l'était pas » et de l'avoir présentée comme vraie au ministre. N'était-il donc pas seul de son grade à s'être ainsi laissé tromper ? Combien étaient-ils ? Il serait intéressant de connaître leur nombre, leur fonction, leurs noms ; car on a dit et répété que Dreyfus ne pouvait pas être innocent puisque quatre ou cinq ministres de la Guerre étaient convaincus de sa culpabilité ; mais quoi ! si ceux-là ou d'autres avaient pris des faux pour pièces probantes, que devient l'argument tiré de leur infaillibilité ? M. le général de Pellieux a dû nommer ceux qui l'avaient « fait travailler » sur des faux. A-t-on fait vérifier son accusation sur l'heure et, si l'on a fait cette vérification, en a-t-on consigné le résultat quelque part ? Lui a-t-on fait retirer sa lettre parce qu'il avait péché en soupçonnant ses chefs, ou parce qu'il avait eu trop raison de les soupçonner ?

« Des faux ». Au pluriel. A l'instant où arrivait au ministère de la Guerre la lettre de M. le général de Pellieux, datée du 31 août 1898, on savait depuis une vingtaine de jours, au cabinet du ministre de la Guerre, que la pièce Henry était un faux ; on avait donc l'esprit éveillé sur cette question de faux ; or, voilà qu'un général de brigade, occupant une situation importante, chargé d'une enquête relative à l'Affaire, signale des faux et l'on n'en tient aucun compte! (M. Cavaignac, séance du 6 avril, *Journal officiel*, page 1625, colonne 2; séance du 7 avril, page 1639, colonne 2); on pense que cette lettre n'avait aucune importance! (M. Cavaignac, même page; — page 1640, colonne 1; — M. le général Zurlinden, interview publiée entre guillemets par la *Libre Parole* du 7 avril). Tout le monde pourtant n'était pas de cet avis; car, M. le général Borius, commandant de la place de Paris, en portant la missive de son subordonné à M. le général gouverneur, « appelait l'attention de ce dernier sur LA GRAVITÉ de cette lettre. » (*Journal officiel*, p. 1641, colonne 3.)

Bien grave en effet, quoiqu'on essaie aujourd'hui de la traiter légèrement : un faux venait d'être découvert; M. le général de Pellieux dénonçait plusieurs faux, et c'était là un incident « sans portée »! La question de la révision se posait, et il était sans intérêt de connaître LES faux qui avaient pu être produits dans l'affaire Dreyfus ou dans l'enquête Esterhazy! Faux sans lesquels peut-être l'allure et les résultats de cette enquête auraient pu être tout différents et conduire directement à la révision. Soit dit en passant, si, dans l'enquête qui se poursuit à cette heure, il était démontré que le dossier contenait des faux que la Cour de cassation n'aurait pas connus en 1899,

est-ce que cette découverte ne pourrait pas constituer le fait nouveau qui rouvrirait la porte à la
révision? Est-ce là le résultat que l'on se propose de
conjurer en traitant légèrement la lettre du général
de Pellieux?

Au fond, tout le monde est convaincu que si cette
lettre, s'ajoutant à la découverte du faux Henry,
avait été communiquée au conseil des ministres,
elle eût entraîné la révision immédiate et changé
complètement le cours des événements, en ache-
vant la déroute de nos adversaires.

Le 31 août 1898, date de cette lettre, est aussi le
jour de la mort d'Henry. Que de mystères en cette
journée! J'ai publié dans mon article du 10 avril
le télégramme adressé par le commandant du Mont-
Valérien au gouverneur de Paris; je le reproduis
ici, car il est, lui aussi, plein de choses :

« Mont-Valérien, 31 août 1898,
7 h. 20 du soir.

*» Commandant d'armes Mont-Valérien
à gouverneur militaire, Paris.*

» Evénement grave dont je rends compte par
lettre au général commandant la place. La lettre
part à 7 h. 30 du soir par bicycliste. Il serait bon
qu'un officier de la place vînt immédiatement au
Mont-Valérien. »

Eh ! mais, il me semble que voici un document au moins de nature à figurer dans l'enquête présentement ouverte. Cette lettre du commandant du Mont-Valérien au commandant de la place doit exister ; à moins toutefois qu'on ne l'ait considérée comme sans portée et qu'on ne l'ait invité à la retirer. Elle doit avoir toute l'importance d'un rapport. Et cet officier de la place dont le commandant du fort réclamait la présence ? En a-t-il été envoyé un ? Et, dans le cas de l'affirmative, a-t-il fait, lui aussi, un rapport ? Et le procès-verbal de l'état du cadavre, procès-verbal exigé par les articles 81 du Code civil et 44 du Code d'instruction criminelle ?

Parmi mes notes, j'en retrouve une du samedi 3 septembre, ainsi conçue :

« Je n'ai eu avant-hier jeudi et hier vendredi de rapport avec M. Cavaignac que par le téléphone : pour lui recommander de bien prendre toutes les précautions exigées par la loi pour la constatation de la mort du colonel Henry, — et pour le prier de faire en sorte que le corps de ce dernier ne traverse pas Paris, — ce qui avait été convenu. »

C'est le soir de ce même jour, 3 septembre, que M. Cavaignac donna sa démission : les incidents les plus graves se multiplièrent, et je ne songeai pas à demander au ministère de la Guerre les rapports faits sur la mort d'Henry, non plus que le procès-verbal de l'état du cadavre. Ces pièces sont donc certainement ou au ministère ou aux archives du gouvernement militaire de Paris. Il conviendrait de les chercher et de les faire connaître.

Telles sont, entre bien d'autres, les réflexions qui me viennent sur cette petite terrasse de jardin où j'appris, le 9 septembre 1899, de la façon qui suit, la seconde condamnation de Rennes :

Passant rapidement au-dessous de moi, un inconnu me salua en criant : « Vive la justice quand même ! — Qu'y a-t-il donc ? » demandai-je. — « Dreyfus est condamné pour la seconde fois ; mais il y a eu deux voix pour l'acquittement et le conseil de guerre a accordé au condamné des circonstances atténuantes ! — Comment cela ? » m'écriai-je ; mais mon interlocuteur s'éloignait déjà.

Tout de suite se posa dans mon esprit ce problème :

Comment un tribunal composé d'officiers a-t-il pu accorder des circonstances atténuantes à un traître ? Evidemment, il y a eu transaction entre les deux juges qui ont voté pour l'acquittement et les cinq qui l'ont condamné. Mais comment et pourquoi, étant cinq, ces derniers ont-ils cédé aux deux autres ? Ce problème n'a pas cessé de me hanter depuis trois ans et demi ; il y en a, d'ailleurs, quelques autres.

*
* *

Siècle du 12 mai.

J'arrive des Bouches-du-Rhône où j'ai fait, en cinq jours, vingt-quatre réunions. On y parlait et j'y parlais un peu de tout : du ministère Combes, dont la popularité est extrême ; — du droit que l'on voudrait établir sur les graines oléagineuses (singulière idée de faire de la protection non plus contre des nations étrangères, mais contre une ville française) ; — des Capucins ; — du port franc ; — du canal de Marseille au Rhône ; — de ma proposition de loi sur l'enseignement ; — de la retraite des ouvriers mineurs ; — du voyage d'Edouard VII ; — mais pas du tout de « l'affaire », quand, sur la fin de mon séjour, dans la petite et originale cité d'Auriol, voilà le président de la réunion qui se met à me féliciter avec véhémence de ma conduite lors de la révision, et voilà la chaîne de mes souvenirs qui se renoue. Quand je vous dis que l'on n'y échappe pas !

C'est le samedi 3 septembre, ai-je dit, que M. Cavaignac se retira du ministère ; vers la fin de la journée, il vint me voir et me dire qu'étant opposé à la révision il m'apportait sa démission ; il voulait la publier tout de suite. Je lui fis remarquer que la révision n'avait pas encore été discutée en conseil (nous n'étions même pas encore saisis de la demande) ; j'essayai de toutes les façons de le retenir ; tout ce que je pus obtenir, ce fut qu'il réfléchirait jusqu'au soir.

Vers neuf heures et demie, sa démission me fut apportée avec l'avis qu'il tenait à la publier immédiatement. En voici les termes, tels que je les retrouve dans les journaux d'alors :

« Monsieur le Président,

» J'ai l'honneur de vous adresser et je vous prie de transmettre à M. le Président de la République ma démission de ministre de la Guerre.

» Il existe entre nous un désaccord qui, en se prolongeant, paralyserait le gouvernement, au moment où il a le plus besoin de toute sa décision.

» Je demeure convaincu de la culpabilité de Dreyfus et aussi résolu que précédemment à combattre la révision du procès.

» Je n'entendais pas me dérober aux responsabilités de la situation actuelle, mais je ne saurais les assumer sans être d'accord avec le chef du gouvernement auquel j'ai l'honneur d'appartenir.

» Veuillez agréer, Monsieur le Président, l'assurance de mes sentiments d'affectueuse déférence que notre dissentiment actuel ne saurait affaiblir.

» CAVAIGNAC. »

« Sentiments d'affectueuse déférence » ; je ne sentis pas bien alors tout le prix de ces paroles presque tendres ; je comprends tout maintenant : si l'on m'avait caché, du 16 au 30 août, la découverte du faux Henry, si l'on me cachait la lettre du général de Pellieux, c'était par affection, c'était pour ne pas me causer de chagrin.

Cette lettre était accompagnée de la suivante :

« Paris, le 3 septembre 1898.

» Monsieur le Président, après y avoir bien réfléchi, je ne crois pas pouvoir ajourner la publication de ma décision.

» D'une part, des faits nouveaux peuvent surgir à chaque instant, auxquels je ne serais plus en mesure, dans la situation actuelle, de faire face.

» De l'autre, je ne puis penser, après ce que vous avez bien voulu me dire que, *même en présence d'une décision du conseil des ministres, vous puissiez consentir à vous opposer à la révision.*

» J'ai donc l'honneur de vous adresser ci-joint ma lettre de démission.

» Veuillez agréer, Monsieur le Président, l'assurance de mes sentiments les plus dévoués.

» G. CAVAIGNAC. »

Le lecteur a remarqué le passage souligné ; en effet, dans notre conversation de la journée, je

n'avais pas dissimulé à M. Cavaignac qu'à mes yeux
la révision s'imposait, que c'était une question de
conscience et que, lorsqu'elle viendrait en conseil,
si la majorité se prononçait dans un sens contraire,
je me retirerais. Après l'affichage du discours du
7 juillet, la découverte du faux Henry me traçait
mon devoir : la plus haute autorité judiciaire de
France pouvait seule faire la lumière, établir la
vérité, dire la justice.

M. Cavaignac avait été sans doute impressionné
d'une façon toute différente par l'affichage de son
discours; il en avait reçu une orientation définitive et fâcheuse : il ne s'était pas contenté de la
plainte déposée, après autorisation du conseil,
contre le colonel Picquart et M. Leblois pour communication de documents intéressant la défense
nationale, plainte sur laquelle je reviendrai peut-
être; il aurait voulu faire déposer par le colonel
du Paty de Clam une plainte en dénonciation calomnieuse contre le colonel Picquart; heureusement,
il en entretint M. le garde des Sceaux et il en fut
découragé par M. le procureur général et M. le
procureur de la République; ce projet n'avait ni
fondement ni chance d'aboutir. Mais à peine avait-
il cessé de parler de cette action en dénonciation
calomnieuse qu'il nous saisit, un soir, d'un vaste
projet de mise en accusation d'un certain nombre
de personnes devant la Haute-Cour de justice,

c'est-à-dire devant le Sénat, pour complot ou attentat. Il nous remit même, à l'appui de cette proposition, une note ainsi conçue :

» Je ne reviens pas, disait le rédacteur de cette note, sur les considérations d'ordre politique qui me paraissent commander une action immédiate.

» J'indique seulement comment il m'apparaît qu'une poursuite pour attentat contre la sûreté de l'État pourrait être engagée.

» I. — La loi constitutionnelle, en visant l'attentat contre la sûreté de l'État, ne l'a pas défini.

» Il paraît admis par les auteurs, il a été admis dans le réquisitoire du procureur général et dans l'arrêt de la Haute-Cour, lors du dernier procès devant la Haute-Cour :

» Que la Haute-Cour était compétente pour connaître de tous les attentats, c'est-à-dire de tous les actes attentatoires, notamment le complot, qui peuvent compromettre la sûreté intérieure ou extérieure de l'État, crimes prévus et punis par le chapitre I, titre I, livre III du Code pénal.

» II. — Or, dès à présent, une instruction est ouverte contre MM. Picquart et Leblois comme tombant sous le coup des articles 1 et 3 de la loi du 18 avril 1886, — loi dont les dispositions rentrent dans l'ordre de celles qui font l'objet du chapitre I, titre I, livre III du Code pénal.

» D'après la Constitution, la Haute-Cour peut être saisie par un décret « tant que l'ordonnance de renvoi n'a pas été rendue. » Il est donc certain que, de ce chef, la Haute-Cour peut être saisie d'un acte attentatoire rentrant dans la définition donnée par l'arrêt de la Haute-Cour ci-dessus cité.

» III. — Des délits connexes peuvent être joints à cette première poursuite :

» 1° La dénonciation calomnieuse dans laquelle sont impliqués MM. Picquart, Christian Esterhazy, Labori, Trarieux ;

» 2° Les délits commis par la voie de la presse, où l'on pourra relever à foison les outrages à l'armée, et où se trouveront impliqués les directeurs des journaux et les auteurs des articles ;

» 3° Le délit pour lequel M. Zola est poursuivi.

» IV. — Si la poursuite devant la Haute-Cour était limitée ainsi, elle se bornerait à évoquer devant le Sénat des poursuites qui sont intentées, ou peuvent être intentées demain, sur les terrains les plus solides, devant la juridiction ordinaire ; elle paraîtrait tout à fait assurée et précise.

» Mais elle semblerait évidemment manquer d'ampleur ; elle aurait pour unique résultat de donner plus de solennité aux poursuites, d'en rendre le résultat définitif en tranchant les incidents de procédure ; elle aboutirait à une condamnation à quelques années de prison.

» V. — On peut envisager une solution plus étendue :

» En poursuivant devant la Haute-Cour les faits
ci-dessus visés, parfaitement précis et déterminés,
tombant sous l'application des lois pénales.

» On peut considérer que les actes ainsi poursuivis
sont les éléments constitutifs d'un *attentat* dont le
but est d'exciter les citoyens à s'armer contre l'autorité constitutionnelle (art. 87).

» On peut considérer encore qu'ils sont les manifestations d'un *complot* ayant pour but l'attentat
prévu à l'article 87 (art. 89).

» On peut enfin considérer que les actes ci-dessus
relatés sont les éléments constitutifs d'un *attentat*
dont le but serait d'exciter à la guerre civile en
armant ou en portant les citoyens ou habitants à
s'armer les uns contre les autres (art. 91).

» Ou encore d'un *complot* ayant pour but le précédent attentat (art. 91).

» Il y aurait ici cette circonstance particulière
que nous saisissons un ensemble de délits précis
et bien déterminés qui donnent une base à la
poursuite pour attentat ou complot. L'instruction
n'aurait pas de peine à établir les manœuvres
concertées qui relient ces différents délits et dont
quelques éléments sont déjà entre nos mains. »

Tels sont les rêves du haut desquels la découverte du faux Henry faisait choir le ministère de la

Guerre ; il ne les a d'ailleurs jamais complètement abandonnés, car c'est évidemment à une hantise du même genre que fut due la poursuite en faux contre le colonel Picquart à l'occasion du « petit bleu ». De tous les faits énumérés dans cette note, pas un seul n'a pu soutenir le regard de la justice. Aussi, de tous les problèmes posés par cette affaire et auxquels je faisais allusion à la fin de mon article du 2 mai, le plus intéressant peut-être serait celui de savoir d'où venait cette hantise. Était-ce de quelque chose ou de quelqu'un? Les murs même du ministère s'étaient-ils, depuis 1894, imprégnés d'un poison qui en corrompait l'atmosphère et enivrait les nouveaux venus? Ou bien quelque mauvais génie, demeuré soit là, soit dans le voisinage, continuait-il de souffler le même feu? Je ne sais, mais on a pu voir de nouveaux arrivants qui paraissaient d'abord animés d'un autre esprit, s'y pénétrer de la même haleine ; d'autres là leur avaient donc insufflée? Quel historien, quel juge, quel psychologue, quel limier de police, quel directeur de conscience, quel confident, quelle confidente, pourra jamais répondre à ces questions ?...

M. le Président de la République était au Havre ; nous étions au samedi ; je le prévins par télégraphe ou par téléphone de la démission du ministre de la Guerre ; il rentra le dimanche matin.

* *

Siècle du 18 mai.

J'étais donc sans ministre de la Guerre, ce qui est toujours gênant ; j'aurais peut-être fini pourtant par m'y habituer, puisque la chose m'est arrivée trois fois en moins de deux mois, entre le 3 septembre et le 25 octobre ; mais je n'y étais pas encore fait. Des amis me conseillaient de prendre le portefeuille ; on m'a poussé plus tard à prendre la Justice : je pense encore que j'ai bien fait de ne pas céder à ces conseils. Au ministère de l'Intérieur, je voyais tous les jours, et plutôt deux fois qu'une, le préfet de police et le directeur de la Sûreté : leurs rapports me rassuraient sur les complots et les attentats que, dans sa vigilance affectueuse, la rue Saint-Dominique voulait bien me signaler.

Comme je l'ai dit, M. le Président de la République était rentré le dimanche matin 4 septembre, et j'avais à lui proposer un nouveau ministre de la Guerre.

A ce moment tout le monde était révisionniste ; le faux Henry n'avait pas encore été présenté comme le chef-d'œuvre du patriotisme ; on n'avait pas non plus répandu, dans les boutiques parisiennes, ce sot et indigne propos que « la révision, c'était la guerre » ; les feuilles les plus réactionnaires, — j'ai leurs articles sous les yeux; — réclamaient le renvoi de l'affaire à la Cour de cassation.

Le lundi matin, 5 septembre, M. le garde des Sceaux communiquait au conseil de cabinet la demande en révision qu'il avait reçue de madame Dreyfus.

Avec l'autorisation de mes collègues, j'allai dans la journée offrir le ministère de la Guerre à M. le général Zurlinden, gouverneur militaire de Paris ; ce n'était pas au hasard que j'allais à lui ; des personnes qui l'avaient vu la veille à la gare lors de l'arrivée de M. le Président de la République croyaient pouvoir m'assurer que je le trouverais assez bien disposé; nous nous connaissions un peu, car il avait été déjà ministre durant que je présidais la Chambre ; ce fier soldat, fait prisonnier dans la guerre de Prusse, n'avait pas voulu prendre d'engagement avec l'ennemi ; il s'était, au risque de la vie, échappé des geôles allemandes ; il avait repris du service dans les armées de la défense nationale ; cavalier admirable, montant des chevaux superbes, il était populaire dans Paris ; faire la révision avec lui et par lui, c'était un rêve ; j'ai pu le caresser quelques jours.

Heureux celui qui mourut dans ses rêves !

Je lui proposai donc le portefeuille ; mon différond avec M. Cavaignac, public depuis deux jours, ne pouvait lui laisser le moindre doute sur ce dont il s'agissait ; du reste, dès les premiers mots de notre entretien, j'eus soin de lui dire que la révision, c'est-à-dire le renvoi de Dreyfus devant la Cour de cassation, me paraissait le seul moyen d'en finir avec une agitation qui prenait des allures tragiques. « La révision », me dit-il en mettant la main sur un assez gros dossier, « la révision ? si l'opinion publique connaissait ce que m'a appris ce dossier sur le rôle de certains officiers, l'opinion trouverait la révision toute naturelle. »

J'ai toujours pensé qu'il s'agissait d'Esterhazy, du colonel du Paty de Clam ; mais je ne le lui ai pas demandé.

On m'a quelquefois dit : « Vous ne vous étiez donc pas assuré que M. le général Zurlinden acceptait la révision ? » Après les paroles que je viens de reproduire et qui sont textuelles, que demander de plus ? Je ne pouvais pas cependant réclamer une lettre de change avec ces mots : « bon pour la révision ». Tout le monde, d'ailleurs, à ce moment-là, savait bien que j'y marchais.

Le général, toutefois, avant de me donner une réponse définitive, me dit qu'il voulait tout d'abord rendre visite à M. le Président de la République.

Une heure plus tard, il m'apportait son acceptation.

Je lui fis connaître que M. le garde des Sceaux, après avoir reçu la demande en révision formée par madame Dreyfus, avait écrit à M. le ministre de la Guerre pour lui demander communication du procès-verbal des aveux d'Henry et du dossier judiciaire du procès de 1894.

Le général me demanda alors la publication d'une note que je rédigeai sous ses yeux et que je communiquai devant lui, par le téléphone, à M. le ministre de la Justice ; il est dit dans cette note qu'avant de faire la communication réclamée par ce dernier, le général se réservait d'étudier lui-même le dossier judiciaire ; du reste, la voici dans son entier :

« M le Président du conseil a prié M. le général Zurlinden, gouverneur militaire de Paris, d'accepter le ministère de la Guerre. Il lui a fait connaître la lettre par laquelle M. le garde des Sceaux a demandé au ministre de la Guerre : 1° le procès-verbal des aveux du lieutenant-colonel Henry ; 2° le dossier judiciaire de l'affaire Dreyfus.

» Tout en exprimant son vif regret de quitter le gouvernement militaire de Paris, M. le général Zurlinden a accepté. Il a été entendu, sur sa demande, qu'avant de faire la communication réclamée par M. le ministre de la Justice, il prendrait le temps d'étudier lui-même le dossier judiciaire en question afin de pouvoir intervenir en toute connaissance de cause dans les conseils du gouvernement.

» Le conseil des ministres se réunira demain mardi à dix heures et demie. »

On voit suffisamment dans quel sens M. le général Zurlinden se réservait de prendre connaissance du dossier judiciaire avant de le communiquer à la place Vendôme ; à ce moment, j'ai compris que M. le général Zurlinden se réservait seulement d'examiner si le déplacement de ce dossier ou tout au moins de certaines pièces n'offrait pas d'inconvénient ; je croyais la question de fond tranchée par les paroles que nous avions échangées sur la révision dans le cabinet du général, aux Invalides ; j'ai pu me tromper, mais rien alors ne me tira d'erreur.

Il est dit, dans un ouvrage intitulé *Histoire des Français*, tome VII (faisant suite à Lavallée), et il a été souvent écrit ailleurs, qu'il était entendu qu'on ne pourvoirait pas au remplacement du général comme gouverneur militaire de Paris afin qu'il pût reprendre cette fonction une fois passée la crise de la révision ; j'ignore si des pourparlers de ce genre ont eu lieu entre d'autres personnes ; mais il n'a rien été dit de pareil ni par moi ni à moi ni devant moi ; j'ai pu remarquer ultérieurement que le nouveau ministre ne se pressait pas de se choisir un successeur ; mais, comme l'intérim était fait par M. le général Borius, que je l'y trou-

vais très bien, que j'ignorais tout à fait les incidents de la lettre de M. le général de Pellieux, et
qu'enfin j'avais d'autres chats à fouetter, comme on
dit, j'ajournai volontiers la question du gouvernement militaire de Paris. J'avais un ministre de la
Guerre ; il acceptait le portefeuille des mains d'un
président du conseil révisionniste ; il avait des
raisons personnelles de penser que l'opinion publique trouverait la révision toute naturelle ; cela
me suffisait ; à qui, dans un pareil drame, cela
n'eût-il pas suffi ?

Le mardi 6 septembre, il y avait conseil des ministres à l'Élysée ; je remerciai tout d'abord M. le
général Zurlinden d'avoir accepté le portefeuille de
la Guerre. Alors, et spontanément, le général s'exprima en ces termes :

« Nous allons, sans doute et très vite, à la révision ; je serai obligé à M. le ministre de la Marine
de se préoccuper, dès maintenant, des moyens
d'assurer le retour de Dreyfus. Il faudrait désigner
le bateau qui le ramènera et songer aussi au lieu
de l'atterrissement. »

A quoi le ministre intéressé, M. Édouard Lockroy,
répondit que, dans la journée même, il viendrait
s'entendre avec moi sur le choix du navire qui
rapatrierait Dreyfus.

Quelqu'un demanda même, à ce moment, s'il ne
serait pas possible de procéder au nouveau juge-

ment dans un des arsenaux de la marine, Lorient ou Rochefort ; mais, sur cette observation que les conseils de guerre avaient un siège fixé par la loi, l'idée fut abandonnée.

M. Lockroy vint, en effet, me voir après déjeuner ; nous hésitâmes un instant : ferions-nous choix d'un navire qui se trouvait déjà dans les parages des Antilles pour l'envoyer à l'île du Diable ? ou bien armerions-nous un bateau tout exprès ? Nous prîmes ce dernier parti et résolûmes d'équiper le *Cécille*, qui était à Toulon.

*

Siècle du 20 mai.

Il n'y eut pas de conseil des ministres entre le 6 et le 12 septembre ; la situation était changée ; M. le général Zurlinden était devenu l'adversaire de la révision ; il en a expliqué les raisons dans des écrits et des dépositions qui ont reçu la plus large publicité.

Un léger incident signala le début de ce conseil du 12 septembre. M. le ministre de la Guerre passa par-dessus la table, à M. le Président de la République, en nous en faisant connaître l'objet, mais sans donner lecture ni du dispositif, ni des motifs, un décret par lequel M. le lieutenant-colonel du

Paty de Clam était mis en non-activité par retrait
d'emploi ; je fis remarquer que, si nous ne pre-
nions pas connaissance des motifs, il n'y avait
plus de conseil des ministres. M. le Président de la
République alors, avant de signer le décret, repassa
le papier à M. le général Zurlinden, qui donna lecture de son rapport au conseil. Je note cet incident
comme un symptôme de la tendance du ministère
de la Guerre à traiter les affaires, et particulièrement celle-ci, en dehors du gouvernement. Déjà,
l'on avait cru pouvoir dissimuler, durant seize
jours, la découverte du faux Henry ; l'on avait complètement celé la lettre de M. le général de Pellieux ;
lorsque l'on ne pouvait pas cacher le tout parce
qu'il s'agissait d'une mesure qui devait être rendue publique, l'on préférait ne pas communiquer
les détails ; plus tard, on devait engager une poursuite des plus graves sans l'avis du gouvernement ;
la marche de celui-ci dans une affaire qui ne pouvait être bien conduite que par un cordial accord
n'en était pas facilitée.

Après cet incident, M. le garde des Sceaux qui,
d'ailleurs, ne possédait le dossier que depuis peu
de temps, exposa l'état de l'affaire dans la mesure
où un examen nécessairement rapide lui permettait
de le faire, et la discussion s'engagea.

M. le ministre de la Guerre, tout en reconnaissant que, lorsqu'il avait accepté le portefeuille, il

était « convaincu que la révision allait se faire »,
la combattit avec force.

Je lui répliquai en faisant remarquer, d'abord,
qu'au début même de la séance du conseil, M. le
général Zurlinden avait ajouté, sans y penser probablement, un argument de plus à ceux qui, déjà,
militaient en faveur de la révision ; il avait, en
effet, par une mesure grave, disqualifié M. le lieutenant-colonel du Paty de Clam ; or, cet officier
supérieur avait été, avant M. d'Ormescheville, le
premier officier de police judiciaire chargé d'informer contre Dreyfus ; son rôle était connu, il
avait été de première importance et l'on peut dire
décisif ; la peine sévère dont il venait d'être frappé
infirmait et la procédure qu'il avait faite et les conséquences qu'on en avait fait sortir.

Ce que je pus tirer d'arguments de la découverte
du faux Henry est devenu banal ; alors, tout était
nouveau ; je ne parlai point seulement de la dé-
fiance que pouvait inspirer une condamnation que,
deux ans plus tard, l'un de ses principaux facteurs
avait cru nécessaire de justifier par un faux. Il y
avait comme une sorte d'annexe aux aveux d'Henry ;
c'était un entretien de ce dernier avec le général
Roget, signé par celui-ci, et où le colonel Henry disait : « C'est à moi qu'est arrivé le bordereau » ; le
bordereau avait donc été introduit par le faussaire ;
cette pièce ne perdait-elle pas par là beaucoup de

sa valeur? Enfin, dans la lettre par laquelle M. le général Zurlinden accompagnait l'envoi du dossier judiciaire de l'affaire Dreyfus au ministère de la Justice, il était dit qu'au procès de 1894 c'était le colonel Henry qui avait été chargé de déposer au nom du service, c'est-à-dire au nom du ministère de la Guerre; contrairement à l'opinion de mon contradicteur, je pensais qu'une déposition faite avec cette autorité avait dû peser considérablement sur des juges militaires. Or, si la passion avait pu, après deux années révolues, pousser le colonel Henry jusqu'au crime, quel cas pouvait-on faire de son témoignage au moment même du drame?

Le général annonça que si le conseil admettait la révision, il donnerait sa démission de ministre. Je fis la même déclaration pour le cas contraire.

Je dois ajouter qu'interrogé par un de nous, M. le général Zurlinden déclara que la révision ne ferait pas courir de risque de guerre.

Poursuivie jusqu'à plus de midi, la discussion reprit longuement dans l'après-midi. Plusieurs collègues alors pensèrent que, le dossier n'ayant pas pu encore être examiné à fond, il serait peut-être prématuré de demander à M. le ministre de la Justice de prendre, dès à présent, une résolution ferme et qu'il serait préférable d'ajourner la décision. M. le ministre de la Guerre et-moi nous nous opposâmes à cet ajournement, mais il fut adopté;

je pense encore qu'il eût été préférable d'en finir au plus vite, c'est-à-dire de transmettre immédiatement à la commission consultative la demande en révision formée par madame Dreyfus. Qu'on le remarque bien, en effet : à ce moment, c'était tout ce dont il s'agissait ; comme l'avis de la commission ne lie pas le garde des Sceaux, il eût toujours été temps de reprendre la discussion. Pour moi, je l'ai dit à la Chambre, j'avais hâte de voir la question rentrer dans le domaine judiciaire d'où elle n'aurait jamais dû sortir ; c'était mon sentiment comme président de la Chambre ; c'était mon sentiment comme président du conseil ; il n'y avait pas d'autre solution légitime ; déjà, l'opposition se préparait à réclamer la convocation des Chambres, ce qui eût été au contraire rendre l'affaire à la politique.

Malheureusement, le soir même du 12 septembre, M. le Président de la République partait pour les grandes manœuvres et le conseil ne pouvait plus se réunir que le samedi 17 septembre.

Dans l'intervalle, M. le général Zurlinden m'informa par le téléphone de son intention d'informer en faux contre M. le colonel Picquart, à propos du « petit bleu ». On avait trouvé au ministère de la Guerre cette merveille que le faux Henry n'était qu'une « réponse au *petit bleu* ». C'étaient les turlutaines, c'était la hantise qui recommençaient. La

Cour de cassation et la Chambre des mises en accusation de la Cour d'appel de Paris ont mis fin à cette cruelle aventure qui dura du 13 juillet 1898 au 13 juin 1899 ; mais l'histoire du colonel Picquart a peut-être besoin d'être traitée à part. Pour le moment, je répondis par la même voie au ministre de la Guerre que, lorsque M. Cavaignac avait cru devoir poursuivre M. le colonel Picquart et M. Leblois pour communication de documents intéressant la défense nationale, il en avait référé au gouvernement et je le priai d'attendre que le conseil pût délibérer sur l'affaire du « petit bleu ».

Il essaya, par deux fois, dans le conseil du 17 septembre, de nous en saisir ; mais la révision était à l'ordre du jour ; la solution ne pouvait plus se faire attendre et j'écartai de la délibération l'accusation dirigée contre le colonel Picquart.

Cette séance fut décisive. M. le garde des Sceaux exposa de nouveau l'affaire ; M. le ministre de la Guerre et moi nous maintînmes nos positions ; M. Tillaye, ministre des Travaux publics, avocat consommé, jurisconsulte renommé dans toute la Normandie, nous exposa savamment comme quoi les articles du Code d'instruction criminelle n'étaient pas applicables à l'espèce ; la Chambre criminelle d'abord et, plus tard, les cinquante magistrats des Chambres réunies ont suffisamment réfuté cette remarquable consultation ; après l'avoir en-

endue, le conseil des ministres autorisa M. le ministre de la Justice à saisir la commission consulta-
ive de la demande en révision.

MM. les ministres de la Guerre et des Travaux
ublics ayant annoncé qu'ils donnaient leur démission, il fut convenu qu'un conseil de cabinet se
iendrait à quatre heures et demie ; j'y fus auto-
isé à offrir le ministère de la Guerre à M. le général
hanoine, et le portefeuille des Travaux publics à
M. Godin, sénateur.

La démission de M. le général Zurlinden était
ainsi conçue :

« Monsieur le Président du conseil,

» J'ai l'honneur de vous prier de recevoir ma
démission de ministre de la Guerre.

» L'étude approfondie du dossier judiciaire de
Dreyfus m'a trop convaincu de sa culpabilité pour
que je puisse accepter, comme chef de l'armée,
toute autre solution que celle du maintien intégral
du jugement.

» Agréez...

» Zurlinden. »

M. le général Zurlinden, on le voit, se fondait
uniquement, pour repousser la révision, sur ce
qu'il demeurait « convaincu » de la culpabilité de
Dreyfus ; M. Cavaignac avait fait de même. Suivant

moi, c'était mal voir les choses ; il s'agissait simplement alors de savoir si la révision, c'est-à-dire le renvoi de l'affaire à la justice, d'abord ne s'imposait pas en droit et, ensuite, si elle ne donnait pas l'unique et légale issue d'une agitation qui durait depuis près d'une année et que le faux du colonel Henry, suivi de son suicide, avait singulièrement dramatisée et rendue plus dangereuse. Je retrouve dans mon dossier des articles de journaux réactionnaires, adversaires violents du cabinet, croyant à la culpabilité de Dreyfus, et qui concluaient comme moi à la nécessité de la révision. C'était le bon sens, et c'était le courant général ; pourquoi le ministère de la Guerre n'y cédait-il point ? Pourquoi, après avoir paru s'y ranger, organisait-il de nouveau la résistance ? N'était-ce pas là que l'on avait, tout au moins que l'on semblait avoir le plus d'intérêt à appeler la lumière, à provoquer le contrôle de la justice civile ? Quelle conception fausse y régnait ? D'où venait-elle ? Quels en étaient les inspirateurs ? Je disais, dans mon article du 12 mai, qu'on avait pu voir de nouveaux arrivants qui semblaient d'abord animés d'un autre esprit, se laisser aller, une fois rue Saint-Dominique, au souffle du même mauvais génie. Je viens d'en donner un exemple, il n'est pas le seul.

*
* *

Siècle du 29 mai.

Samedi, durant que j'écrivais mon article *Enfin !* publié lundi, un ami m'apporta le *Gaulois ;* je dictai tout de suite la note suivante que nos lecteurs ont trouvée dans le numéro de dimanche :

« M. le général Zurlinden publie dans le *Gaulois* de samedi sous ce titre : « Ma réponse aux *Souvenirs* de M. Brisson » un récit confirmatif du mien sur les points importants ; j'aurai sans doute l'occasion de m'en servir dans la suite de mes *Souvenirs*. »

Il ne m'est pas difficile de justifier cette note ; mais une réflexion s'impose tout d'abord.

Avant même de répondre à mes *Souvenirs*, M. le général Zurlinden avait déjà fait, depuis qu'il était à la retraite, plusieurs communications au *Gaulois*, feuille royaliste.

Personne n'a le droit de critiquer les opinions politiques de M. le général Zurlinden ; que ses convictions l'inclinent vers les journaux qui, non seulement appellent de tous leurs vœux une restauration monarchique, mais encore attaquent constamment et violemment le gouvernement républicain, c'est son droit. J'admets d'ailleurs que, pour

7

l'avancement de ses hommes de guerre, un gouvernement doive se préoccuper uniquement de leurs capacités militaires, et nullement de leurs opinions politiques, soit ; on m'accordera bien, en revanche, qu'il est certaines situations de confiance, comme celle de ministre ou de gouverneur militaire de Paris, où il ne devrait pas être indifférent de connaître les attaches d'un homme ; car il est dans la politique de ces heures troublées où il n'est pas bon qu'un chef militaire soit placé entre son devoir et ses tendances personnelles. Tout cela est de notre faute ; nous devrions être mieux informés, plus vigilants, moins faciles. La République est avertie : il doit être pourvu très prochainement à la nomination d'un gouverneur militaire de Paris.

M. le général Zurlinden revient sur la fameuse lettre de M. le général de Pellieux. Oh ! cette lettre ! on croit en avoir fini avec elle et toujours elle revient. Voici les souvenirs du général sur ce point ; je les reproduis textuellement :

« Comme gouverneur, j'ai, en effet, reçu, le 31 août 1898, une lettre du général de Pellieux demandant, en termes très vifs, à être mis à la retraite, à la suite du faux Henry. J'ai déjà expliqué, dans une lettre que j'ai écrite à M. Cavaignac, et qui a été lue à la tribune de la Chambre des députés, que le général de Pellieux avait annulé lui-même cette lettre en la retirant deux jours après me l'avoir fait remettre. J'ai toujours pensé qu'en l'écrivant il avait cédé à un premier mouvement de colère et de révolte. C'était un homme énergique. Rien ne l'aurait empêché de maintenir sa demande, s'il avait persisté dans sa première manière de voir. »

Voilà la question. M. le général de Pellieux avait changé de manière de voir. Comment en avait-il changé ? Il ne paraît pas avoir été commode de le faire changer. D'après M. le général Zurlinden, il avait cédé à un premier mouvement de colère et de révolte ; je le crois bien, il y avait de quoi ! Le général de Pellieux avait été chargé de l'enquête sur Esterhazy en 1897 ; l'enquête sur Esterhazy pouvait conduire, devait conduire à la découverte de la culpabilité de ce dernier ; cette découverte, c'était la condamnation d'Esterhazy et, par suite, la révision forcée, l'acquittement de Dreyfus ; mais les « chefs » du général de Pellieux le font « travailler sur des faux » et son enquête tourne au triomphe d'Esterhazy ! Que, dans de pareilles conditions, M. le général de Pellieux ait eu un « premier mouvement de colère et de révolte », il ne faut pas s'en étonner ; ce premier mouvement était naturel ; il n'a pas été facile de l'en faire revenir, car M. le général Zurlinden nous apprend qu'il ne retira sa lettre que deux jours après. C'est pendant ces deux jours que l'on aurait pu la faire connaître au gouvernement : la place Beauvau n'est loin ni de la rue Saint-Dominique ni des Invalides ; mais laissons cela. D'autres remarques sont à faire. M. le général Zurlinden dit dans le *Gaulois*, nous venons de le voir :

« J'ai reçu le 31 août 1898 une lettre du général de Pellieux demandant à être mis à la retraite. »

Pardon ! Ce n'est pas à M. le général Zurlinden que cette lettre était adressée, c'était à M. le ministre de la Guerre ; si M. le général Zurlinden l'a « reçue », c'est comme agent de transmission, agent très élevé, mais agent de transmission comme M. le général Borius, commandant le département de la Seine, qui l'avait reçue, c'est-à-dire palpée avant lui ; mais la lettre du général de Pellieux était bel et bien adressée au ministre. Est-il besoin de la reproduire ? Pourquoi pas ? Elle est si caractéristique ; en la lisant, on sent si bien comment, au lendemain de la découverte du faux Henry, elle se lie à la révision et rend celle-ci certaine si elle est connue.

La voici donc, cette lettre :

« Paris, 31 août 1898.

» Monsieur le Ministre,

» Dupe de gens sans honneur, ne pouvant espérer conserver la confiance de mes subordonnés sans laquelle il n'y a pas de commandement possible, ayant perdu de mon côté la confiance en ceux de mes chefs qui m'ont fait travailler sur des faux, j'ai l'honneur de vous prier de vouloir bien liquider ma pension de retraite pour ancienneté de services.

» GÉNÉRAL DE PELLIEUX. »

Quel drame ! Comme le fait remarquer M. le général Zurlinden un peu plus loin, le jour même où le général enquêteur d'Esterhazy écrit cette lettre, l'auteur d'un des faux sur lesquels ses chefs l'ont fait travailler se coupe la gorge ; on le trouve étendu sur son lit, avec un rasoir fermé dans la main gauche. Il y a du sang sur cette lettre ; c'est peut-être pourquoi elle revient toujours.

Comment donc fut-elle momentanément retirée ? Je dis momentanément, puisqu'elle est revenue au ministère de la Guerre neuf mois après.

Ici, le général Zurlinden fait appel à ses souvenirs du mois dernier, à la lettre qu'il a écrite à M. Cavaignac le 7 avril 1903 et qui a été lue à la tribune. Citons encore ce document tel que nous le trouvons au *Journal officiel*, page 1641, colonne 3 :

« Monsieur le député, toutes réflexions faites, voici comme, à mon avis, doit être rétablie l'affaire de la lettre du général de Pellieux, demandant sa mise en retraite, dont on a parlé hier lundi, à la Chambre des députés.

» Aussitôt après la découverte du faux Henry, le

général Borius, alors commandant de la place de Paris, le chef immédiat du général de Pellieux, est venu me trouver dans mon cabinet, aux Invalides, pour m'apporter cette lettre du général de Pellieux et appeler mon attention sur *sa gravité.*

» Je fis venir immédiatement le général de Pellieux. Il était très surexcité, très énervé à l'idée qu'on pourrait l'accuser d'avoir cité trop légèrement une pièce fausse au procès Zola; douloureusement préoccupé surtout de la pensée que ses enfants pourraient un jour lui reprocher de n'avoir pas assez défendu l'honneur de leur nom.

» J'essayai de le calmer, de lui demander des explications sur les accusations qu'il formulait; *mais je ne pus rien en obtenir,* et je restai convaincu — je le suis encore aujourd'hui — que le général de Pellieux avait cédé ce jour-là à un premier mouvement de colère et de révolte bien *compréhensibles,* et qu'il était de mon devoir d'attendre que le calme se fût fait dans l'esprit de cet excellent officier, qu'il importait d'essayer de maintenir dans l'armée.

» Je conclus en lui disant que je désirais lui donner le temps de réfléchir avant de transmettre sa demande; que je garderais sa lettre deux ou trois jours et qu'ensuite je la lui renverrais par le général Borius, afin qu'il puisse agir à tête reposée.

» Le général Borius fut prévenu, la lettre fut retournée quelques jours après. Depuis, je n'en ai plus entendu parler, quoique j'aie vu plusieurs fois le général de Pellieux. C'était un homme énergique ; s'il avait voulu maintenir sa demande, rien ne l'en aurait empêché, et réglementairement rien ne s'y opposait.

» Les états-majors du gouvernement militaire n'ont pas été mêlés à cette affaire. Il est probable qu'on ne trouvera rien dans les archives.

» M. le général Borius est mort ; le général de Pellieux aussi. Je reste donc seul pour faire la lumière sur ce triste incident, et sur la suite qui lui a été donnée, dont j'accepte toute la responsabilité.

» Peut-être ai-je parlé de cette affaire à votre chef de cabinet? Mes souvenirs ne sont pas précis à cet égard.

» J'ai cru hier vous en avoir parlé à vous-même ; mais j'ai fait une confusion ; c'est pour une autre affaire, concernant aussi le général de Pellieux, que j'ai prié un autre ministre, peut-être M. Krantz, de faire venir cet officier général dans son cabinet.

» Je vous autorise à faire de cette lettre à la Chambre l'usage qui vous paraîtra convenable. — Zurlinden. »

Fort bien. M. le général Zurlinden s'est employé à faire retirer par M. le général de Pellieux sa lettre du 31 août 1898. La lettre que nous venons de reproduire est datée du 7 avril 1903. Lisez-la seule et vous serez convaincu que M. le général Zurlinden a, à lui seul, obtenu du général de Pellieux qu'il retirât sa lettre : « dupe de gens sans honneur... »

Mais il y a une autre lettre de M. le général Zurlinden, datée du 4 juin 1899, c'est-à-dire beaucoup plus voisine des événements de 1898. La voici :

« Monsieur le Ministre,

» J'ai l'honneur de vous adresser ci-joint une lettre du général de Pellieux du 31 août 1898, dont je vous ai parlé hier.

» Je crois que, pour fixer complètement votre opinion sur cet officier général, il serait utile que vous le fissiez venir dans votre cabinet. En quelques minutes de conversation, vous verriez certainement plus clair dans son intervention et son rôle qu'à la suite de longues recherches. — Général Zurlinden.

» Post-scriptum : *C'est à la suite d'un entretien avec M. Cavaignac, alors ministre de la Guerre, que le général de Pellieux a retiré sa demande du 31 août 1898.* »

Cette lettre a été lue le 7 avril 1903 à la tribune de la Chambre par M. le général André, ministre de la Guerre. Je dois dire qu'ici le *Journal officiel* porte cette mention : (M. Godefroy Cavaignac fait un geste de dénégation).

C'est affaire entre ces deux messieurs, entre M. le général Zurlinden et M. Cavaignac. C'est aussi l'affaire des lecteurs. Ils choisiront entre la lettre de 1899 et la lettre de 1903. Quant à moi, je les prends toutes les deux pour signaler les efforts qui ont été faits par le ministre de la Guerre et le gouverneur de Paris, au lendemain de la découverte du faux Henry, pour que le gouvernement n'eût pas connaissance de cette lettre du général de Pellieux qui eût certainement entraîné la révision sans conteste. En effet, et il faut le redire sans s'en lasser, parmi les faux signalés par M. le général de Pellieux figurait le faux Henry ; or, ce faux avait pour objet et il avait eu pour résultat d'égarer M. de Pellieux, de le faire croire, par la production d'une pièce où Dreyfus était nommé en toutes lettres, à la culpabilité évidente de ce dernier et par suite à l'innocence d'Esterhazy ; d'autres faux ont peut-être, puisque M. de Pellieux parle au pluriel, contribué à son erreur, mais le faux Henry y suffirait. Supprimez ces faux, le général de Pellieux conclut contre Esterhazy ; celui-ci est condamné ; sa condamnation étant incompatible avec celle de Dreyfus, la révision du procès de 1894 est rendue inévitable aux termes du Code d'instruction criminelle, et Dreyfus est acquitté.

Voilà ce qui aurait été public dès 1898, si la lettre du général de Pellieux avait été communiquée au gouvernement; la conclusion s'impose. A noter aussi que les juges de Rennes n'ont rien su de ces choses.

C'est là le premier point sur lequel l'article publié samedi dans le *Gaulois* par M. le général Zurlinden confirme mes « Souvenirs ».

Ce n'est pas le dernier.

**

Siècle du 3 juin.

Tout en paraissant assez mal informé sur la succession des faits et des heures, M. le général Zurlinden, en son article du *Gaulois*, confirme encore mon récit en ce qui concerne la façon dont j'ai appris la mort tragique du lieutenant-colonel Henry. Je me fais un plaisir, dans ces lignes qui peuvent avoir un intérêt historique, de reproduire fidèlement et intégralement les paroles ou les écrits des autres ; voici donc textuellement ce que publie sur ce point M. le général Zurlinden :

« Dans cette même journée du 31 août, — c'est une bien triste journée, — vers neuf heures du soir, l'officier de service de l'état-major du gouvernement militaire de Paris vient m'annoncer le suicide du lieutenant-colonel Henry, détenu au Mont-Valérien. Je me précipite au téléphone pour annoncer cet épouvantable événement au ministre de la Guerre et pour demander s'il est au ministère. On me répond qu'il est à l'Intérieur, place Beauvau. Je téléphone à l'Intérieur et je demande M. Cavai- gnac. La voix de M. Brisson me répond qu'il vient de partir. « J'ai une horrible nouvelle à lui annon- » cer, lui dis-je, le suicide du colonel Henry. — » Comment, répondit la voix, et on ne m'en a rien » dit ? — Mais je viens de l'apprendre moi-même à » l'instant. M. Cavaignac n'en sait encore rien. Je » le cherche pour le lui annoncer. »

» Je cours rue Saint-Dominique. Boisdeffre et quelques officiers attendent M. Cavaignac dans la cour. Il fait nuit. Nous attendons en silence, très émus. Quand M. Cavaignac arrive, je lui dis quel- ques mots et je retourne aux Invalides. »

Je dis que M. le général Zurlinden confirme ici mon récit (voir le *Siècle* des 16 et 17 avril), car on voit éclater, même dans le sien, mon mécontente- ment de n'avoir pas été informé tout de suite de la mort subite d'Henry.

Ce n'est d'ailleurs pas du tout par M. le général Zurlinden que j'ai appris cette fin inattendue. Le premier éveil que j'en ai eu, ç'a été vers neuf heures du soir, par la lecture d'un de ces télégrammes que l'administration des télégraphes communique à la présidence du conseil des ministres lorsqu'ils lui paraissent avoir un caractère de politique générale. Par conséquent, que l'on m'entende bien : ce n'est ni au commandant du Mont-Valérien, ni à la place, ni au gouvernement de Paris, ni au ministère de la Guerre, ni à une autorité militaire quelconque, que j'ai dû d'en avoir connaissance; c'est uniquement à l'administration des postes et à ses usages; c'est d'ailleurs par suite d'une circonstance fortuite que je passai moi-même par le cabinet où étaient d'ordinaire ces dépêches en communication; je donne la figuration exacte de celle-ci :

N° 728
[Ancien modèle 314 A]
(Fév. 1897. — Carré 124)

POSTES ET TÉLÉGRAPHES

45202 — Bureau 44
N° 123,000

Int.
(probablement intérieur)

Deux mots illisibles
*(probablement
8 heures du soir.)*

TÉLÉGRAMME

Mont-Valérien, le 13 août 1808,
7 heures 20 minutes du soir.

*Commandant d'armes
Mont-Valérien
à
Gouverneur militaire, Paris.*

Événement grave dont je rends compte par lettre au général commandant la place. La lettre part à 7 h. 30 soir par bicycliste. Il serait bon qu'un officier de la place vînt immédiatement au Mont-Valérien.

A peine avais-je lu cette dépêche que, du cabinet même où je l'avais trouvée, je téléphonai au gouvernement militaire. Un premier officier, comme je l'ai dit dans le *Siècle* du 10 avril, me répondit qu'il ne savait rien ; un second (ou le même officier mieux informé, mais, au son de la voix, je dus supposer que c'était un autre) m'annonça la funèbre nouvelle et me dit que le colonel Henry s'était coupé la gorge avec son rasoir ; c'est seulement alors que le général Zurlinden intervint ; ce fut en ces termes : « Eh bien, ce pauvre colonel Henry s'est donné la mort. » Déjà, je savais tout, et le général, comme communication entre la présidence du conseil et le gouvernement militaire de Paris, n'est venu qu'en troisième ordre.

Je tiens d'ailleurs à redire que c'est moi qui, de la façon que je viens de rappeler et après lecture du télégramme ci-dessus reproduit, ai pris l'initiative de cette correspondance téléphonique avec le gouvernement militaire de Paris. J'ai interrogé et l'on m'a répondu.

Une note prise le soir même avant de me coucher, note que j'ai sous les yeux, mes souvenirs et ceux de quelqu'un qui m'accompagnait et qui a tout entendu, ne me laissent aucun doute sur ce point.

M. Cavaignac n'était d'ailleurs pas sorti du ministère de l'Intérieur ; il n'y était même pas encore venu ; il n'est arrivé que peu après.

Voici le texte de ma note, écrite sur le champ :

« ... J'ai téléphoné au gouvernement militaire et

j'ai appris, par un officier de service d'abord, puis par le gouverneur lui-même, que le colonel Henry s'était donné la mort.

» Quelques instants après, on m'annonçait M. Cavaignac ; je croyais qu'il venait m'annoncer le suicide ; non, il venait me proposer une rédaction nouvelle de la lettre à répondre au général de Boisdeffre. Aux premiers mots qu'il m'en dit, je l'interrompis en ces termes : « Mais ne savez-vous pas que » le colonel Henry s'est suicidé ? — Ah ! il s'est sui- » cidé, m'a-t-il répondu. — Oui, ai-je répliqué, et » c'est une source de vérité qui se tarit pour » nous. »

» M. Delcassé, ministre des Affaires étrangères, est arrivé. Nous nous sommes mis alors, sur l'affaire du général de Boisdeffre, d'accord pour une rédaction qui se termine par l'annonce de son remplacement par le général Renouard. Delcassé s'est chargé de faire parvenir cette rédaction à l'agence Havas. »

Il était alors plus de dix heures.

L'erreur actuelle de M. le général Zurlinden est un de ces phénomènes de superposition de mémoire dont j'ai vu tant d'exemples depuis plus de trente ans que j'assiste à des événements graves :

Quelques instants après, au ministère de la Guerre, il apprenait que c'était moi qui avais instruit M. Cavaignac de la mort subite d'Henry et, comme il avait téléphoné avec moi dans la même soirée, sa mémoire a, peu à peu, transposé les faits et les heures.

Il n'y a que les notes écrites sur le moment qui puissent nous garder efficacement de ces confusions.

Amené à revenir sur ce sujet de la tragédie du Mont-Valérien, je ne voudrais pas le quitter sans avoir demandé une fois de plus ce que sont devenues les trois pièces suivantes :

1° La lettre du commandant du Mont-Valérien que ce commandant mentionne lui-même dans le télégramme du 31 août au soir ;

2° Le rapport qui a dû être fait par l'officier de la place dont le commandant du Mont-Valérien réclamait la présence immédiate. Cet officier a été certainement envoyé ; aux négligences déjà commises par elle et qui ont amené la mort d'Henry, l'administration militaire n'a certainement pas ajouté celle qui aurait consisté à ne pas envoyer un officier constater un fait aussi énorme lorsqu'elle en était priée par le commandant de la forteresse ;

3° Le procès-verbal de l'état du cadavre qui, certainement encore, a dû être dressé conformément aux codes civil et d'instruction criminelle.

Divers journaux ont, il est vrai, publié récemment, sans indiquer d'ailleurs, je crois, de quelles sources ils le tiennent, le procès-verbal suivant, adressé par le commissaire de police de Puteaux le 1er septembre à M. le préfet de police :

« Ce matin, sur la réquisition de M. le commandant d'armes du Mont-Valérien, j'ai constaté au fort le suicide de M. le lieutenant-colonel Henry dans un local attenant au pavillon des officiers.

» M. Henry s'était, hier, dans l'après-midi, coupé la gorge à l'aide d'un rasoir qui a été trouvé fermé dans sa main gauche.

» Il s'était fait, aux deux côtés de la gorge, des entailles profondes ayant provoqué une hémorragie abondante.

» Le corps a été découvert à six heures quarante minutes du soir par le lieutenant Fête, de semaine au fort, chargé de surveiller le colonel.

» M. le commandant Walter m'a dit que le colonel avait laissé sur sa table deux lettres cachetées, remises au ministère de la Guerre, et une ouverte, contenant des divagations semblables à celle-ci : « Je vais me baigner dans la Seine »,

» Le permis d'inhumer a été délivré par le parquet sur le vu de mon procès-verbal d'enquête. »

Voilà bien un document; mais il doit y en avoir un autre, dressé par l'autorité militaire le jour même. Il doit y avoir, il devait y avoir un médecin-major au Mont-Valérien. Je me suis trouvé l'an passé en wagon avec le major du fort de Montmorency : je suppose qu'il y en a un dans tous les forts.

Il faudra bien que ces trois documents se retrouvent et soient un jour connus, ainsi que les deux lettres d'Henry remises au ministère de la Guerre.

L'amnistie n'a pas pour objet de rendre l'histoire impossible.

⁎

Siècle du 6 juin.

Plus je relis dans le *Gaulois* la réponse de M. le général Zurlinden à mes *Souvenirs*, plus je sens le prix de la propagande faite en leur faveur par l'écrivain du journal royaliste; sous sa plume le fond de mon récit sera parvenu à une clientèle distinguée que n'aurait certainement pas touchée ma prose républicaine. Aussi continuerai-je à lui emprunter de longues citations. Voici comment le général Zurlinden raconte son entrée dans le ministère que j'avais l'honneur de présider; on est au lendemain de la découverte du faux Henry et de son suicide :

« M. Cavaignac donne sa démission le 3 septembre. Le dimanche 4, l'Élysée me fait prier d'attendre le Président de la République, à la gare, à son retour de Rambouillet, dans la matinée. J'y rencontre les ministres, MM. Bourgeois et Delcassé. Nous parlons de l'événement qui est dans toutes les bouches. *Je ne leur dissimule pas combien j'étais péniblement impressionné.*

» Le soir, vers sept heures, je vais à l'Élysée pour voir si je dois, oui ou non, faire revenir mon officier d'ordonnance et mes chevaux qui m'attendent au camp de Châlons, où je dois assister à des manœuvres présidées par le général Jamont. Le Président de la République me retient à dîner. Je lui dis le fond de ma pensée : « Le faux commis par Henry, son suicide, *le conseil d'enquête d'Ester-hazy qui a fait ressortir des révélations inquiétantes sur certains officiers de l'état-major de l'armée,* me font penser qu'il importe de dégager l'armée de cette malheureuse « affaire » qui se gâte de jour en jour. Il est à désirer qu'un officier général veuille bien se sacrifier pour intervenir au milieu du déchaînement des passions; pour voir clair dans les *agissements de l'état-major* et *sévir en consé-quence ;* pour examiner loyalement si la révision du procès Dreyfus s'impose ; et si cela est, pour *la ré-clamer énergiquement au nom de l'armée elle-même.* L'officier général qui me paraît désigné par son autorité, par sa fermeté, pour remplir ce rôle est le général Saussier. » Le président m'approuve hautement.

» Le lendemain, vers trois heures, M. Brisson vient aux Invalides me proposer le ministère de la Guerre. Il me parle des difficultés du gouvernement, de la nécessité d'examiner si la révision doit se faire conformément à la loi, du danger de laisser croire que le gouvernement agit contre l'armée. « Il ne veut que son intérêt, et pour cela il s'adresse à moi, qui suis sorti intact de mon premier ministère. »

» Je lui réponds que je suis moi-même très préoccupé ; que *la révision me paraît s'imposer*, mais que j'en parle comme un officier général qui ignore le fond de l'affaire et non en homme de gouvernement. Je conclus en demandant à réfléchir et à consulter le Président de la République.

» Le président Félix Faure me reçoit dans le jardin de l'Élysée. Il me dit d'accepter. « *La révision ne vous engagera pas*, ajoute-t-il; d'après la loi, c'est au garde des Sceaux seul à décider si elle doit avoir lieu. »

» Je lui réponds que je n'accepterai jamais d'entrer dans le gouvernement comme un soliveau, et que je ne consentirai à prendre le ministère de la Guerre qu'à la condition d'affirmer très haut ma volonté de prendre connaissance du dossier avant de l'envoyer au garde des Sceaux et de me mettre à même d'intervenir dans les conseils du gouvernement en toute connaissance de cause.

» M. Brisson, que je vois aussitôt après, accepte ma condition après en avoir téléphoné devant moi au garde des Sceaux. La chose est ainsi réglée et annoncée, le soir même, par l'agence Havas.

« Le lendemain, conseil des ministres. Je ne sais encore rien du dossier. Je me borne à le constater.

« Toutefois, j'ajoute que, pour le cas où la révision serait décidée, il serait bon de ne pas laisser traîner les choses, de se préoccuper des moyens de ramener Dreyfus et de la désignation du conseil de guerre appelé à le juger : Rennes, par exemple. »

Voilà, confirmé d'un bout à l'autre, ce que j'ai dit sur l'opinion de M. le général Zurlinden, favorable tout d'abord à la révision, sur la note que nous rédigeâmes ensemble et que j'ai publiée, enfin sur son attitude dans le premier conseil des ministres auquel il prit part, priant M. le ministre de la Marine d'envoyer promptement un bateau pour ramener Dreyfus.

Il y a même dans l'article de M. le général Zurlinden des choses nouvelles et précieuses :

Ainsi, ce n'est pas moi seulement, c'est encore M. Bourgeois, ministre de l'Instruction publique, M. Delcassé, ministre des Affaires Étrangères, et M. le Président de la République lui-même, s'il a laissé des mémoires, qui pourront attester devant l'histoire quel fut le premier mouvement de M. le général Zurlinden, comme celui-ci nous a fait connaître que le premier mouvement de M. le général de Pellieux avait été un « mouvement de colère et de révolte » contre « ceux de ses chefs qui l'avaient fait travailler sur des faux ».

Il est même à remarquer que la première conversation de M. le Président de la République avec M. le général Zurlinden a eu lieu avant que je lui eusse offert le portefeuille : or, il est déjà question, dans cet entretien, de « réclamer énergiquement la révision dans l'intérêt de l'armée ». Le général y parle sur un ton sévère « des agissements de l'état-major ». Il devait, le lendemain 5 septembre, comme je l'ai rappelé dans le *Siècle* du 18 mai, en mettant la main sur le dossier Esterhazy, me dire avec force : « La révision ? Si l'opinion publique connaissait ce que m'a appris ce dossier sur le rôle de *certains officiers*, l'opinion trouverait la révision toute naturelle. » Voilà ce que me disait, à moi, M. le général Zurlinden, le lundi 5 septembre. Mais déjà le dimanche 4, d'après son propre récit, comme on vient de le lire, M. le général Zurlinden disait à M. le Président de la République : « Le conseil d'enquête Esterhazy a fait ressortir des révélations inquiétantes sur *certains officiers* de l'état-major de l'armée » ; suivent les paroles les plus sévères sur l'état-major contre lequel il faudra sévir. Évidemment, il ne s'agit pas seulement ici de M. le colonel du Paty de Clam : d'abord, parce que, à M. le Président de la République comme à moi, M. le général Zurlinden parla de « *certains officiers* », au pluriel; ensuite, parce que la connaissance de la faute isolée d'un officier n'aurait justifié ni toute cette sévérité, ni l'appel que, suivant M. le général Zurlinden, il fallait faire « à l'autorité et à la fermeté du général Saussier » pour réprimer les « agissements » de l'état-major.

Il y avait autre chose, en effet :

Et, cette autre chose, c'était la lettre de M. le général de Pellieux, c'étaient les entretiens que M. le général Borius, M. le général Zurlinden, M. le ministre de la Guerre avaient eus avec lui ; c'étaient les détails donnés par M. de Pellieux, détails que l'on cachait au gouvernement.

Ce dossier sur lequel M. le général Zurlinden mettait la main en parlant d'une façon si décisive, faisant appel à l'opinion publique en faveur de la révision du procès de 1894, ce dossier, il était éclairé pour lui d'une lumière fulgurante : il connaissait « les faux » qui avaient égaré le général enquêteur ; il connaissait « les chefs » qui l'avaient trompé, et alors il n'accusait pas seulement M. du Paty de Clam, c'étaient « les agissements de l'état-major » contre lesquels il fallait sévir.

On a caché cette lettre ; on a caché le résultat des entretiens que l'on avait eus avec M. le général de Pellieux : on lui a fait retirer cette lettre. Pourquoi? M. le général Zurlinden, dans sa lettre du 7 avril 1903, en donne pour raison « qu'il importait d'essayer de maintenir dans l'armée cet excellent officier. »

Eh ! qui donc l'eût retenu dans l'armée plus respectueusement, plus cordialement que moi ? Et avec moi, tous les membres du gouvernement ? Qui ne l'eût félicité de ce « premier mouvement de colère et de révolte » qui l'honorait au plus haut degré ? Qui ne l'eût remercié de venir au secours de la vérité, de la justice, de l'honneur, de l'honneur de l'armée et de l'honneur de la France ?

Depuis deux mois bientôt, je revis ces heures anxieuses, tragiques pour la conscience, où je cherchais à voir clair, où je m'orientais en tâtonnant dans les ténèbres. O vous, amis disparus ou survivants qui fûtes les témoins, les confidents de mes angoisses en ces semaines terribles, ô mes amis ! vous le savez maintenant, pour nous éclairer, pour éclairer un gouvernement d'honnêtes gens, il y avait un phare, et ce phare n'a lui que pour quelques-uns ! Il s'est trouvé des volontés et des mains pour s'interposer entre cette lumière et nos regards ! Qui donc a-t-on voulu sauver et quel labarum a-t-on cru sauver ?

Tout le reste s'en est suivi. Ce n'était plus la vérité que l'on poursuivait, c'était un autre but. Ce n'était plus l'honneur tout court, c'était un honneur spécial ; on cherchait à le couvrir, sans s'apercevoir peut-être, tant ce genre de cécité est complôte, que ce que l'on couvrait, c'était précisément l'honneur de ceux qui avaient failli !

L'on y a réussi d'ailleurs. Nous ne connaissons encore ni les noms « des chefs » qui avaient fait travailler sur des faux le général enquêteur, ni leurs actes coupables, ni tous « les faux » qui avaient dénaturé l'enquête Esterhazy.

Or, l'enquête Esterhazy, préparée par des « chefs » sincères, basée sur des documents authentiques au lieu de l'être sur des faux, l'enquête Esterhazy aurait conduit à la révision dans les termes du paragraphe 2 de l'article 443 du Code d'instruction criminelle :

» 443. La révision pourra être demandée en matière criminelle ou correctionnelle, quelles que soient la juridiction qui ait statué et la peine qui ait été prononcée :

» 1° ... ;

» 2° Lorsque, après une condamnation pour crime ou délit, un nouvel arrêt ou jugement aura condamné pour le même fait un autre accusé ou prévenu, et que les deux condamnations ne pouvant se concilier, leur contradiction sera la preuve de l'innocence de l'un ou de l'autre condamné. »

C'est à ce résultat que l'on fût arrivé tout droit, dès 1897, si l'enquête n'eût pas été faussée. Comment l'a-t-elle été ? Dans quelle mesure l'a-t-elle été ? Quelles sont les conséquences exactes des faux et des agissements des chefs? Voilà ce que l'on eût connu en 1898, si la lettre du général de Pellieux n'avait pas été cachée, si le gouvernement avait pu se mettre en rapport avec l'enquêteur, s'il avait entendu ses explications, s'il avait pu connaître les raisons de son « premier mouvement de colère et de révolte ». Il y avait deux témoins qui savaient tout : l'un, chargé du crime de faux ; l'autre, que l'iniquité révoltait. Interrogés séparément ou ensemble, ces deux témoins auraient fait connaître la vérité tout entière. C'était le lieutenant-colonel Henry, et M. le général de Pellieux. Les lèvres du premier ont été scellées par la mort et celles du second par la douce persuasion des chefs.

*
* *

Siècle du 8 juin.

Je me propo... ais tout d'abord de retracer ici purement et simplement, d'après mes souvenirs et mes notes, les faits qui, de la fin d'août à la fin d'octobre 1898, durant mon ministère, avaient signalé la préparation de la révision du procès de 1894. Ce n'est pas ma faute s'il s'y mêle une apparence de polémique, des raisonnements, des controverses. La chose était inévitable. Comment isoler du souvenir de ce qui a été si pénible, si dur, des difficultés que j'ai rencontrées, la vue toute récente de ce qu'aurait été la facilité de ma tâche si j'avais trouvé dans le département ministériel où s'étaient commis les fautes ou les crimes de 1894, de 1896, de 1897, je veux dire au ministère de la Guerre, le concours empressé, cordial, ardent, qui s'imposait à lui au cas où il aurait eu l'heureuse inspiration de les réparer? Ces souvenirs déjà anciens et ces révélations d'hier ne sont-ils pas les fils de la même trame? Commentés les uns par les autres, n'expliquent-ils pas pourquoi la révision, si complète, si achevée, si magistralement concluante entre les mains de la justice civile, est redevenue boiteuse lorsqu'elle a repris l'autre voie? La contradiction de l'arrêt de la Cour de cassation et du jugement de Rennes, les contradictions intrinsèques de la sentence de Rennes elle-même y trouvent leur explication.

J'ai montré jusqu'à l'évidence :

Premièrement, que si l'enquête de M. le général de Pellieux sur Esterhazy, en 1897, n'eût pas été dénaturée par « ses chefs », par « les agissements de l'état-major », par « les faux sur lesquels on l'avait fait travailler », cette enquête eût abouti, dès 1897, à la révision obligatoire, automatique pour ainsi dire, du paragraphe 2º de l'article 443 du Code d'instruction criminelle ;

Secondement, que, par la lettre de M. le général

de Pellieux, et par les explications qu'il en a certainement données avant de la retirer provisoirement, l'administration militaire a su, à la place, au gouvernement militaire de Paris, au ministère de la Guerre, que cette révision inévitable de 1897 avait échoué grâce aux agissements de l'état-major et aux faux dont le général enquêteur avait été victime.

La connaissance de ce fait aurait dû déterminer l'administration militaire, en août et septembre 1898, après la découverte du faux Henry, à vouloir, à désirer, à presser plus énergiquement que quiconque la révision.

De là, le premier mouvement de M. le général de Pellieux.

De là aussi le premier mouvement de M. le général Zurlinden.

Pour expliquer le second, celui-ci rappelle sa lettre du 14 septembre 1898 à M. le garde des Sceaux et me demande si je l'ai oubliée. Je l'ai si peu oubliée que j'y ai renvoyé le lecteur sous cette forme : « M. le général Zurlinden était devenu l'adversaire de la révision ; il en a expliqué les raisons dans des écrits et des dépositions qui ont reçu la plus large publicité » (*Siècle* du 20 mai). Je trouve en effet cette lettre et dans la publication à bon marché faite dès 1898 par Stock sous ce titre : *La révision du procès Dreyfus à la Cour de cassation,* et dans les documents imprimés par ordre de la Cour, et dans l'*Instruction Picquart*, — et partout, sans compter les journaux.

Rien d'ailleurs, dans cette lettre, si ce n'est la reproduction des fausses probabilités invoquées contre Dreyfus en 1894, rien qui n'ait été anéanti par l'arrêt de la Cour de cassation, chambres réunies. Rien qui réponde à la découverte du faux Henry.

M. le général Zurlinden croit devoir faire remarquer que la Cour de cassation « n'a pas retenu le faux Henry parmi les faits motivant la révision ». Je m'empare de cette remarque.

D'abord, elle n'est pas tout à fait exacte.

M. le général Zurlinden ne parle que de « l'arrêt définitif ». Mais malgré la loi de dessaisissement, toute cette procédure se fait suite et ne fait qu'un. Or, dans son arrêt de recevabilité du 29 octobre 1898, la Cour de cassation, chambre criminelle, vise la lettre du garde des Sceaux du 27 septembre, laquelle se fonde elle-même et sur le faux Henry et sur la contradiction des expertises en écriture du procès Dreyfus et du procès Esterhazy.

Or, — il faut y revenir sans cesse, — le faux Henry et le procès Esterhazy, qui n'étaient connus qu'imparfaitement de nous autres pékins, recevaient, dès cette époque, août et septembre 1898, de la lettre du général de Pellieux, de sa colère et de sa révolte, des explications qu'il avait fournies, recevaient, dis-je, de ces faits ignorés de nous, recevaient pour l'administration militaire, pour le ministère de la Guerre, une lumière particulièrement éclairante. Nous en ignorions, nous, civils, auxquels on mesurait les communications, auxquels on avait caché durant seize jours la découverte du faux Henry, nous en ignorions la portée. Au ministère de la Guerre, on en connaissait, l'on en pouvait approfondir, si l'on se donnait la peine de réfléchir, toute la gravité, toutes les conséquences : la révision facile de 1897 avait été éludée. C'était une raison majeure de ne pas laisser, en 1898, l'occasion qui se présentait de réparer une faute impardonnable, mais réparable.

Tout devait donc, en ces derniers jours d'août et en ces premiers jours de septembre 1898, pousser l'administration de la Guerre à faire la révision, à en prendre l'initiative « dans l'intérêt de l'armée. »

La Cour de cassation, chambres réunies, dit-on, ne s'est pas fondée directement, dans le libellé de ses motifs, sur le faux Henry pour ordonner la révision. Soit, mais qui ne sent que la découverte de ce faux a dominé tout le débat ? D'ailleurs, saisie en vertu de ce faux, la Cour a découvert d'autres motifs de révision. C'est dire qu'en descendant au fond des illégalités et des iniquités de 1894, de 1896, de 1897, la Cour n'avait qu'à choisir ; elle a

choisi des motifs inconnus ou mal connus au moment où elle a été saisie ; mais il y avait un lieu,
nous venons de le voir, il y avait un lieu où ce qui
était inconnu pour tous n'était pas de l'inconnu
et ce lieu, c'était le ministère de la Guerre. Ne
connaissait-il pas tout? N'en savait-il pas assez du
moins pour désirer faire la lumière? Comment donc
expliquer ses résistances et quelle n'a pas dû
être, sur l'issue définitive, la répercussion de ses
résistances? J'en reviens, on en reviendra toujours là.

Toutes ces erreurs, toutes ces fautes, tous ces
malheurs viennent de cette pensée que l'administration de l'armée, même en temps de paix, est un
gouvernement à part, de cette idée anarchique
qu'il y a « un pouvoir militaire » et qu'au lieu
d'obéir à l'autorité fondée par la Nation, il doit se
défendre contre elle. C'est pourquoi l'on ne daigne
point faire de communications au gouvernement
civil. Ici encore, M. le général Zurlinden confirme mon récit :

J'ai raconté (*Siècle* du 20 mai) qu'à la séance du
conseil des ministres du 12 septembre, M. le ministre de la Guerre passa par-dessus la table à
M. le Président de la République, sans donner
lecture des motifs, un décret par lequel le lieutenant-colonel du Paty de Clam était mis en non-
activité par retrait d'emploi, et que je demandai la

lecture du rapport. M. le général Zurlinden, dans le *Gaulois*, confirme mon dire en ces termes :

« Le lundi 12 septembre, conseil des ministres. Je commence par faire signer un décret plaçant le lieutenant-colonel du Paty de Clam en non-activité pour actes extravagants. M. Brisson, contrairement à l'usage, me fait lire en séance le rapport du général Renouard. »

Ainsi, un officier supérieur pourrait être frappé d'une peine grave, cela se passerait en conseil des ministres, c'est-à-dire que le gouvernement tout entier en aurait la responsabilité, et ces mêmes ministres, ce même gouvernement, ignoreraient les motifs de l'acte auquel ils prennent part ! Et cela, même quand la mesure qu'ils endossent se rattache, comme dans l'espèce, à la plus grosse affaire politique du moment ! Et cela, c'était « l'usage » ; admettons-le ; je me félicite alors de l'avoir interrompu.

Garder par devers soi les motifs de la mise en non-activité du colonel du Paty, faire mystère durant deux semaines du faux Henry, cacher la lettre du général de Pellieux et ses conséquences, toute cette conduite vis-à-vis du gouvernement procède du même esprit.

Puisse du moins la leçon n'être pas perdue ! La Révolution française, la République, la liberté, ce n'est pas la dispersion des pouvoirs. Je n'ai pas mes livres sous la main, mais je me rappelle une merveilleuse page de Victor Cousin (qui n'était pas un jacobin cependant) où il montre comment la Révolution a rassemblé tant de forces éparses malgré l'apparence unitaire du pouvoir absolu, comment elle a ramené à un centre commun toutes ces indépendances qui parfois allaient jusqu'à la révolte et à de vilaines alliances. Cet esprit a laissé de légères survivances qui, parfois, apparaissent çà et là ; témoin certain éloge des émigrés de Quiberon. Qu'on y prenne garde : ce centre commun, que menacerait une telle anarchie, c'est la République, c'est la Patrie elle-même.

*
* *

Siècle du 15 juin.

Je n'en finirais pas avec M. le général Zurlinden si je voulais signaler, l'un après l'autre, tous les points sur lesquels mes *Souvenirs* se trouvent confirmés par le rédacteur du *Gaulois;* il me faut pourtant insister sur quelques-uns.

En reproduisant sa lettre du 16 septembre 1898, l'écrivain de la feuille royaliste réédite l'excentricité suivante que j'ai réfutée dès la séance du conseil des ministres du 12, comme je l'ai rappelé dans le *Siècle* du 20 mai :

« L'acte criminel commis en 1896 par le lieutenant-colonel Henry et qu'il a expié par le suicide
ne peut atteindre la validité du jugement rendu,
car la déposition de cet officier n'avait rien de personnel. Comme dans tous les procès d'espionnage,
un *officier du service des renseignements* avait été
délégué par le ministre de la Guerre pour déposer
au nom du service. L'officier désigné fut Henry,
mais sa déposition aurait pu être faite dans le
même sens par le colonel Sandherr, chef du service
des renseignements, comme par le sous-chef de
l'état-major général, comme par le ministre lui-
même. »

Rien ne pourrait, mieux que les lignes qui précèdent, permettre d'apprécier l'état d'esprit tout
particulier où se trouvait M. le général Zurlinden
lorsqu'il devint l'adversaire résolu de la révision
après en avoir été le partisan, état d'esprit dont je
me souviens parfaitement.

Supposez qu'au procès de 1894, le colonel Henry
n'ait été qu'un témoin purement personnel, qu'il
n'ait pas appartenu au ministère de la Guerre, les
adversaires de la révision n'eussent pas manqué
de dire, le lendemain de la découverte du faux :
« Mais ce faux ne peut atteindre la validité du jugement rendu ; Henry était un officier étranger au
service, qui ne connaissait rien à ces choses ; son
témoignage de 1894 et, par conséquent, son faux

de 1896, n'ont aucune importance. » Tout le monde aurait trouvé ce raisonnement acceptable ; mais Henry appartient au ministère ; il dirige le 2º bureau, précisément celui où se traitent les affaires d'espionnage ; il a déposé au nom et comme délégué du ministère de la Guerre ; son témoignage n'a rien eu de personnel ; ses dépositions si importantes, la deuxième surtout, ont eu, d'après M. le général Zurlinden lui-même, qui prend soin d'appuyer sur ces conditions aggravantes, un caractère officiel, ministériel ; le ministre de la Guerre, en quelque sorte, est venu déposer lui-même, devant les juges militaires, et toutes ces circonstances qui, dans un cerveau moins suggestionné, moins hypnotisé, feraient conclure à l'importance extrême et du témoignage de 1894 et du faux de 1896, amènent M. le général Zurlinden, en 1898, à dire que ni témoignage ni faux n'ont d'importance ! N'est-ce pas une gageure énorme contre le bon sens ? N'est-ce pas le symptôme le plus éclatant du trouble où son changement d'opinion avait jeté M. le général Zurlinden ? Hier encore, le rôle de « certains officiers d'état-major » lui paraissait suffisant pour motiver la révision devant l'opinion publique, et, aujourd'hui, les crimes de celui qui avait joué le rôle le plus décisif dans le procès de 1894 lui paraissent indifférents ! Quel renversement de la raison !

Je ne dis pas ces choses pour renouveler la polémique d'alors ; le faux Henry ne peut plus exercer une influence directe sur l'issue définitive de l'affaire : je les dis parce que tout cela montre bien « l'état d'âme » que j'ai souvent indiqué, l'étrangeté du cas de ces ministres, disposés à la révision avant d'entrer au ministère de la Guerre, et se retournant de bout en bout, une fois entre les murs de la rue Saint-Dominique. Que trouvaient-ils donc le long de ces parois, au fond de ces mystérieuses armoires ? Ou bien qui rencontraient-ils d'assez séduisant, d'assez actif, d'assez souple, pour leur faire une conviction nouvelle aux dépens de la raison, contrairement à leur premier mouvement, c'est-à-dire à l'impulsion première de leur conscience et de leur droiture, émues par l'évidence ?

Le problème historique, psychologique, moral, et le problème juridique aussi, demeurent d'autant plus pressants et inquiétants que cet état d'âme subsiste encore. Ce trouble, ces contradictions n'ont pas cessé : dans l'interview publiée par la *Libre Parole* du 7 avril 1903, parlant de la fameuse lettre du général de Pellieux, M. le général Zurlinden dit qu'il n'a attaché aucune importance à cette lettre et, le même jour, dans la missive qu'il adresse à M. Cavaignac, il ne craint pas d'écrire que M. le général Borius lui a signalé toute la gravité de la lettre Pellieux !

C'est à cet état d'âme des chefs que j'ai eu affaire, qu'ont eu affaire les membres du cabinet, et c'est à ce titre que la peinture de ces dispositions psychologiques fait partie de mes *Souvenirs*. M. le général Zurlinden y joint même une révélation curieuse. A propos de la séance du conseil des ministres du 12 septembre, il s'exprime en ces termes :

« Puis, commence la discussion sur la révision du procès Dreyfus. Elle prend deux séances. Plusieurs ministres sont nettement décidés, avec M. Brisson, à faire la révision *qui paraît réclamée par l'opinion publique*. D'autres hésitent et finalement paraissent vouloir s'opposer à la révision. Le Président de la République intervient, il croit s'apercevoir — il me l'a dit plus tard — que la majorité va être contraire à M. Brisson et qu'il en résultera une crise ministérielle. Comme il est attendu aux grandes manœuvres, il désire ajourner cette crise jusqu'à son retour, d'autant plus que le garde des Sceaux avait eu réellement très peu de temps pour étudier le dossier. Il allègue cette raison et fait décider au conseil que la question ne serait tranchée qu'à son retour. »

Ainsi, les difficultés que j'ai rencontrées pour faire la révision étaient encore plus grandes que je ne le croyais. M. le Président de la République l'a dit « plus tard » à M. le général Zurlinden :

j'ai été tout près de me trouver en minorité ; sans les manœuvres de septembre, pas de révision. Est-ce bien là les seules manœuvres auxquelles j'ai eu affaire ? Je ne m'appesantis pas sur cette question périlleuse ; mais, peut-être, en voyant tous les écueils, tous les récifs entre lesquels j'ai dû naviguer, peut-être ceux des révisionnistes qui m'accablaient alors de leurs reproches, de leurs objurgations, de leurs sarcasmes, qui me trouvaient bien lent dans ma marche vers la révision, peut-être ceux-là reviendront-ils à plus d'indulgence, oserai-je dire à plus de justice. Ajoutez une grève de terrassiers de vingt-deux jours à Paris, la grève générale des chemins de fer que j'ai conjurée seulement grâce à une information heureuse, et vous aurez quelque idée de mes embarras. Vraiment oui ! ce mois de septembre de l'année 1898 a vu de grandes manœuvres ! Je n'étais pas assez militaire pour en juger ; mais, M. le Président de la République et M. le général Zurlinden en ont su davantage, paraît-il. L'histoire est comme la justice : elle boite, mais elle arrive. Pas si vite pourtant ; car nous ne savons pas encore devant quoi, devant qui, devant quelles révélations reculaient ces ministres, révisionnistes la veille, antirévisionnistes le lendemain. C'était donc bien gros ! En tous cas, on ne saurait s'étonner que cette puissance discrète qui a si efficace-

ment agi, avec si peu de moyens tirés de l'affaire
elle-même, sur leur raison et sur leur volonté,
qui a tendu si fortement tous les ressorts du ministère de la Guerre vers un même but, ait prolongé son action et sa maîtrise jusqu'au bout
qu'elle ait eu raison de tout. J'ai obtenu la révision, c'est vrai. La Cour de cassation, chambre
criminelle d'abord, chambres réunies ensuite, a
mis à néant l'accusation ; c'est encore vrai ; mais,
finalement, la Cour suprême a été vaincue, elle a
reçu un démenti. Encore une fois, qu'est-ce donc ?

Car la révision fut décidée. Voici le compte
rendu du conseil des ministres du 17 septembre
communiqué à la presse :

« Le conseil des ministres s'est réuni à 9 h. 1/2 à
l'Elysée, sous la présidence de M. Félix Faure.
M. le garde des Sceaux a exposé les faits qui
résultent pour lui de l'examen du dossier Dreyfus
auquel il s'est livré ; il a constaté qu'aux termes
de l'article 444 du Code d'instruction criminelle,
il ne doit statuer sur les demandes en révision
formées conformément au paragraphe 4 de l'article 444 qu'après avoir pris l'avis de la commission
instituée par la loi auprès du ministre de la Justice.

» Le conseil lui a donné l'autorisation de réunir
cette commission. »

Ce devait être là un nouveau chapitre de la résistance.

*
* *

Siècle du 19 juin.

La commission instituée au ministère de la Justice par l'article 444 du Code d'instruction criminelle pour examiner le cas de révision dit « fait nouveau » se composait des trois directeurs du ministère et de trois conseillers à la Cour de cassation nommés par leurs collègues ; soit, six membres en tout, c'est-à-dire un nombre pair ; il pouvait donc y avoir partage, et cette possibilité seule indiquait qu'elle ne pouvait être que consultative, que son avis ne pouvait lier le garde des Sceaux. La loi dit d'ailleurs que le garde des Sceaux peut saisir la chambre criminelle, après avoir pris l'avis de la commission, ce qui implique la liberté du ministre, liberté entière, quel que soit l'avis, favorable ou défavorable.

Il y eut partage en effet. Trois membres de la commission se prononcèrent pour la révision et trois contre.

En fait, comme en droit, nous allons le voir, la commission n'avait pas donné d'avis. Malheureusement, le rédacteur du procès-verbal de la commission lui donna une tournure négative ; cette formule fut adoptée : « la commission n'a pas été d'avis de saisir la Cour de cassation » ; c'était exact, puisqu'il n'y avait pas eu de majorité pour décider la révision ; mais il eût été tout aussi exact de dire : « la commission n'a pas été d'avis de ne pas saisir la Cour de cassation », puisqu'il n'y avait pas eu non plus de majorité pour repousser la révision.

On se servit pourtant et du partage et de cette formule pour dire que la commission avait écarté la demande de révision ; l'on ajoutait que le ministre de la Justice était lié, que c'en était fini de la révision.

Les partisans de cette thèse, soutenue par tous les journaux de l'état-major, adoptée par quelques-uns de ceux qui auraient dû la combattre et qui feignaient de croire le garde des Sceaux engagé par un avis qui n'était pas un avis, ceux-là disaient qu'il ne pouvait point passer outre ; ils argumentaient de ce qui se passe dans les Chambres ; au Parlement, disaient-ils, lorsqu'il y a partage, c'est-à-dire, égalité de voix, la proposition en discussion n'a pas eu la majorité ; donc, elle n'est pas adoptée, donc elle est repoussée. Il en doit être de même de la révision : elle a été proposée, elle n'a pas pu réunir une majorité, donc elle est écartée ; le garde des Sceaux ne peut pas saisir la Cour.

On ajoutait qu'en fait, il serait très imprudent

de l'en saisir ; en effet, assurait-on, les trois opposants à la révision dans la commission étaient précisément les trois conseillers ; c'était là un premier indice du sentiment général de la Cour ; si le ministre la saisissait, après un avis défavorable de la commission, il y subirait un inévitable échec.

Ces subtilités n'ébranlaient pas ma volonté de faire rentrer l'affaire dans le domaine judiciaire d'où une série d'interpellations l'avaient malheureusement fait sortir. D'ailleurs, je n'aime pas beaucoup toutes ces commissions, tous ces comités, tous ces conseils que l'on a institués autour des ministres, qui peuvent les déshabituer de la responsabilité et du courage. Ces collectivités anonymes ont un autre inconvénient, non moins grave : celui de déplacer le pouvoir, de le faire passer aux mains de personnes irresponsables ; les ministres libres sous le contrôle attentif des Chambres, voilà la vérité.

J'étais d'ailleurs bien résolu à effacer la journée du 7 juillet, je veux dire le discours de M. Cavaignac ; le gouvernement avait fait afficher des faux ; il importait de racheter cette erreur, de donner la parole à la seule autorité qui pût rétablir la vérité, c'est-à-dire à la seule justice ; j'étais outré de voir que ceux qui auraient dû éprouver le plus vivement, le plus profondément, ce besoin de réparation étaient précisément ceux qui lui faisaient obstacle.

Le faux Henry me faisait d'ailleurs pressentir qu'il y avait un grand inconnu dans cette affaire, que la procédure de 1894, dirigée par Henry, par du Paty de Clam, devait avoir d'autres vices, que d'autres découvertes seraient faites, et c'était là ce que je répondais à ceux qui m'objectaient l'avis des trois conseillers à la Cour de cassation, membres de la commission consultative. « Nous ne savons rien, disais-je, nous ne savons rien que par le ministère de la Guerre et l'administration militaire qui nous a égarés, qui résiste aujourd'hui de toutes ses forces, nous prouve par là sa légèreté, sa suffisance, son parti pris ; les trois conseillers sont comme nous, comme tout le monde, ils ne savent rien ; que la Cour de cassation soit saisie, elle fera une enquête, elle fera luire la vérité. » C'est du reste ce qui s'est passé : à côté du faux Henry, la Cour a découvert d'autres motifs de révision et les trois conseillers en question, éclairés par l'enquête, n'ont pas, eux, persévéré dans leur erreur ; adversaires de la révision tant qu'ils demeuraient dans l'obscurité, ils ont voté la révision lorsqu'ils y ont vu clair.

Il me fallut pourtant réfuter ceux qui invoquaient les usages parlementaires en vertu desquels une proposition est repoussée lorsqu'elle est accueillie par un nombre égal de suffrages contraires et de votes favorables.

Le cas, encore une fois, n'était pas politique, il était juridique ; par là même, il écartait les usages parlementaires, moins protecteurs des droits individuels. Or, en matière juridique, le partage des voix ne protège pas le *statu quo* ; il se résout, au civil, par l'adjonction de nouveaux juges et, au criminel, par l'acquittement.

Le procès-verbal des travaux de la commission consultative était donc envisagé à tort comme un avis défavorable ; quelle qu'en fût la formule, il ne pouvait être qu'une simple constatation du partage et laissait, en réalité, au garde des Sceaux le soin de départager lui-même ; la loi n'ayant pas prévu l'hypothèse, c'était la solution qui s'imposait.

Nous étions au criminel où la règle générale est que l'avis le plus favorable à l'accusé doit l'emporter ; le partage vaut acquittement.

Ici, *tolle* général des adversaires ; il ne s'agit point, disaient-ils, d'un accusé, mais d'un condamné ; sans doute ; pourtant comment omettre la règle que l'avis le plus favorable au malheureux intéressé doit l'emporter ? Ce principe domine toutes les matières pénales ; comment et pourquoi le violer à propos d'une condamnation si peu justifiée que, deux années plus tard, l'un de ses principaux auteurs avait jugé nécessaire de l'étayer par des faux ?

Même dans le cas d'un condamné, un procureur général près la Cour de cassation, illustre par la vigueur de son esprit, M. Dupin, avait admis qu'en cas de partage, l'avis le plus favorable devait l'emporter. Il s'agissait d'un pourvoi en cassation devant les Chambres réunies où l'adjonction de nouveaux magistrats était impossible.

Ne voulait-on pas aller jusque-là ? Du moins, disais-je, puisque nous sommes devant la Cour régulatrice, puisqu'il s'agit d'une commission qui lui emprunte trois de ses conseillers, suivons les règles de la Cour.

Or, en matière civile, devant la chambre civile, le partage n'impose pas du tout le *statu quo*, le maintien de la chose jugée ; il nécessite l'appel à de nouveaux magistrats dont la mission est de départager.

En matière criminelle, il en est de même.

En la matière spéciale de la révision, mêmes règles ; un jurisconsulte a même pensé que l'avis le plus favorable doit l'emporter, mais tenons-nous en à la règle générale : il en résulte que, si une affaire de révision provoquait un partage devant la chambre criminelle de la Cour, elle appellerait d'autres conseillers pour la départager. Et, dans la même instance de révision, le partage de la commission consultative équivaudrait à un avis défavorable ! Pourquoi ces deux solutions contraires, au même cas de partage, dans la même affaire, dans une instance de cassation ? Cette contradiction jugeait la thèse adverse et la condamnait. Quel étrange parti pris elle révélait chez les uns ! Et, chez d'autres, quel désir au contraire de ne pas prendre parti ! C'est si bon, une commission ! Quelle chance, en outre, de tomber sur une commission qui, chargée de donner un avis, ne donne pas d'avis ! Pourquoi ne pas en rester là, c'est-à-dire demeurer en l'air ? « D'ici là, le roi, l'âne ou moi, nous mourrons. »

Je poursuivais :

A la Chambre des requêtes, le partage impose l'admission du pourvoi et non le rejet. Or, ce dernier cas, quoique au civil, se rapproche beaucoup de la question à résoudre ; car la commission consultative peut être assimilée, quoique simplement consultative, à une juridiction d'examen, statuant sur les probabilités, sur l'admissibilité.

Les raisons foisonnaient ; chacune d'elles était décisive ; il n'en fallait pas moins, malgré leur évidence, lutter pied à pied contre les objections.

Si je les rappelle et si je rappelle mes réponses, ce n'est pas pour le vain plaisir de les reproduire : c'est pour bien faire comprendre et les retards causés par cette obstination, et les funestes conséquences de ces retards. Le temps passait en effet.

Si la révision eût été décidée, comme le commandait la conscience, dès les premiers jours qui suivirent la découverte du faux Henry, la Chambre criminelle, saisie tout de suite, aurait pu rendre son arrêt de recevabilité dès le mois de septembre ou dans les premiers jours d'octobre ; mais toutes ces entraves, toutes ces démissions de ministres, tous ces retours en arrière de ceux qui avaient été révisionnistes dès l'abord, toutes ces hésitations devaient amener ce résultat néfaste : rendre l'affaire à la politique. Les Chambres rentraient le 25 octobre ; le ministère révisionniste était renversé ; l'arrêt de recevabilité était rendu le 31 octobre seulement et le cabinet qui succédait était celui qui devait présenter la loi de dessaisissement.

*
* *

Siècle du 6 juillet.

J'ai parlé plusieurs fois de l'étonnement que m'avaient causé les ministres de la Guerre auxquels j'avais fait appel après le départ de M. Cavaignac : bien disposés d'abord, ils avaient changé d'opinion une fois au ministère de la Guerre ; j'ai raconté le cas de M. le général Zurlinden, qui a bien voulu prendre la peine de confirmer mon récit dans un article du *Gaulois* que j'ai en grande partie reproduit ici même, afin de mettre sous les yeux des lecteurs, et au besoin des historiens futurs, des documents d'intention contradictoire et dont les conclusions sont identiques.

Bien plus surprenant pour moi et pour mes collègues fut le cas de M. le général Chanoine.

Lorsqu'il fut nommé ministre, le 18 septembre, la demande de révision avait été transmise à la commission consultative ; c'est même cette transmission qui avait déterminé la démission de M. le général Zurlinden comme ministre de la Guerre et celle de M. Tillaye, ministre des Travaux publics, démissions motivées sur ce fait par des lettres rendues publiques. Il serait donc difficile d'imaginer une situation plus claire. Or, je ne saurais dire la rondeur que mit M. le général Chanoine à accepter le portefeuille. Il m'avait été indiqué par des amis ; il le savait et il me donna de la cordialité de son acceptation une marque tout à fait précieuse et qui, après ce qui s'est passé, paraîtra sans doute particulièrement savoureuse :

« Voilà, me dit-il à peine nommé, voilà, monsieur le Président, le 2° bureau, le bureau des renseignements, sans chef. Ne pourriez-vous me désigner un colonel pour prendre cette fonction délicate et qui, par cela même qu'il vous inspirerait confiance, aurait toute la mienne ? — Si fait, Général »,

répondis-je, et je lui désignai un colonel de l'armée
de Paris, dont je connaissais les excellentes notes
militaires, ayant failli le nommer commandant du
Palais-Bourbon durant que j'étais président de la
Chambre des députés ; c'était un officier de tout
repos, à tous les points de vue. M. le général Chanoine le manda et lui offrit le deuxième bureau ;
le lendemain, il m'annonça que cet officier supérieur avait refusé, donnant pour raison qu'il ne se
sentait nullement préparé à un pareil service. J'eus
peur que l'offre ne lui eût été faite que du bout des
lèvres et je le fis venir ; pas du tout, elle lui avait
été faite très cordialement ; le colonel m'exprima
les scrupules qu'il avait exposés au ministre, ils
étaient honorables et je n'insistai pas.

Le deuxième bureau fut donné à un autre officier ; mais qui ne voit combien était significative,
étant donné les circonstances, comme adhésion
très nette du ministre à la révision, la demande
qu'il faisait au président du conseil, révisionniste
déclaré, de prendre un officier de sa main pour
diriger le deuxième bureau, où se trouvaient tous
les dossiers, tous les secrets, tous les dessous de
l'affaire, et tout le personnel informé ? J'en ai su
le plus grand gré à M. le général Chanoine durant
sa présence au ministère, entre le 18 septembre et
le 25 octobre, jour où il assura ma chute.

L'affaire de la révision revint au conseil de cabinet du samedi 24 septembre et, à cause de l'absence de deux ministres, remise pour prendre une décision définitive au lundi 26. M. le général Chanoine était présent. Voici, tel qu'il fut alors communiqué à la presse, le compte rendu de cette séance :

« Sur la décision du conseil, M. le Garde des Sceaux transmettra à la Cour de cassation la demande de révision dont il a été saisi.

» M. le Garde des Sceaux a fait connaître au conseil qu'il allait adresser au procureur général des instructions pour que toute attaque contre l'armée soit immédiatement réprimée. »

Le lendemain, conseil des ministres ; en voici le compte rendu :

« Le conseil des ministres s'est réuni à neuf heures et demie à l'Elysée, sous la présidence de M. Félix Faure.

» M. le Garde des Sceaux a fait connaître les termes de la lettre par laquelle il saisit le procureur général près la Cour de cassation de la demande en révision du procès Dreyfus.

» Il a lu également au conseil la circulaire qu'il adresse aux procureurs généraux en vue de les inviter à la répression énergique des attaques qui seraient dirigées contre l'armée. »

Voici maintenant, d'après le *Journal Officiel*, divers extraits du compte rendu de la séance de la Chambre des députés du 25 octobre 1898 :

« M. Paul Déroulède. — Je disais que l'heure est venue de nous prononcer avec courage, de ne reculer devant aucune responsabilité, de voter selon nos convictions, selon notre droit, sur la situation de ce cabinet et de dire si nous entendons, oui ou non, qu'il continue la politique qui a été la sienne, politique d'usurpation, de coups de force et d'arbitraire. (*Très bien ! très bien ! sur divers bancs. — Interruptions à gauche.*)

» Pour ma part, j'apporterai au service de mes idées toute l'indignation, je ne veux pas dire toute la colère que j'éprouve à l'égard du cabinet qui est encore ici. Si mes amis et même ceux qui, dans le centre, en auront le courage, en font autant, nous arriverons à débarrasser le pays de l'oppression la plus extraordinaire, celle de républicains supprimant toutes les libertés (*Interruptions à gauche*), dussions-nous, — c'est par là que je termine, — quel que soit notre grand respect pour l'armée, éclabousser par nos votes ce général Chanoine... (*Vives interruptions à gauche et au centre. Bruit.*)

» M. le général Chanoine, *ministre de la Guerre.* — Je demande la parole.

» (*M. Paul Déroulède descend de la tribune. — Agitation prolongée.*)

» M. le Président. — Je vais donner la parole à M. le ministre de la Guerre. (*Vifs applaudissements.*)

» Mais je ferai d'abord remarquer à M. Déroulède, comme c'est mon devoir, que, même par hypothèse, on n'a pas le droit d'apporter ici des attaques contre l'armée française et contre son chef. (*Applaudissements répétés.*)

» Tant que j'aurai l'honneur d'exercer la magistrature que la Chambre m'a confiée, je ferai respecter l'armée française dans la personne de tous ses membres. (*Nouveaux et vifs applaudissements sur tous les bancs.*)

» La parole est à M. le ministre de la Guerre. (*Vifs applaudissements.*)

» M. LE GÉNÉRAL CHANOINE, *ministre de la Guerre.* — Il est temps que je parle. (*Oui ! oui ! à droite.*)

» Messieurs, quand j'ai accepté le portefeuille de la Guerre qu'on m'a offert, j'ai été approuvé par mes camarades, par les chefs de l'armée. (*Applaudissements sur divers bancs. — Interruptions à droite.*)

» Je n'ignorais pas, après le départ de M. Cavaignac et du général Zurlinden, que je m'exposais à des soupçons et peut-être à une impopularité imméritée. (*Mouvements divers.*)

» Je m'y suis momentanément résigné par devoir et par dévouement à l'armée, à mon pays, à la République. (*Très bien ! très bien ! à gauche.*)

» Et puis qu'on parlait tout à l'heure de cette affaire néfaste devant laquelle mes prédécesseurs se sont retirés, je déclare que, respectueux de la chose jugée et de la séparation des pouvoirs judiciaire et politique (*Applaudissements au centre*), j'ai cependant le droit d'avoir une opinion ; elle est la même que celle de mes prédécesseurs. (*Applaudissements vifs et répétés à droite, au centre et sur divers bancs à gauche...*)

» Aujourd'hui que le Parlement est réuni, je puis m'adresser à vous, représentants de la nation, et vous dire : Je remets entre vos mains le dépôt, qui m'était confié, des intérêts et de l'honneur de l'armée. Je donne ici, à cette tribune, ma démission de ministre de la Guerre. (*Applaudissements répétés au centre, à droite, et sur divers bancs à gauche...*)

» (*M. le général Chanoine quitte la salle des séances. — Mouvement prolongé.*)

» M. Henri Brisson, *président du conseil, ministre de l'Intérieur.* — Je demande la parole.

» M. le Président. — La parole est à M. le Président du Conseil. (*Applaudissements à l'extrême gauche et à gauche.*)

» *A droite et sur divers bancs.* — Démission ! démission !

» *A l'extrême gauche.* — Vive la République ! (*Bruit prolongé.*)

» *A l'extrême gauche.* — Nous demandons une suspension de séance !

» M. le Président du Conseil. — Je n'ai qu'un mot à dire à la Chambre. Lorsque j'ai offert à M. le général Chanoine le portefeuille de la Guerre, la décision avait été prise en conseil de transmettre la demande de révision à la commission consultative instituée près du ministère de la Justice. M. le général Chanoine en a été avisé. Mais depuis, c'est en présence de M. le général Chanoine, assistant au conseil, qu'a été prise la décision de transmettre la demande de révision à la Chambre criminelle. *(Applaudissements à l'extrême gauche et sur divers bancs à gauche. — Bruit à droite.)*

» M. Julien Goujon. — Le conseil n'avait pas à s'en occuper !

» M. le Président du Conseil. — Il y a encore eu conseil des ministres ce matin. M. le général Chanoine pouvait nous avertir de son intention de donner sa démission. *(Bruit.)*

» M. Balsan. — Cela ne nous regarde pas !

» M. le Président du Conseil. — Je vous demande pardon... *(Interruptions à droite.)*

» M. le Président. — Si ces manifestations se poursuivent, je serai obligé de suspendre la séance. *(Très bien ! très bien !)*.

» M. le Président du Conseil. — M. le général Chanoine pouvait adresser sa démission au Président du Conseil. *(Exclamations et bruit à droite.)*

» M. le baron Reille. — Il n'est plus là pour vous répondre !

» M. le Président. — M. le Président du Conseil

attendra le silence auquel j'invite, pour la troisième fois, la Chambre tout entière

» M. LE PRÉSIDENT DU CONSEIL. — J'ajoute à ce que j'ai dit tout à l'heure, à savoir que la décision de renvoyer la demande de révision à la chambre criminelle de la Cour de cassation avait été prise en conseil des ministres, que rien, vous entendez bien ! rien jusqu'ici n'avait pu faire prévoir au gouvernement la démission que, contrairement à tous les usages, M. le général Chanoine vient de donner... (*Applaudissements à gauche, et à l'extrême gauche et sur divers bancs au centre. — Bruit à droite.*)

» A *l'extrême gauche.* — Vive la République !

» M. LE PRÉSIDENT DU CONSEIL. — Ce fait crée au gouvernement l'obligation d'en délibérer.

» M. MAURICE BINDER. — Il n'y a plus de gouvernement !

» M. LE PRÉSIDENT DU CONSEIL. — ... Mais avant de se retirer, pour en délibérer, il exprimera cette espérance que la Chambre le soutiendra (*Applaudissements à gauche et à l'extrême gauche. — Bruits sur divers bancs*), dans sa volonté de faire prévaloir l'unité et la suprématie du pouvoir civil. » (*Vifs applaudissements à l'extrême gauche et à gauche. — Bruit à droite.*)

A la reprise de la séance, le gouvernement ayant été accusé de n'avoir pas voulu poursuivre les journaux qui attaquaient violemment l'armée, M. le ministre de la Justice prononça les paroles qui suivent :

» M. LE GARDE DES SCEAUX. — M. de Mahy propose à l'ordre du jour accepté par nous une addition par laquelle il demande au gouvernement de réprimer ces attaques. Vous permettrez au Garde des Sceaux de répondre en un mot : ce n'est pas l'heure d'entrer dans le détail de la discussion. (*Bruit à droite.*)

» Mais comme c'est moi qui ai signé la circulaire qui est l'expression très nette, non seulement des sentiments personnels du Garde des Sceaux, mais du gouvernement tout entier, car elle a été approuvée par le conseil des ministres... (*Interruptions.*)

» *Voix à droite.* — Elle n'a pas été appliquée.

» M. LE GARDE DES SCEAUX. — Je vais vous dire pourquoi.

» Il n'a pas dépendu du Garde des Sceaux qu'il en fût autrement. En effet, aux termes de l'article 47 de la loi du 29 juillet 1881 sur la presse, il n'est pas possible au ministre de la Justice de poursuivre les attaques générales dirigées contre l'armée... (*Exclamations à droite.*)

» M. JULIEN GOUJON. — Et contre le Président de la République.

» M. LE GARDE DES SCEAUX. — ... sans une plainte formelle du ministre de la Guerre ; ni de poursuivre les outrages et les diffamations contre des officiers déterminés sans une plainte de ces officiers. La loi est formelle et absolue. Cette plainte, je n'ai pas pu l'obtenir du ministre de la Guerre, malgré mes instances. (*Interruptions sur divers bancs.*)

» J'en ai ici, dans mon dossier, la preuve très nette et très formelle ; car j'ai les réponses du ministère de la Guerre aux demandes de poursuites que je lui avais adressées. (*Très bien ! très bien ! à gauche.*)

. . . .

» M. LE GARDE DE SCEAUX. — Messieurs, je m'excuse de remonter à la tribune, mais tout à l'heure on m'a demandé de lire les lettres de M. le ministre de la Guerre en réponse à celles que je lui avais adressées pour lui demander des poursuites ; vous ne pouvez pas blâmer le gouvernement sans connaître les pièces mêmes du débat.

» Eh bien ! dès le lendemain de ma circulaire, j'adressais au ministre de la Guerre un certain nombre d'articles, en lui demandant « de vouloir bien me faire connaître, dans le plus bref délai possible, s'il estimait que des poursuites dussent être intentées à raison des articles ci-dessus signalés ».

» *A droite.* — Lesquels ? Lisez-les !

» M. LE GARDE DES SCEAUX. — J'en ai là le bordereau, mais cette énumération serait trop longue.

» J'ajoutais : « Dans le cas où tel serait votre avis, je crois devoir vous rappeler, monsieur le ministre et cher collègue, qu'aux termes de l'article 47 de la loi précitée, l'action publique ne peut être mise en mouvement que sur la plainte des officiers diffamés ou, d'office, sur la plainte que vous m'adresseriez vous-même. » (*Mouvements divers.*)

» M. GEORGES BERGER. — Je demande la parole.

» M. LE GARDE DES SCEAUX. — Voici la première réponse de M. le ministre de la Guerre :

» J'ai l'honneur de vous faire connaître, en réponse à votre lettre N° 128, A 98, du 5 octobre courant, que j'estime préférable de ne pas exercer de poursuites contre les journaux qu'elle mentionne. » (*Interruptions à droite.*)

» A *droite.* — C'était le devoir du gouvernement.

» M. LE GARDE DES SCEAUX. — J'ai insisté. J'ai signalé à l'attention de M. le ministre de la Guerre d'autres articles. Voici la nouvelle réponse que je recevais à la date du 11 octobre 1898 :

» En réponse à votre lettre de ce jour, j'ai l'honneur de vous informer que j'estime préférable de n'exercer aucune poursuite contre les journaux qu'elle mentionne. J'avais déjà eu l'honneur de vous exprimer cet avis par lettre antérieure. »

» M. DE BAUDRY D'ASSON. — C'était convenu entre vous !

» M. LE GARDE DES SCEAUX. — Vous me permettrez de ne pas répondre à de pareilles interruptions.

» J'ai adressé de nouveaux articles à M. le ministre de la Guerre, en lui demandant encore d'ordonner des poursuites.

» Voici la réponse que j'ai reçue à la date du 17 octobre :

« Conformément au désir que vous avez exprimé, j'ai l'honneur de vous adresser en un bordereau ci-joint les pièces communiquées par votre département à différentes dates et dans lesquelles sont relevées des insultes à l'armée. J'estime qu'il est préférable de n'exercer aucune poursuite contre les auteurs des articles ou placards que vous avez bien voulu me signaler. » (*Applaudissements à l'extrême gauche. — Interruptions à droite.*)

» Messieurs, j'en ai fini. Ce que j'avais à dire à la Chambre, c'est que le Garde des Sceaux a rempli son devoir, tout son devoir. Il ne pouvait pas poursuivre sans une plainte formelle du ministre de la Guerre (*Interruptions*) et cette plainte, il n'a pu l'obtenir.

» Quant à moi, je suis aussi convaincu que ceux qui m'interrompent, que ces attaques contre l'armée sont odieuses, abominables, qu'elles méritent une répression énergique et sévère, mais je répète qu'il n'a pas dépendu et qu'il ne dépend pas du ministre de la Justice de poursuivre, quand on ne veut pas déposer la plainte nécessaire à l'exercice des poursuites. » (*Applaudissements à l'extrême gauche et sur divers bancs à gauche. — Bruit à droite.*)

Quelques instants plus tard, j'étais renversé après avoir fait la déclaration suivante :

» M. le Président du Conseil. — S'il a jamais été prouvé que le gouvernement a fait son devoir (*Interruptions à droite*), c'est bien par les trois invitations que M. le Garde des Sceaux a adressées à M. le ministre de la Guerre et par les trois lettres que celui-ci lui a répondues. Je n'ai rien à ajouter. En ceci comme dans le reste le gouvernement a fait son devoir, tout son devoir. (*Exclamations à droite. — Vifs applaudissements à l'extrême gauche et à gauche.*)

» Quant à moi, devant les ordres du jour de blâme comme devant les mises en accusation, je déclare qu'entré à la Chambre en 1871, au lendemain de nos malheurs... (*Applaudissements sur les mêmes bancs. — Interruptions à droite*), j'y ai subi bien des obligations pénibles, et que jamais je n'ai eu la conscience d'avoir rempli un devoir plus noble, plus impérieux et plus difficile. » (*Exclamations à droite. — Applaudissements à gauche et à l'extrême gauche.*)

Quatre jours après, la chambre criminelle déclarait la demande en révision recevable et ordonnait une enquête ; plus tard, c'était la Cour de cassation tout entière, chambres réunies, qui, à l'unanimité de ses cinquante membres, prononçait la révision.

Oui, l'accomplissement du devoir que je m'étais juré de remplir avait été difficile ; mais je n'en ai pas encore montré toutes les difficultés.

*
* *

Siècle du 13 juillet.

Je disais, dans un de mes articles, que, des deux témoins qui auraient pu servir la cause de la révision, l'un, le lieutenant-colonel Henry, avait eu les lèvres scellées par la mort, et l'autre, M. le général de Pellieux, par la douce persuasion des chefs. Il en est un troisième, M. le colonel Picquart, qu'ils ont jeté d'abord dans les prisons civiles, puis dans les prisons militaires ; il a refusé de s'y tuer, mais il n'en a pas moins été réduit au silence. Toujours le silence.

Le 12 janvier 1899, M. Cavaignac, répondant à une interruption de M. Millerand, disait à la tribune : « Quand j'ai fait arrêter... » puis, se reprenant : « quand M. Brisson a fait arrêter M. Picquart... » Je ne l'ai pas contredit : j'estime en effet que le Président du Conseil est, en vertu de la solidarité ministérielle et à raison de ses fonctions, responsable de tout ce que font ses collègues ; mais cette fiction, que le public a le droit d'appliquer, ne devrait pas servir entre collègues. Or, je n'ai pas été prévenu de l'arrestation du colonel Picquart, voilà la vérité. Il a été poursuivi devant la justice civile, sur la plainte de M. Cavaignac, autorisé par le conseil des ministres, pour communication de documents intéressant la défense nationale ; lorsqu'il a été arrêté, j'ai pensé que les magistrats avaient jugé son arrestation nécessaire. M. Cavaignac l'a « fait arrêter », puisqu'il le dit ; quant à moi, si j'avais été consulté sur l'opportunité de l'arrestation, j'aurais, je le déclare, refusé d'intervenir pour ou contre ; cela dépendait de l'instruction, telle est ma manière de voir. Je n'en suis pas moins, en droit constitutionnel, responsable de l'arrestation du colonel Picquart, comme je le suis de la mort d'Henry, envoyé au Mont-Valérien où il fut mal gardé, et du silence de M. le général de Pellieux dont je n'ai pas même connu la fameuse lettre.

Au surplus, voici comment les choses se sont passées :

Le 7 juillet 1898, M. Cavaignac prononçait devant la Chambre des députés le discours que l'on sait et y donnait lecture de diverses pièces.

Le surlendemain, 9 juillet, M. le lieutenant-colonel Picquart m'adressait la lettre suivante :

« Paris, 9 juillet 1898.

« Monsieur le Président du Conseil,

Il ne m'a pas été donné jusqu'à présent de pouvoir m'expliquer librement au sujet des documents secrets sur lesquels on a prétendu établir la culpabilité de Dreyfus.

» M. le ministre de la Guerre ayant cité, à la tribune de la Chambre des députés, trois de ces documents, je considère comme un devoir de vous faire connaître que je suis en état d'établir, devant toute juridiction compétente, que les deux pièces qui portent la date de 1894 ne sauraient s'appliquer à Dreyfus, et que celle qui porte la date de 1896 a tous les caractères d'un faux.

» Il apparaîtra alors manifestement que la bonne foi de M. le ministre de la Guerre a été surprise, et qu'il en a été de même, d'ailleurs, pour tous ceux qui ont cru à la valeur des deux premiers documents et à l'authenticité du dernier.

» Veuillez, etc.

» (*Signé*) G. PICQUART. »

En même temps qu'elle m'était adressée, cette lettre était publiée par les journaux ; publication peut-être inutile, peut-être fâcheuse ; je ne pouvais plus faire prendre d'information officieuse ; je ne pouvais qu'agir officiellement, c'est-à-dire transmettre la lettre de M. le colonel Picquart à M. le ministre de la Guerre, ce que je fis.

Il n'y avait d'ailleurs pas de « juridiction compétente » à ce moment ; il n'y en eut une qu'après les aveux d'Henry ou plutôt lorsque Henry fut soup-

çonné par ses chefs ; on sait grâce à quel événement cette juridiction ne fonctionna point.

Du reste, si l'on veut bien s'abstraire un instant
des conséquences fâcheuses qu'elle eut pour M. le
colonel Picquart et ne penser qu'à la révision (or,
c'est à l'intérêt de la révision qu'il faut tout subor-
donner dans cette période), la transmission de la
lettre ci-dessus au ministère de la Guerre a été
particulièrement féconde : c'est à elle que nous
devons l'examen minutieux auquel ont été soumis
les documents en question ; M. le capitaine Cuignet y travailla jour et nuit et c'est grâce à ses travaux nocturnes que fut révélée la différence de
couleur des quadrillages. Tout le monde comprend
d'ailleurs combien était importante la découverte
de la matérialité du faux : M. le colonel Picquart et
beaucoup d'autres auraient pu raisonner à perte
de vue sur l'invraisemblance de la pièce, étant
donné son texte, son style et le reste ; le faux n'eût
pas été prouvé ; c'est à cette découverte que nous
devons même les aveux d'Henry ; nous savons, en
effet, par les dépositions de M. le général Roget
que, durant cet examen, Henry, se sachant coupable et se croyant soupçonné, trahissait son trouble et n'osait plus regarder personne (1) : il avait
déjà failli se trahir devant M. le juge d'instruction

______

(1) *Enquête*, tome Ier, pages 120-121.

Bertulus. De quoi n'était-il pas capable, maintenant qu'il savait que, sur la demande du colonel Picquart, son faux était examiné à la loupe, scruté à la lumière du soleil, à la lueur des lampes ? N'allait-il pas crier son crime comme le font parfois les coupables pour rejeter le poids qui les oppresse ? Nous savons aussi, et encore par le général Roget, qu'il ne retrouva quelque tranquillité d'attitude, quelque sûreté dans le regard, qu'après avoir fait ses aveux. Sans aucun doute, ses allures, ces faits étaient connus du cabinet du ministre, du 2e bureau, de tout l'état-major ; on devait en chuchoter, peut-être en causer tout haut dans les couloirs de la rue Saint-Dominique ; un éclat devenait inévitable et c'est peut-être à quoi j'ai dû, à quoi le gouvernement a dû d'être enfin averti. Ce qui se pouvait dissimuler encore le 14 août ne pouvait plus être caché le 30. N'est-ce pas que les choses ont dû se passer ainsi? Tout en fait foi : la psychologie des hommes, les habitudes du lieu, les documents, les dates, tout.

Voilà ce que produisit, entre le 9 juillet et le 14 août, la lettre de M. le colonel Picquart.

Je n'eus vent de ces choses, moi, que le 30 août ; mais qui sait si, dès le 9 juillet, dès la publication de la lettre, le ministère de la Guerre ne les entrevit pas immédiatement?

Quel coup de foudre que cette lettre au milieu

d'un ciel radieux ! Le 7 juillet, triomphe sur toute la ligne, affichage du discours de M. Cavaignac, et, le 9, le surlendemain, un colonel, un ancien chef du 2ᵉ bureau, arguait de faux les documents qui avaient procuré ce triomphe au ministre de la Guerre ! On le savait bien gênant, ce colonel ; on l'avait, pour l'écarter, envoyé de corps d'armée en corps d'armée jusqu'en Tunisie ; on l'avait arrêté une première fois, on. l'avait frappé d'une peine disciplinaire ; mais combien plus fâcheux il se révélait encore ! Il n'y allait pas par quatre chemins : quoi ! c'étaient des faux ces pièces dont le ministre avait, à la tribune, affirmé l'authenticité matérielle et morale ! Si pourtant il disait vrai ! Comme je le lui avais prédit, M. Cavaignac, qui avait cru, en étayant de pièces nouvelles l'autorité de la chose jugée, loin de la fortifier, l'avait ébranlée ! Avouez, lecteur, que l'on devait être consterné, irrité !

E pur si muove ! disait Galilée. Et c'était bien un faux ! dira l'Histoire ; mais on ne se l'avouait pas, on ne l'avouait pas encore.

Le 12 juillet, M. le ministre de la Guerre adressait la plainte suivante à M. le ministre de la Justice :

      « Paris, le 12 juillet 1898.

 » Monsieur le Ministre et cher Collègue,
 » Il résulte de l'examen que j'ai fait du dossier

des procédures suivies, d'une part contre le commandant Esterhazy, d'autre part contre M. Zola :

» 1° Que M. Picquart (Marie-Georges), lieutenant-colonel d'infanterie en réforme par mesure de discipline, s'est rendu coupable, étant chef du bureau des renseignements au ministère de la Guerre, d'avoir livré ou communiqué à une personne non qualifiée pour en prendre connaissance, ou d'avoir divulgué, en tout ou en partie, des écrits ou documents intéressant la défense du territoire ou la sûreté extérieure de l'État, qui lui étaient confiés et dont il avait connaissance à raison de ses fonctions ; délit prévu par l'article Ier § 1er, de la loi du 18 avril 1886, qui établit des pénalités contre l'espionnage ;

» 2° Que M. Leblois (Henri-Louis), avocat à la Cour d'appel, s'est rendu complice du même délit, aux termes de l'article 60 du Code pénal, « pour avoir, avec connaissance, aidé ou assisté l'auteur de l'action dans les faits qui l'auront préparée ou facilitée, ou dans ceux qui l'auront consommée. »

» J'ai, en conséquence, l'honneur de porter plainte contre MM. Picquart (Marie-Georges) et Leblois (Henri-Louis).

» Agréez....

» (*Signé*) CAVAIGNAC. »

M. Leblois était un civil : le fait seul qu'il était

compris dans l'accusation entraînait, pour le colonel comme pour lui, la compétence du tribunal correctionnel, aux termes de l'article 76 du Code de justice militaire, ainsi conçu :

« Lorsque la poursuite d'un crime, d'un délit ou d'une contravention comprend des individus non justiciables des tribunaux militaires et des militaires ou autres individus justiciables de ces tribunaux, tous les prévenus indistinctement sont traduits devant les tribunaux ordinaires. »

C'est pourquoi, lorsque M. Cavaignac « a fait arrêter » le colonel Picquart, celui-ci fut conduit dans une prison civile. Il y demeura du 13 juillet au 21 septembre. Il n'est pas sans intérêt de savoir comment il fut repris par l'autorité militaire.

*
* *

Siècle du 20 juillet.

L'histoire ne doit procéder que par l'étude, la comparaison et la critique des documents, c'est entendu ; mais, lorsqu'il s'agit d'une crise où les documents, les témoignages et parfois les témoins eux-mêmes ont été si soigneusement dérobés, les hypothèses sont bien permises et, surtout lorsqu'elles émanent d'un témoin, voire d'un acteur, elles peuvent servir à l'histoire comme servent à la science les hypothèses qui dirigent quelquefois le savant dans ses expériences. Ici d'ailleurs, elles se mêlent à mes souvenirs, en ce sens qu'elles me sont venues à l'esprit au moment même du drame et à l'heure où mes fonctions m'obligeaient à y prendre part.

Lorsque je lus, dans la lettre adressée le 10 septembre par M. le général Zurlinden à M. le garde des Sceaux, que le faux Henry était une réponse au petit bleu de M. le colonel Picquart, je ne pus voir dans cette assertion qu'une suite aux étranges allures du ministère de la Guerre.

C'est le 30 août seulement que je fus averti de la découverte matérielle du faux Henry ; mais ce fut le 14 août qu'on en eut la certitude à la rue Saint-Dominique, et la lettre que m'adressa le colonel Picquart était du 9 juillet.

Or, entre le 9 juillet et le 30 août, que d'agitation dans ce ministère de la Guerre !

C'est d'abord la plainte contre MM. Picquart et Leblois, que j'ai reproduite l'autre jour.

C'est ensuite l'idée singulière de faire déposer par le colonel du Paty de Clam une plainte en dénonciation calomnieuse contre le colonel Picquart.

C'est, enfin, à la veille du 14 août, ce vaste projet de saisir la Haute-Cour d'une grande accusation de complot, projet dont j'ai reproduit les termes dans le *Siècle* du 12 mai 1903, accusation où devaient être compris le colonel Picquart, MM. Trarieux et Labori et beaucoup d'autres sans doute. La note qui me fut remise à ce propos par M. Cavaignac et que j'ai publiée débutait par ces mots :

« Je ne reviens pas sur les considérations *d'ordre politique* qui me paraissent *commander une action immédiate*. J'indique seulement comment il m'apparaît qu'une poursuite pour attentat contre la sûreté de l'État pourrait être engagée. »

On nourrissait donc au ministère de la Guerre, outre cette vaste accusation d'attentat, des desseins politiques développés sans doute dans la première partie d'une note dont on ne me confiait que la fin, la partie juridique. Peut-être bien la note entière existe-t-elle encore dans quelque armoire de la rue Saint-Dominique ; peut-être l'y retrouverait-on ? on y a bien retrouvé la lettre de M. le général de Pellieux, qu'on en avait fait si soigneusement sortir ! Je ne sais ; ce dont je me souviens bien, c'est la stupeur manifestée par mes collègues lorsque, le 11 août, M. Cavaignac nous en communiqua la partie juridique.

Que d'étrangetés !

Comment les expliquer ?

Pour ma part, j'imagine qu'il y avait peut-être au ministère de la Guerre quelque esprit plus critique que les autres et à qui le faux Henry n'avait jamais fait grande illusion ; à cette faculté critique pouvaient d'ailleurs se joindre des informations précises sur le moment et sur les conditions, les circonstances où ce faux avait été produit, et alors, quand avait paru la lettre du colonel Picquart du 9 juillet, celui-là avait dû dire plus ou moins haut, à plus ou moins de monde : « Parbleu ! on le savait bien, que c'était un faux ! »

M. Cavaignac, d'ailleurs, quoique polytechnicien, quoique fils d'un général illustre, n'était pas un militaire ; il n'était pas initié, car chacun sait que, s'il y a quelque part une franc-maçonnerie, c'est là. Peut-être ne savait-il pas tout. Et, même, s'il avait tout su, en eût-il profité ? J'ai rappelé qu'en plein conseil de cabinet, je lui avais indiqué, pour des raisons tirées de l'autorité de la chose jugée sainement comprise, qu'il vaudrait mieux ne pas donner lecture à la Chambre de documents nouveaux ; mon avis ne fut pas écouté, ce qui permet de supposer un caractère peu accessible aux conseils.

Supposez maintenant, à côté de l'esprit critique et du personnage informé dont j'imagine l'existence, supposez quelque âme audacieuse ; celui-là, témoin du trouble causé par la lettre du 9 juillet et par la certitude morale où l'on est du faux

Henry, celui-là conseillera d'en sortir par quelque coup d'éclat, de noyer le faux dans quelque grosse affaire qui puisse ou en faire oublier l'examen ou le réduire, s'il est découvert, à un incident minuscule. Songez donc ! S'il y a complot, s'il y a attentat, si, dans cette accusation d'attentat sont compris des militaires comme le colonel Picquart, des avocats comme Mes Leblois et Labori, des écrivains comme Zola, des hommes politiques comme M. Trarieux, sénateur, ancien ministre de la Justice, si tout ce monde est pris dans une grande conjuration contre la sûreté extérieure de l'État, quelle émotion dans la France patriote et, dans cette émotion, que deviendra ce pauvre petit bout de papier qui va s'appeler le faux Henry ! Ou il disparaîtra ou il sera cité avec éloge (il le fut) comme l'un des premiers efforts des patriotes pour déchirer la trame ourdie par les conspirateurs !

Remarquez-le bien : Si étrange que cela paraisse, ce sont ces conseils-là qui ont été suivis au ministère de la Guerre, et, s'ils ont échoué, c'est que l'ensemble des ministres ne les a pas goûtés ; mais ils nous ont été offerts, à mes collègues et à moi, par parole et par écrit, le 11 août 1898, après dîner, chez moi. Mes hypothèses ne sont pas des hypothèses ; ce sont des réalités !

Ce dessein monstrueux a été conçu ; on nous a proposé de le mettre en action.

Tout le monde le devine, les diverses poursuites dirigées contre M. le colonel Picquart appartiehnent à cet ordre d'idées, dérivent de cet état d'esprit.

En voici une preuve écrite (j'en fournirai d'autres) :

Dans cette note que j'aurai tirée de l'oubli pour l'honorer du cacactère historique, note relative au projet de saisir la Haute-Cour d'une accusation d'attentat, au premier rang des faits considérés par l'auteur de la note comme pouvant justifier cette accusation, on lit :

« Dès à présent une instruction est ouverte contre MM. Picquart et Leblois comme tombant sous le coup des articles 1 et 3 de la loi du 18 avril 1886, — loi dont les dispositions rentrent dans l'ordre de celles qui font l'objet du chapitre Ier, titre Ier, livre III du Code pénal.

» D'après la Constitution, la Haute-Cour peut être saisie par un décret tant que l'ordonnance de renvoi n'a pas été rendue.

» Il est donc certain que, *de ce chef*, la Haute-Cour peut être saisie d'*un acte attentatoire...* »

Les auteurs de ces desseins n'ont pas pu faire partager leur état d'âme ni à la Cour de cassation, ni à la Cour d'appel de Paris, qui ont mis, avant l'amnistie, tous ces rêves à néant par des arrêts en bonne et due forme. Il n'en est pas moins intéressant d'en suivre le développement.

J'ai donné dans mon dernier *Souvenir* le texte de la plainte adressée le 12 juillet, par M. le ministre de la Guerre à M. le garde des Sceaux.

Le jour même, à cinq heures du soir, un juge d'instruction était commis, et M. le procureur de la République lui remettait un réquisitoire introductif d'instance ainsi conçu :

« Le procureur de la République près le tribunal de première instance du département de la Seine, séant à Paris :

» Vu les pièces ci-jointes, d'où il résulte contre :

» 1° Le lieutenant-colonel Picquart ;

» 2° M. Leblois ;

» Inculpation du délit prévu par l'article Ier, § 1er, de la loi du 18 avril 1886, et de complicité ;

» Vu les articles ci-dessus spécifiés, 59 et suivants du Code pénal ;

» Requiert qu'il plaise à M. le juge d'instruction d'informer par les voies de droit.

» Au parquet, le 12 juillet 1898.

» *Signé :* FEUILLOLEY. »

Le procureur de la République et le juge d'instruction partirent tout de suite pour faire une perquisition au domicile du lieutenant-colonel Picquart.

Au même moment, — simple coïncidence sans doute, — M. le juge d'instruction Bertulus allait de son côté, accompagné d'un substitut, faire une perquisition chez le commandant Esterhazy.

La perquisition chez M. le lieutenant-colonel Picquart fut faite hors de sa présence ; il demeurait alors chez M. Trarieux ; cette hospitalité donna, sans doute, à l'auteur de la célèbre note l'ingénieuse idée de comprendre l'ancien garde des Sceaux dans les poursuites pour attentat. Ce fait montre avec quel acharnement l'on poursuivait le colonel et tous ceux qui touchaient à sa personne.

Si j'insiste sur cette perquisition, c'est d'abord parce qu'elle ne produisit, je crois le savoir, rien d'intéressant ; il ne s'y trouva, m'a-t-on assuré, comme pièces utiles à l'instruction, que la correspondance du colonel avec M. le général Gonse et relative justement aux préliminaires de l'information militaire contre Esterhazy. C'est surtout parce que, ce jour-là, bien que la résistance du colonel fût parfaitement connue, ni avant ni après la saisie faite chez lui, ni M. le procureur de la République ni M. le juge d'instruction ne jugèrent son arrestation nécessaire.

Comment, pourquoi, sur l'ordre de qui fut-il arrêté le lendemain 13 juillet, c'est ce que fait pressentir tout ce qui précède ; M. Cavaignac nous l'a d'ailleurs fait savoir à la tribune de la Chambre des députés du 12 janvier 1899.

* *
*

Siècle du 27 juillet.

Voilà donc M. le lieutenant-colonel Picquart sous les verrous de la justice civile ; il y resta jusqu'au 21 septembre. Comment il passa de cette prison entre les mains de la justice militaire, la chose est assez longue à raconter, la publication connue sous ce nom : l'*Instruction Fabre et les décisions judiciaires ultérieures* éclairant et complétant mes souvenirs.

Nous sommes au 13 juillet 1898 ; le parquet, saisi seulement de la plainte adressée par M. le ministre de la Guerre à M. le ministre de la Justice et pressé par le premier (séance de la Chambre des députés du 12 janvier 1899) d'incarcérer le colonel Picquart, avait sans doute fait remarquer : premièrement, que, le colonel ayant été déjà puni disciplinairement pour les faits objet de la plainte, celle-ci ne paraissait guère comporter pour un homme dans cette situation une détention préventive et, secondement, qu'il n'y avait point de pièces à l'appui de cette plainte. On lui remit alors une pièce intitulée : *Annexe à la plainte* du ministre de la Guerre et ainsi conçue :

« Paris, le 12 juillet 1898.

» M. Picquart a communiqué dans son bureau, au ministère de la Guerre, à M. Leblois, des documents secrets intéressant la sûreté extérieure de l'État, qui lui étaient confiés en raison de ses fonctions.

» Les faits à la charge de M. Picquart sont établis notamment :

» 1° Par la déposition de M. Gribelin (page 15° du volume Ier du procès Zola) ;

» 2° Par la déposition du colonel Henry (p. 230) ;

» 3° Par la confrontation du général Gonse, du lieutenant-colonel Henry et du lieutenant-colonel Picquart (page 360) ;

» 4° Par la déposition du général Gonse, confirmant celle du lieutenant-colonel Henry (p. 377). »

Le laconisme de cette pièce prouve avec quelle hâte elle a été rédigée. Elle ne contenait rien de nouveau ; point de rapport détaillé ; mais on avait dû dire au parquet qu'il fallait une arrestation immédiate dans l'intérêt de la vindicte publique ; on aurait même invoqué l'intérêt de l'inculpé lui-même ; aussi, lorsque le colonel vint au cabinet du juge d'instruction, fut-il mis sous mandat de dépôt.

La pièce que je viens de reproduire fait voir que

le principal témoin contre le colonel Picquart doit être le colonel Henry, dont le faux va éclater sous peu ; on y ajoute que M. le général Gonse confirme les dires du colonel Henry. L'auteur de ce document n'est pas heureux : à l'audience de la Cour d'assises du 17 février 1898, M. le général Gonse avait confirmé, entre M. le général de Pellieux et M. le général de Boisdeffre, l'authenticité du faux Henry. Tels sont les principaux personnages indiqués par le ministre de la Guerre comme devant témoigner contre le colonel Picquart, au lendemain du jour où celui-ci a dénoncé le faux Henry.

L'instruction commence et, en effet, c'est Henry qui, le 15 juillet, dépose le premier. Il avait été témoin, en décembre 1894 ; son œuvre n'était pas finie.

M. le général Gonse dépose le même jour.

M. Gribelin, le 16 juillet.

J'ai déjà montré, à l'occasion de la lettre de M. le général de Pellieux du 31 août qui m'a été cachée pendant cinq ans, et du faux Henry, qui m'a été dissimulé du 14 au 30 août, combien j'étais peu honoré de la confiance du ministère de la Guerre.

De même pour l'affaire du *petit bleu* Picquart.

Je n'ai connu l'intention du ministère de la Guerre de poursuivre le lieutenant-colonel Picquart pour faux et usage de faux à propos du *petit bleu* que par une lettre adressée au ministre de la Justice par M. le général Zurlinden, ministre de la Guerre, le 10 septembre 1898, et encore vaguement; l'accusation ne s'est précisée que les jours suivants.

Or, bien que la plainte dont le juge d'instruction est saisi ne porte que sur une communication de documents, dès le 16 juillet, M. Valdant, capitaine à l'état-major de l'armée, M. Junck, capitaine à l'état-major de l'armée, M. Lauth, précédemment officier à l'état-major de l'armée, sans y être amenés par la moindre question du juge d'instruction, l'entretiennent du *petit bleu;* ce dernier, rapportant un propos antérieurement tenu par lui, dit même que « le *petit bleu* est d'une écriture contrefaite. »

Ces trois officiers avaient été cités sur l'avis de M. le général Gonse qui, dans sa déposition du 15, avait donné cette indication : « Je pense qu'il serait intéressant d'entendre le commandant Lauth, le capitaine Junck et le capitaine Valdant. »

M. le général Gonse dépose une seconde fois le 21 juillet; saisi de l'affaire du *petit bleu* par ces trois officiers, le juge d'instruction l'interroge à ce sujet et nous lisons dans la déposition du général, parlant du *petit bleu,* ces mots : « Je ne sais si c'est une pièce authentique, mais elle m'a toujours paru extrêmement douteuse. »

Le même jour, 21 juillet, M. le général de Pellieux entretient le juge d'instruction de l'enquête faite par lui sur Esterhazy en novembre 1897 et s'exprime en ces termes :

« Je fis observer au colonel Picquart que ce *petit bleu* n'avait aucune authenticité ni aucune vraisemblance. »

Pour bien saisir toute l'importance de ces dépositions, il faut se rappeler que M. le capitaine Cuignet, à cette époque, a commencé, sur l'ordre de M. Cavaignac, son étude des documents du dossier Dreyfus ; il faut se rappeler surtout que le colonel Picquart a, le 9 juillet, dénoncé le faux Henry. Plus tard, le faux Henry deviendra une « réponse » au *petit bleu* Picquart. Au moment de l'instruction où nous sommes arrivés, ne vient-il pas involontairement à l'esprit cette idée que les soupçons dirigés contre le colonel Picquart pourraient bien être une « réponse » à la découverte du faux Henry ? Non pas que l'on puisse imaginer même un instant que tel ou tel officier ait pu faire un pareil calcul ; mais j'ai souvent parlé de l'espèce de suggestion, de possession, d'hypnotisme spécial qui semble, dans cette période, sévir sur le ministère de la Guerre ; n'y aurait-il pas là l'un de ses effets les plus involontaires et les plus curieux ? Toujours est-il que l'instruction, ouverte devant le tribunal correctionnel sur l'inculpation de communication de documents, dévie dès à présent sur un soupçon de faux qui conduira M. le colonel Picquart non pas à la forteresse du Mont-Valérien, mais à la prison du Cherche-Midi.

A signaler encore un passage intéressant dans la déposition de M. le général de Pellieux du 21 juillet :

« A l'audience du conseil de guerre, il (Picquart) s'est trouvé en contradiction absolue avec le colonel Henry et l'archiviste Gribelin, au sujet de la pièce secrète *Ce canaille de D...* Il ne m'est pas apparu qu'il y ait eu des contradictions dans les déclarations de ces deux témoins ; *leur honorabilité rend leur témoignage inattaquable.* »

Nous touchons au moment où il va être prouvé que la pièce *Ce canaille de D...* n'a rien à faire dans le procès et qu'Henry a commis un faux ; mais M. le général de Pellieux croit encore à ces documents apocryphes ; mais M. le général de Pellieux croit encore à la parfaite honorabilité d'Henry dont le témoignage est, à ses yeux, inattaquable. Cinq à six semaines après, Henry avouait son faux. Quoi d'étonnant qu'à cette nouvelle, M. le général de Pellieux ait écrit sa lettre indignée du 31 août 1898! Conduit par Henry, il avait marché les yeux fermés dans toute cette affaire Esterhazy et, au conseil de guerre, lorsqu'une remise de l'affaire avait été sollicitée, il était intervenu pour l'empêcher. Si sa lettre n'avait pas été cachée au gouvernement, si nous avions pû conférer avec lui, que n'aurions-nous pas appris?

L'instruction contre MM. Picquart et Leblois suivit son cours, sans que le colonel eût formé de demande de mise en liberté provisoire. Elle était close le 20 août et, le 25, M. le procureur de la République prenait ses réquisitions définitives. L'audience de jugement fut fixée au 21 septembre. Le lieutenant-colonel Picquart était renvoyé devant le tribunal correctionnel sous l'inculpation « d'avoir, à Paris, au cours de l'année 1897, étant fonctionnaire public, communiqué à M. Leblois, personne non qualifiée pour en prendre connaissance, des renseignements tirés d'écrits ou documents secrets intéressant la défense du territoire et la sûreté extérieure de l'État, qui lui étaient confiés ou dont il avait connaissance à raison de ses fonctions (dossier secret de trahison Esterhazy). »

Ce réquisitoire est du 25 août.

Dès le 14 août (1), le ministère de la Guerre a la preuve de la matérialité du faux Henry.

Il est plaignant dans l'affaire du colonel Picquart.

Il sait, par toutes les circonstances de l'affaire, par la lettre de menaces adressée par Henry au colonel Picquart le 31 mai 1897, qu'Henry était le principal accusateur de ce dernier.

Il ne fait connaître la découverte de la matérialité du faux au gouvernement que le 30 août.

(1) Déposition du capitaine Cuignet devant la Cour de Cassation.

Il laisse se consommer, le 25 août, ces deux actes irréparables du réquisitoire définitif et du renvoi en police correctionnelle !

*
* *

Siècle du 3 août.

Voyons, en conscience :

Lorsque le ministère de la Guerre a connu, le 14 août 1898, la matérialité du faux Henry, dénoncé le 9 juillet par le colonel Picquart, son devoir le plus simple, le plus clairement dicté, n'était-il pas de faire connaître au juge d'instruction ou au parquet une circonstance aussi grave, aussi décisive ? Nous savons qu'il avait des relations directes ou indirectes avec le parquet, puisque le discours du 12 janvier 1899 nous apprend que M. Cavaignac « a fait arrêter » le colonel en juillet, et que je ne suis pour rien dans cette arrestation ; sans doute on peut douter que le juge ou le parquet ait été déterminé directement à l'arrestation par un ordre ministériel quelconque et supposer qu'elle a dû être motivée, le lendemain de la plainte, par la note remise au parquet intitulée *Annexe à la plainte du Ministre de la Guerre* et que j'ai reproduite dans le *Siècle* du 27 juillet dernier ; bien que cette note ne contînt rien de nouveau, qu'elle ne fît que des renvois sommaires au compte-rendu du procès Zola, elle n'était pas sans importance même dans son bref contexte et par les noms qui s'y trouvaient cités ; elle indiquait, comme principaux accusateurs du colonel Picquart, M. le général Gonse, sous-chef à l'état-major-général de l'armée, et le colonel Henry, c'est-à-dire un officier général et un offi-cier supérieur ayant tous deux la haute main sur le service des renseignements et par conséquent, semblait-il, en situation de bien renseigner la jus-tice. Le nom du colonel Henry y revenait jusqu'à trois fois et M. le général Gonse n'y figurait que comme confirmant la déposition d'Henry. Com-ment, par qui cette note fut-elle remise ? Fut-elle accompagnée de l'indication qu'il y aurait intérêt à se saisir de l'inculpé ? A-t-on été jusqu'à indiquer qu'en présence de la surexcitation du public, l'in-culpé lui-même serait mieux sous les verrous ? Encore une fois, je n'en sais rien personnellement, n'ayant pas été averti ; mais il faut bien qu'il se soit passé quelque chose puisque M. Cavaignac le dit. Dans tous les cas, ce qu'il faut retenir de l'*Annexe à la plainte du ministère de la Guerre*, c'est que l'accusation dirigée contre le colonel Pic-quart repose à peu près uniquement, à ce moment-là, sur les dires du colonel Henry.

Or, le 14 août, un mois après l'ouverture de l'instruction, le ministère de la Guerre sait qu'Henry a commis un faux ; il en a la certitude matérielle, et il n'en avertit pas le juge d'instruction ! Henry, que ses fonctions appellent tous les jours au ministère, a déposé jusqu'à quatre fois en un mois, le 15 juillet, le 22 juillet, le 5 août, cette fois dans les bureaux même du ministère, enfin le 8 août. Et, le 14 août, le ministère n'éprouve pas le besoin d'éclairer la justice sur la valeur de son principal témoin, du véritable accusateur !

Que je n'aie pas été averti, bon ! Qu'on ait laissé passé deux grandes semaines sans prévenir le gouvernement, l'exposant ainsi, pour le cas où quelque révélation soudaine aurait eu lieu, au soupçon d'avoir voulu cacher le fait, soit encore ! On réfléchissait aux conséquences, on hésitait, on tâtonnait ; je le veux ; c'est monstrueux, je consens à laisser dire que cela s'explique. Mais la justice !

La justice va continuer son œuvre dans la nuit ! Le colonel Picquart subira le 18 août un neuvième interrogatoire où le juge instructeur s'appuiera sur les dépositions d'Henry ! — Le 18 août et le 20 août, M. Leblois — car il y a deux accusés — subira un cinquième et un sixième interrogatoires ! Et, tranquillement, le ministère de la Guerre, qui est plaignant, laissera, le 25 août, M. le procureur de la République prendre ses réquisitions définitives et M. le juge d'instruction rendre une ordonnance de mise en jugement contre les deux accusés !

Quand je vous dis que le ministère de la Guerre est hypnotisé !

Il ne peut pas se réveiller de son rêve !

Le 11 août encore, il carossait la vision de ce fameux complot dont l'accusation contre le colonel Picquart était le premier élément, nous l'avons vu dans la célèbre *Note ;* malgré la froideur de l'accueil fait par l'ensemble du gouvernement à ces grands projets, peut-être bien les caresse-t-on encore ? On ne renonce pas facilement à d'aussi vastes desseins surtout lorsqu'ils sont inspirés, comme nous en avons la preuve écrite, par des « considérations d'ordre politique. »

Mais ici je ne m'occupe que de la justice et de son œuvre.

Supposez le parquet et le juge d'instruction informés à temps, discrètement si l'on veut, mais informés du faux Henry. Toute l'affaire change de face : l'accusation tombe avec l'accusateur, il y a beaucoup de chances pour qu'une ordonnance de non-lieu soit rendue.

Picquart va être mis en liberté ; il ne sera plus, dans l'affaire Dreyfus, un témoin disqualifié, poursuivi devant la justice, peut-être condamné ; il sera, au contraire, un témoin d'autant plus redoutable que le principal auteur de la condamnation de Dreyfus, celui qui a reçu et produit le bordereau, celui qui a témoigné devant le conseil de guerre de 1894, au nom du ministère, avec l'énergie accusatrice que l'on connaît, celui enfin qui a reconnu que l'accusation d'alors manquait de base et tenté par un faux de lui en donner une en 1896, en un mot le colonel Henry, Picquart sera, dis-je, un témoin d'autant plus redoutable qu'Henry et ceux qui marchent à sa suite auront fait plus d'efforts pour l'écarter, pour le réduire au silence, pour le perdre. Il restera bien contre lui une mesure disciplinaire ; mais comme les manœuvres d'Henry auront été sans doute l'origine principale de cette mesure, on pensera qu'elle a été prise par de braves officiers « dupes de gens sans honnour », il n'en restera plus rien.

Mais ce ne sont plus là, dira-t-on, des *souvenirs*, c'est de la discussion, et de la discussion éclairée par des documents dont la publication est postérieure à votre passage au pouvoir. Précisément : mes *souvenirs* demeureraient un logogriphe pour le lecteur s'il n'était mis au courant de la situation où je me suis trouvé. Il ne faut point oublier d'ailleurs que ce qui m'a décidé à les écrire, c'est la révélation de la lettre de M. le général de Pellieux, connue du gouvernement militaire de Paris et du ministère de la Guerre le 31 août 1898 et de moi seulement en avril 1903. Le gouvernement que j'avais l'honneur de présider était tenu dans l'ignorance des faits les plus graves ; il faut bien mon-

trer que ces faits étaient survenus, dans quelles
conditions ils s'étaient produits, suivre jour par
jour la manière dont ils se déroulaient, ce qu'il y a
eu de persistant et d'invétéré dans la dissimulation
prolongée de ces faits ; toute cette exposition est
nécessaire à qui veut bien les connaître, en mesurer les conséquences, en juger les acteurs.

Chose plus déconcertante et plus grave encore :
ce n'est pas seulement le président du conseil, ce
n'est pas seulement le gouvernement à qui des événements importants sont dissimulés, c'est la justice, et la justice au moment où elle est appelée à
délibérer sur le sort de deux accusés !

Certaines personnes semblent me reprocher de
violer, ayant été président du conseil, le secret
ministériel. Je pourrais citer des exemples illustres
auxquels je n'oserais pas me comparer, mais qui
pourraient tout au moins servir de précédents. Une
réflexion d'ailleurs s'impose et suffit : même si ce
secret était absolu, ce qui serait absurde, même
s'il était inscrit dans quelque loi constitutionnelle
ou organique, ce qui n'est pas, même si l'histoire
d'hier et celle d'aujourd'hui ne faisaient pas voir
qu'il ne saurait être gardé, que souvent il ne doit
pas l'être, ce secret, s'il avait jamais été une obligation, ce secret, comme toutes les obligations,
reposerait sur un devoir réciproque. Il repose
sur la confiance entière qui doit régner entre les

membres d'un même cabinet. L'idée de discrétion ne peut naître que du fait de la confidence, de la confiance. Que si vous dissimulez à vos collègues durant quinze jours ou pendant cinq années les faits les plus sérieux parvenus à votre connaissance ; si, par ce défaut de confiance, par cette ignorance où vous le tenez, vous mettez le gouvernement solidaire, dont vous faites partie, dans l'impossibilité d'agir en connaissance de cause ; si, mis où vous êtes pour l'éclairer, vous contribuez à l'induire en erreur ; si la justice elle-même est égarée comme le gouvernement par l'erreur d'où vous pouviez les tirer, qui ne voit que, même s'il avait l'étendue que vous dites, — et il ne l'a pas, — qui ne voit que vous auriez rompu vous-même, et d'avance, le pacte ministériel, qu'il n'a jamais existé, qu'en tout cas vous l'avez déchiré et que, s'il est interdit à quelqu'un de l'invoquer après l'avoir imaginé tardivement pour vous couvrir, c'est à vous ! Quant à moi, lorsque j'ai pris la plume ici, après les incidents des séances de la Chambre des 6 et 7 avril derniers, je l'ai fait très délibérément ; j'ai vu ce jour-là mieux que précédemment tout ce que l'on cachait aux contemporains, à la justice, à l'histoire ; je me suis dit que si je pouvais jeter quelque lueur dans cette obscurité, je le devais.

Pour revenir au procès, le réquisitoire définitif

est donc pris contre Picquart et Leblois à la date du 25 août ; M. le procureur de la République y oppose fréquemment aux dires du colonel Picquart les dépositions du colonel Henry, dont le faux est connu depuis onze jours au ministère de la Guerre.

L'audience du 21 septembre 1898 sera intéressante et par ce qui s'y passera et par ce qui l'aura précédée. Je reproduirai les dires de tout le monde.

*
* *

Siècle du 17 août.

Nous avons laissé le colonel Picquart à la prison de la Santé, le ministère de la Guerre, convaincu du faux Henry, n'informant point les magistrats instructeurs et ceux-ci renvoyant MM. Leblois et Picquart devant la police correctionnelle, à l'audience du 21 septembre.

Ceci se passe le 25 août.

Le 30 août, le ministère de la Guerre se décide à faire connaître au gouvernement que la pièce où Dreyfus est nommé en toutes lettres est un faux.

Le 31 août, mort d'Henry au Mont-Valérien.

Le 31 août, lettre du général de Pellieux, car il y faut revenir à cette lettre ; elle n'ouvre pas toutes les serrures, mais elle donne la clef de bien des mystères.

« J'ai fait l'enquête Esterhazy, veut dire en somme la lettre de M. le général de Pellieux ; de bonne foi, je l'ai dirigée vers l'acquittement d'Esterhazy. Que voulez-vous ? l'on produisait devant moi des pièces à l'authenticité desquelles je ne pouvais que croire, moi, vieux soldat, puisqu'elles étaient produites par le ministère de la Guerre ; elles émanaient, à n'en pas douter, de personnages diplomatiques étrangers dont on me certifiait l'écriture, et elles accusaient directement Dreyfus, elles le nommaient en toutes lettres. L'accusation lancée par M. Mathieu Dreyfus contre Esterhazy tombait ainsi d'elle-même, Alfred Dreyfus demeurant le seul coupable. Qui n'aurait conclu comme moi ? La conclusion s'imposait d'autant plus que les pièces en question étaient postérieures à la condamnation de Dreyfus et venaient la confirmer deux années plus tard. Mais j'apprends que j'ai été trompé ; j'ai été dupe de gens sans honneur ; mes chefs m'ont fait travailler sur des faux ; je n'ai plus confiance en eux ; mes subordonnés n'auraient plus confiance en moi. Songez donc ! si je n'avais pas été égaré par ces faux et par mes chefs, j'aurais pu conclure différemment ; Esterhazy aurait passé en conseil de guerre non pas sur sa propre demande, mais sur la réquisition du général enquêteur. Tout changeait de face et la condamnation d'Esterhazy faisait tomber la sentence de 1894. Non, dans ces conditions-là, je ne puis plus rester dans l'armée. Monsieur le Ministre, voici ma démission. »

Telle est la signification de la lettre de M. le général de Pellieux, ou elle n'a point de sens.

Elle est du 31 août.

M. Cavaignac est encore ministre de la Guerre ; il la lui fait retirer, nous le savons par le post-scriptum de la lettre de M. le général Zurlinden en date du 4 juin 1899, ainsi conçu : « C'est à la suite d'un entretien avec M. Cavaignac, alors ministre de la Guerre, que le général de Pellieux a retiré sa demande du 31 août 1898. »

Nous savons par une autre lettre de M. le général Zurlinden, que nous avons reproduite, en date, celle-là, du 7 avril 1903, qu'il a, lui aussi, joué un rôle important dans le retrait de la lettre du général de Pellieux. Il voulait, dit-il, retenir dans l'armée un excellent officier général. C'était là son mobile ; mais son mobile importe peu pour le moment. Ce qui est important, ce sont les entretiens que M. le général de Pellieux a eus avec lui et qui n'ont pas dû différer sensiblement de ce que nous disions tout à l'heure de la tournure différente qu'eût prise l'enquête Esterhazy, si l'enquêteur n'eût pas été trompé par ses chefs, égaré par des faux, dupé par des gens sans honneur. Le 5 septembre, lorsque je lui offris le ministère de la Guerre, M. le général Zurlinden était encore sous le coup de l'émotion que lui avaient donnée et ces entretiens et l'indignation du général de Pellieux ; c'est sans doute pourquoi, mettant la main sur un dossier, il me disait : « La révision ? La révision ? Si l'opinion publique connaissait ce que m'a appris ce dossier sur le rôle de certains officiers, l'opinion trouverait la révision toute naturelle. »

M. le général Zurlinden entre au ministère de la Guerre ; il y devient, entre le 6 et le 10 septembre, l'adversaire de la révision.

Quant au colonel Picquart, nous savons que ses crimes paraissaient, au ministère de la Guerre, bien trop gros, trop énormes, pour la police correctionnelle ; on les y jugeait dignes de former le premier élément d'une accusation d'attentat. N'avait-il pas dénoncé le faux Henry et, ce faux, ne venait-on pas d'être obligé de le confesser ? La prévention et la colère étaient telles contre lui que la rue Saint-Dominique, du 14 au 25 août, négligeait de prévenir la justice civile de ce que valait le témoignage du principal accusateur de Picquart.

C'est au milieu de ces préventions, de ces colères, de ces haines, de ces soupçons, de ces accusations (accusations mises à néant, plus tard, par la Cour de cassation et la Cour d'appel de Paris en leurs deux arrêts solennels du 3 mars et du 13 juin 1899), que M. le général Zurlinden tombait en entrant au ministère de la Guerre le 6 septembre 1898. Il ne pouvait qu'y trouver des lumières, puisqu'on y travaillait à la lueur des lampes.

Il adressait, le 10 septembre, à M. le garde des Sceaux, une lettre où il expose ses raisons de repousser la révision ; il s'y exprime en ces termes, sur le colonel Picquart :

« En 1896, éclate, dans les bureaux du service des renseignements, le conflit Picquart-Henry, le premier travaillant à prouver la culpabilité d'Esterhazy, pour le substituer à Dreyfus ; le second, défendant Esterhazy.

» Dans ce conflit, intervient plus tard le lieutenant-colonel du Paty de Clam, et des animosités personnelles d'ordre privé viennent encore en aggraver les conséquences.

» De grosses fautes, et même des crimes, ont été commis pendant cette période.

» C'est d'abord Picquart qui produit, dans des conditions restées louches, le *petit bleu*, point de départ de la surveillance exercée sur Esterhazy. Puis, il communique des documents secrets à des personnes étrangères à l'armée. Il a été mis en réforme, et est actuellement sous le coup de poursuites judiciaires pour ce dernier fait.

» En réponse au *petit bleu*, le lieutenant-colonel Henry fait le faux qui a amené son arrestation et l'a conduit au suicide. »

On voit poindre l'accusation. Pour mesurer à

quel point elle est aveugle, il convient, je le répète, de se rappeler qu'elle a été réduite à néant dès que la justice y a jeté les yeux. D'autre part, le faux Henry est avéré, et c'est lui que, dans une certaine mesure, l'on essaie de couvrir : « C'est d'abord Picquart... En réponse au *Petit Bleu* » ; ainsi Henry n'a eu que le tort de croire qu'il était permis de répondre à un faux par un autre faux, c'est presque la légende du « faux patriotique » qui transparaît à travers un document officiel.

Le 14 septembre, le ministre de la Guerre transmet au ministre de la Justice une note intitulée : *Manœuvres employées par M. Picquart, alors qu'il était chef du service des renseignements, à l'effet de substituer à Dreyfus un autre coupable.*

Le 16 septembre, nouvelle lettre de M. le général Zurlinden à M. le garde des Sceaux ; on y lit :

« C'est à ce moment qu'apparaît cette pièce étrange, ayant toutes les apparences d'un faux, connue sous le nom de *petit bleu*, et qui était destinée à prouver les relations suspectes d'Esterhazy avec un agent étranger. Picquart la fait photographier en prescrivant de faire disparaître, sur les photographies, les traces de déchirures qui existaient sur l'original. Il se préoccupe aussi de trouver le moyen de lui donner un caractère d'authenticité.

» Pendant deux mois, ses officiers s'occupent

avec étonnement de cette pièce dont ils sentent la faussété...

» ... Les agissements de Picquart ont immédiatement des suites douloureuses. Quand Henry s'aperçoit des menées de son chef, il veut répondre au *petit bleu* et fabrique son faux. Plus tard, le lieutenant-colonel du Paty intervient, à son tour, pour sauver Esterhazy, et commet des fautes graves dans le service.

» Ces faits ont été réprimés. Henry a expié son crime par le suicide ; le lieutenant-colonel du Paty est en non-activité. Picquart est réformé, et il est actuellement sous le coup de poursuites pour communication de documents secrets à des personnes non qualifiées pour en prendre connaissance.

» Mais les agissements de Picquart pour imputer à Esterhazy le crime de trahison, la production et l'usage du *petit bleu*, qui paraît être un faux bien caractérisé, n'ont pas encore reçu la sanction qu'ils méritent.

» Il importe qu'une enquête judiciaire soit ouverte, à cet égard, devant la justice militaire, puisque Picquart en relève, pour ces faits commis dans le service militaire.

» J'adresse, en conséquence, au gouverneur de Paris, les ordres nécessaires pour faire ouvrir une enquête judiciaire contre l'ex-lieutenant-colonel Picquart, à l'effet de savoir s'il doit être traduit devant un conseil de guerre pour faux et usage de faux (art. 150, 151 et 164 du Code pénal). »

Je me permis alors de trouver que la conviction du ministre de la Guerre sur une affaire aussi délicate que le sont toutes les affaires de faux s'était faite bien vite, et je le priai, avant de donner suite à ses intentions, d'en parler au conseil des ministres, qui devait se tenir le lendemain.

M. le général Zurlinden le reconnaît en ces termes, dans son article du *Gaulois* du 23 mai :

« Vers six heures, M. Brisson me prie par le téléphone d'attendre au lendemain, pour expédier au gouverneur militaire de Paris l'ordre d'ouvrir une information judiciaire au sujet du lieutenant-colonel Picquart. J'accepte. »

Non seulement, les affaires de faux sont délicates ; mais nous sommes au 16 septembre ; le 21 septembre, la justice civile doit prononcer sur le sort du colonel Picquart. La précipitation du ministère de la Guerre pouvait donc avoir pour effet de dessaisir la justice civile en vertu de l'article 60 du code de justice militaire, ainsi conçu :

« Article 60. — Lorsqu'un justiciable des conseils de guerre est poursuivi en même temps pour un crime ou un délit de la compétence des conseils de guerre et pour un autre crime ou délit de la compétence des tribunaux ordinaires, il est traduit d'abord devant le tribunal auquel appartient la connaissance du fait emportant la peine la plus grave et renvoyé ensuite, s'il y a lieu, pour l'autre fait, devant le tribunal compétent. En cas de double condamnation, la peine la plus forte sera seule subie. »

Il ne m'était pas difficile de pressentir que l'on chercherait à mettre le tribunal en face de cet article, de le dessaisir et de conduire le colonel dans une prison militaire.

De là, mon opposition.

*
* *

Siècle du 24 août.

Quoi ! me dit-on, vous fîtes opposition à une poursuite judiciaire ! Mais vous sembliez professer que le pouvoir politique ne devait point intervenir en pareille matière ? — Sans doute, lorsque la justice est saisie ; alors, toute intervention auprès du juge d'instruction pour lui dicter sa conduite, pour lui commander, par exemple, d'arrêter ou de ne pas arrêter tel ou tel des inculpés, me paraît à la fois illégitime et imprudente ; mais, lorsque la plainte intéresse l'État et qu'elle dépend encore du pouvoir politique, qu'elle n'est pas entre les mains de la justice, qu'elle peut compliquer gravement une crise politique, devenue politique de judiciaire qu'elle aurait dû rester, déchaînée par l'imprudence d'un département ministériel qui a porté inutilement à la tribune des documents équivoques, c'est bien le moins que les nouvelles tentatives de ce ministère soient attentivement examinées, discutées, contrôlées par le gouvernement tout entier.

On l'a vu d'ailleurs. M. le général Zurlinden, alors ministre de la Guerre, en reconnaissait la nécessité. « J'accepte » disait-il. C'était un contrat entre le ministre de la Guerre et le gouvernement.

Ce projet de poursuites contre le colonel Picquart pour faux et usage de faux, succédant si promptement à la découverte et à l'aveu du faux Henry, n'était-il pas fait pour inquiéter le gouvernement sur l'état mental du ministère de la Guerre ? Quoi ! la tragédie du Mont-Valérien était d'hier ! D'hier aussi cette folie, qu'il avait fallu discuter, d'une accusation d'attentat contre M. Trarieux, ancien garde des Sceaux ! Les bureaux étaient convaincus d'avoir, quelques semaines auparavant, induit leur ministre à lire à la tribune des pièces sans valeur, à faire afficher des faux dans les trente-six mille communes de France ! Et la leçon ne leur suffisait pas ! Et ils s'évertuaient intrépidement à jeter le gouvernement dans une nouvelle aventure ! La lampe de M. Cuignet ne les éclairait donc pas sur leur légèreté ? Ce trait de lumière était donc bien passager ? Il ne leur inspirait pas quelque réserve et quelque modestie ? Une procédure de faux ! Leur compétence était grande vraiment en matière d'authenticité de documents ! Leur fallait-il donc absolument un faux Picquart pour faire oublier ou excuser le faux Henry et l'attribution à l'affaire Dreyfus de pièces qui n'y avaient que faire ?'

Toutes ces questions se pressaient dans mon esprit. La situation était assez complexe déjà pour ne pas la compliquer davantage ; tout au moins y avait-il lieu de réfléchir, d'examiner, de délibérer. L'opinion publique était déjà fortement troublée par la découverte du faux Henry, par la démission de M. le général de Boisdeffre, chef de l'état-major général de l'armée, avouant qu'il avait eu « une confiance absolue » dans le faussaire, chef du service des renseignements. Sans doute, s'il y avait d'autres coupables du même ordre, il fallait sévir ; mais était-ce en hâte et légèrement que l'on pouvait accuser encore du crime de faux un autre colonel, un autre chef du service des renseignements, et cela au lendemain du jour où les dires de celui-ci étaient vérifiés par l'événement, par la preuve la plus irrécusable, l'aveu du coupable ? Était-il urgent de présenter au public le service des renseignements, l'état-major général, comme une pétaudière où la trahison était facile, un foyer d'intrigues malsaines où les colonels se combattaient à coups de faux où les chefs laissaient faire, doués d'assez peu de perspicacité pour appeler aux postes les plus importants et les plus délicats un pareil personnel, et d'assez peu de sagacité, d'esprit critique, de clairvoyance, pour accepter tout de go des pièces invraisemblables et par leur texte et par leur aspect matériel ? Était-ce là ce qu'avaient impatience de faire éclater les défenseurs de « l'honneur de l'armée » ? On avait examiné le faux Henry, faux certain, durant près de deux mois, avant de l'avouer ; il n'y avait point de faux Picquart ; mais, s'il y en avait un, fallait-il en quatre jours décréter ce dernier d'accusation ?

Rien de tout cela ne tenait debout ; aussi n'avais-je pas été étonné de voir M. le général Zurlinden, ministre de la Guerre, sur mes observations faites par téléphone, reconnaître, le vendredi 16 septembre, qu'il fallait réserver au gouvernement tout entier l'examen de l'accusation dirigée contre le colonel Picquart. Cette acceptation, je le répète, était une sorte de contrat entre le département de la Guerre et le gouvernement.

Ce contrat fut tout d'abord exécuté.

Le lendemain, dans la matinée, il y avait conseil des ministres à l'Élysée. M. le général Zurlinden fit savoir au conseil qu'il m'avait entretenu de son intention de transmettre le dossier du *petit bleu* Picquart au gouverneur militaire de Paris, pour qu'il prenne un ordre d'informer en faux et usage de faux.

C'était en effet au gouvernement militaire de
Paris et non au ministre de la Guerre de prendre
l'ordre d'informer ; la remarque ne sera pas inutile.

L'article 99 de la loi du 9 juin 1857 (Code de justice militaire) est ainsi conçu :

« Article 99. — La poursuite des crimes et délits
ne peut avoir lieu, à peine de nullité, que sur un
ordre d'informer donné par le général commandant
la division, soit d'office soit d'après des rapports,
actes ou procès-verbaux dressés conformément aux
articles précédents ; l'ordre d'informer est donné
par le ministre de la Guerre, si l'inculpé est *colonel*,
officier général ou maréchal de France. »

Or, M. Picquart n'était que lieutenant-colonel ;
l'ordre d'informer était donc de la compétence du
gouverneur militaire de Paris dont la principale
mission d'ailleurs, si l'on se rapporte à la discussion de la loi qui l'a institué, est de remplir la
fonction de procureur général.

Le lecteur voit du reste comment le ministère de
la Guerre entendait précipiter les choses.

Dans la lettre du général Zurlinden au ministre
de la Justice, lettre qui avait éveillé mon attention,
il n'était question que d'une enquête judiciaire
préparatoire, comme celle qui avait été faite sur
Esterhazy par exemple : « J'adresse au gouverneur
de Paris les ordres nécessaires pour faire ouvrir

une enquête judiciaire contre l'ex-lieutenant-colonel Picquart à l'effet de savoir... etc. »

Au conseil des ministres du 17 septembre, le lendemain, c'est de l'ordre d'informer qu'il s'agit. Je vois encore M. le général Zurlinden, tenant le *petit bleu* à la main, rappelant que je lui avais dit que c'était là une affaire de conseil des ministres, et insistant, au début de la séance, pour avoir une autorisation immédiate.

Je lui répondis qu'en effet c'était là une affaire réservée; qu'au surplus ce qui était à l'ordre du jour, c'était la révision, qu'elle était pendante depuis le 31 août, que nous ne pouvions pas en retarder davantage la solution par une discussion étrangère.

Le conseil m'approuva. La discussion s'engagea sur la révision; c'est dans cette séance, je l'ai rapporté, que nous décidâmes de transmettre la demande à la commission consultative instituée par l'article 444 du Code d'instruction criminelle. M. le ministre de la Guerre et M. le ministre des Travaux publics, qui avaient combattu cette solution, donnèrent leur démission.

Avant de quitter le conseil, M. le général Zurlinden revint sur la poursuite à diriger contre le lieutenant-colonel Picquart à l'occasion du *petit bleu*, poursuite très pressée, disait-il. Je renouvelai mes observations; j'ajoutai même que, lors-

que M. Cavaignac avait voulu intenter la première
poursuite pour communication de documents intéressant la défense nationale, il en avait référé au
conseil des ministres. Cette fois, il s'agissait non
plus d'un délit, mais d'un crime; on ne pouvait
moins faire; le conseil des ministres en délibére-
rait quand les deux démissionnaires seraient rem-
placés.

C'est ce que confirme M. le général Zurlinden
dans son article du *Gaulois* du 23 mai dernier,
lorsqu'il dit :

« En partant, je demande si je dois donner suite
à l'affaire Picquart, dont j'ai entretenu le conseil.
Le Président me répond de la léguer à mon successeur. »

Ainsi, le contrat passé entre le département de
la Guerre et le gouvernement se précise; il ne sera
donné suite à l'accusation dirigée contre le lieutenant-colonel Picquart qu'après décision du gouvernement.

Les lignes suivantes, toujours empruntées à
M. le général Zurlinden, au même article du *Gaulois* du 23 mai, attestent encore plus fortement ce
contrat, s'il est possible :

« Je passe le service, le dimanche 18, au général
Chanoine, qui me remplace rue Saint-Dominique;
et j'appelle fortement son attention sur la nécessité
d'étudier le dossier Picquart, afin de le soumettre

sans tarder au conseil des ministres, qui en a déjà été saisi, mais qui n'a encore pris aucune décision. »

Le conseil des ministres est donc saisi ; c'est à lui, comme le veut le bon sens et comme le proclame le ministre de la Guerre, c'est à lui de prendre une décision.

De notre côté, M. le garde des Sceaux et moi nous nous réunissons le lundi 19 septembre, à quatre heures de l'après-midi, avec M. le général Chanoine, ministre de la Guerre, au ministère de l'Intérieur.

M. le ministre de la Justice entretient le général des communications à faire à la commission consultative. J'avise le ministre de la Guerre de ce qui s'est passé dans le conseil des ministres de l'avant-veille, relativement au *petit bleu* Picquart ; je résume brièvement tout ce que j'ai dit déjà, tout ce que je viens d'écrire ; je lui montre combien la question est grave, combien il importe de ne pas paraître peser sur des affaires judiciaires pendantes devant des juridictions diverses. En effet, le lieutenant-colonel Picquart est plaignant en diffamation ; d'autre part, il est inculpé devant la police correctionnelle ; cette dernière instance vient après-demain mercredi. Il faut attendre que l'une ou l'autre au moins soit vidée avant de prendre une décision en conseil.

Il est convenu qu'on en reparlera.

*
* *

Siècle du 28 août.

Nous en sommes restés au 19 septembre.

Il est convenu, entre le gouvernement et le ministère de la Guerre, représenté d'abord par M. le général Zurlinden, puis par M. le général Chanoine, que l'affaire du *petit bleu* Picquart est réservée au conseil des ministres.

Nous sommes au 20 septembre.

Le lendemain 21, MM. Picquart et Leblois doivent comparaître devant le tribunal correctionnel sur la plainte du ministère de la Guerre.

Il est vraisemblable que, si les aveux d'Henry, principal accusateur du colonel Picquart, eussent été connus avant la clôture de l'information, ce dernier eût été mis immédiatement en liberté; il est vraisemblable aussi qu'il eût pu bénéficier d'un non-lieu, sa bonne foi étant mise en pleine lumière par le crime de celui qui l'accusait; mais, nous l'avons vu, entre le 14 et le 25 août, date du réquisitoire définitif, le ministère de la Guerre a gardé le silence sur le faux Henry; les magistrats instructeurs n'ont été informés de rien, bien qu'Henry eût comparu plusieurs fois. devant eux et que son témoignage fût la base essentielle de l'accusation ; l'ordonnance de renvoi a été rendue dans cette obscurité entretenue par le ministère de la Guerre. Le tribunal seul peut maintenant dire le dernier mot, et en audience publique.

Cette audience a été fixée au mercredi 21 septembre.

Le mardi 20 septembre, dans un conseil des ministres tenu le matin, sur la proposition du ministre de la guerre, M. le général Zurlinden est nommé gouverneur militaire de Paris et membre du conseil supérieur de la Guerre.

Il vient me faire visite dans la journée et ne me parle pas de l'affaire du *petit bleu*. Je ne lui en parle pas non plus. N'a-t-il pas connu, comme ministre, la décision du gouvernement ? Son successeur au ministère de la Guerre, M. le général Chanoine, n'en a-t-il pas été avisé également ? N'est-il pas convenu qu'on attendra ? Et ces conventions ne sont-elles pas d'hier ?

A peine M. le général Zurlinden est-il sorti de mon cabinet que M. Sarrien, ministre de la Justice, m'annonce par le téléphone qu'il va venir me voir.

Il arrive et me fait part d'une lettre adressée par M. le gouverneur militaire de Paris à M. Bertrand, procureur général près la Cour d'appel. Le gouverneur annonce à ce dernier qu'il a donné l'ordre d'informer en faux contre Picquart et prie le procureur général de faire garder le colonel, quelle que soit l'issue du procès engagé demain devant la police correctionnelle. C'est l'ordre d'arrestation.

J'exprime à M. Sarrien mon étonnement, d'abord, de ce que le gouverneur militaire de Paris puisse correspondre ainsi directement avec le procureur général sans passer ni par le ministère de la Guerre, ni par le ministère de la Justice, ni par la présidence du Conseil; c'est la pure anarchie : si des fonctionnaires même d'un ordre élevé, mais subalternes néanmoins par rapport aux ministres, peuvent, par correspondance entre eux, ordonner de pareilles mesures, il n'y a plus de gouvernement.

Mais mon étonnement est bien plus grand de la mesure elle-même, après ce qui s'est passé en conseil des ministres le samedi 17 et après ce qui a été convenu, hier lundi 19 septembre, entre M. le garde des Sceaux et moi, d'une part, et d'autre part, M. le général Chanoine, ministre de la Guerre.

Nous prions celui-ci de venir nous trouver. Il arrive et je lui rappelle ce qui a été entendu la veille entre nous trois.

M. le ministre de la Guerre nous répond qu'il a trouvé ce dossier du *petit bleu* au ministère de la Guerre et qu'il l'a transmis au gouverneur de Paris ; que lui, nouveau ministre de la Guerre, n'avait plus à se préoccuper de l'affaire Dreyfus puisque la demande en révision avait reçu sa solution avant qu'il fût nommé ministre. Cette dernière observation n'était pas exacte : la demande en révision avait bien été, en vertu d'une décision prise en conseil des ministres le samedi 17, soumise à l'examen de la commission consultative ; mais la décision définitive de transmission à la Chambre criminelle de la Cour de cassation ne fut prise que le lundi 26 en conseil de cabinet, après une discussion nouvelle, et le mardi 27 en conseil des ministres. Eût-elle été exacte, cette observation ne portait pas sur l'affaire Picquart, sur l'ordre d'informer, sur l'ordre d'arrestation.

Je reviens plusieurs fois à la charge auprès du ministre de la Guerre. M. Sarrien rappelle à celui-ci qu'il a été convenu, sur sa demande, de réserver l'affaire de la poursuite en faux contre Picquart au moins jusqu'après le jugement correctionnel.

Je demande au général Chanoine de faire retirer la lettre adressée par le gouverneur de Paris au procureur général et de suspendre les effets de l'ordre d'informer. Il me répond que cela est bien difficile, l'ordre d'informer est lancé, l'officier instructeur est nommé, l'instruction est ouverte et me voilà moi-même, par les actes incroyables que je viens de rapporter, en face d'une instruction ouverte ; j'ai dit précédemment ma manière de voir en semblable circonstance.

M. Vallé, sous-secrétaire d'État au ministère de l'Intérieur, assistait à la fin de cet entretien entre M. le ministre de la Justice, M. le ministre de la Guerre et moi.

C'était bien ainsi d'ailleurs que les choses s'étaient passées. Il y avait bien eu une lettre adressée directement par le gouverneur militaire de Paris au procureur général, sans passer par aucun département ministériel. Le lendemain, en effet, M. le substitut du procureur de la République s'exprimait en ces termes devant le tribunal correctionnel :

« Le procureur général m'a informé aujourd'hui qu'il était avisé, par lettre de M. le gouverneur militaire de Paris, qu'un ordre d'informer avait été lancé contre le lieutenant-colonel Picquart, sous l'inculpation de faux pour le *petit bleu*. » (*L'instruction Fabre*, page 266.)

La solution n'est donc plus entre les mains du gouvernement ; les mesures précipitées prises par l'autorité militaire l'ont dessaisi ; si l'on veut, indépendamment de celles que je viens de donner, une preuve de cette précipitation, on la trouvera dans une parole de M. le président du tribunal à cette même audience du 21 septembre. S'adressant à l'avocat d'un des prévenus et lui rappelant un entretien qu'il a eu, la veille même, avec lui, il lui dit en propres termes :

« Dans l'entretien que nous avons eu *hier*...., j'ignorais absolument la mesure qui est prise *aujourd'hui* par le gouverneur de Paris contre le colonel Picquart. »

La précipitation et les intentions sont visibles.

Quoi qu'il en soit, tout est consommé. La justice ou plutôt les deux justices sont saisies, ou, plutôt encore, la justice militaire va dessaisir la justice ordinaire, en vertu de l'article 60 de la loi du 9 juin 1857, que j'ai reproduit dans le *Siècle* du 17 août.

Sur ce dernier point, toutefois, je n'abandonne pas la partie. Je pensais en effet, je pense encore que l'application de cet article 60 ne s'imposait pas nécessairement.

Il semble bien que la loi ait seulement voulu prévoir le cas où les deux poursuites, l'une devant la justice ordinaire, l'autre devant la justice militaire, sont concomitantes, et à un moment où aucune des deux juridictions n'a été encore régulièrement saisie. L'article 60 dit, en effet : « Lorsqu'un justiciable des conseils de guerre est poursuivi *en même temps* pour un crime ou un délit de la compétence des conseils de guerre et pour un autre crime ou délit de la compétence des tribunaux, il est traduit d'abord... », ce qui indique suffisamment que la disposition de l'article 60 ne peut s'appliquer qu'au cas où le parquet n'est pas déjà dessaisi par le réquisitoire définitif. Or, dans l'affaire Picquart, le réquisitoire définitif avait eu lieu, l'ordonnance de renvoi avait été rendue, le parquet avait été dessaisi, le colonel Picquart était traduit *déjà* devant le tribunal correctionnel, l'audience était fixée ; il ne pouvait donc plus être traduit d'*abord* devant le juge militaire.

En principe d'ailleurs, l'article 60 n'a que le caractère d'une disposition réglementaire et qui n'est pas prescrite à peine de nullité ; il en avait été décidé ainsi par la Cour de cassation dans une instance relativement récente :

Un soldat du nom de Margotat était, en 1878, condamné à mort par contumace, en conseil de guerre.

En 1888, il est poursuivi à Chartres pour vols qualifiés devant la justice ordinaire.

Au cours de l'instruction, sa condamnation antérieure est relevée. L'autorité militaire, invoquant l'article 60, invite l'autorité judiciaire à surseoir jusqu'à ce qu'il ait été statué sur la contumace par le conseil de guerre : la justice passe outre et Margotat est condamné en cour d'assises.

Il se pourvoit, et alors la Cour de cassation rend un arrêt où se lit l'attendu suivant :

« Que, d'ailleurs, l'article 60 du Code de justice militaire, tout en déterminant l'ordre dans lequel doivent être jugés les faits formant l'objet d'une double prévention devant la justice militaire et les juges du droit commun, ne déclare pas que la règle qu'il pose dans l'intérêt de la bonne administration de la justice est prescrite à peine de nullité... »

Une note de Dalloz ajoute que l'article 60 ne tranche pas une question de compétence, qu'il prévoit une simple difficulté de procédure. « Lorsque deux infractions *sont révélées en même temps*, laquelle des deux juridictions devra statuer la première ? Telle est la question que tranche l'article 60. En d'autres termes, cet article ne concerne que l'ordre de la mise en jugement et détermine le rang d'après lequel chacune des deux juridictions devra statuer. Dès lors, sa disposition ne touche pas à l'ordre public et peut être par suite l'objet d'une renonciation expresse ou tacite. »

En résumé, l'article 60 paraît prévoir les cas où, dans une même instruction, des faits viendraient à être révélés qui nécessiteraient deux poursuites devant deux juridictions différentes ; par laquelle commencer ? L'article répond à cette seule question.

Or, les faits de l'affaire Picquart étaient très différents : l'ordre des procédures était déjà réglé en fait ; le prévenu avait été traduit déjà devant une des deux juridictions dont l'audience était fixée ; il lui appartenait complètement, au point que, seul, le tribunal déjà saisi aurait pu le mettre en liberté provisoire.

Dans tous les cas, seul il pouvait remettre le prévenu à une autre juridiction.

Ce qu'il y avait de plus fort, c'est que la police correctionnelle avait été saisie en juillet par ce même département de la guerre qui la dessaisissait en septembre. Entre ces deux dates, il avait imaginé au mois d'août de faire de l'affaire Picquart le premier élément d'une accusation de complot et d'attentat, comme j'en ai donné la preuve. Trois accusations différentes en deux mois! Vit-on jamais pareil spectacle, semblable incohérence, égal acharnement? Dans les accusations ordinaires, on voit la justice, un crime étant donné, rechercher le coupable; il semble ici (mais ce n'est qu'un semblant, n'est-ce pas?) il semble ici que l'administration de la guerre, un officier étant donné, recherche de quel crime elle pourra bien l'accuser !

*
* *

Siècle du 31 août.

Ainsi que je l'ai dit, je ne pensais point que l'article 60 du code de justice militaire fût applicable, puisque la justice civile était déjà saisie, plus que saisie, le colonel Picquart devant comparaître et comparaissant en effet à l'audience du mercredi 21 septembre, toujours en état de détention. Je passai donc cette journée du mercredi à converser, soit par le téléphone avec M. le garde des Sceaux, soit directement avec M. le préfet de police, soutenant que l'article n'était pas applicable et que nous pouvions garder le colonel à la Santé. Mon avis ne prévalut pas et il faut reconnaître que si l'article en question, bien examiné et sainement interprété, ne peut l'être que dans mon sens, l'apparence superficielle du texte est opposée à mon interprétation ; j'avais raison en droit; en gros et en fait, je semblais me tromper ; j'ajoute que, si le ministère de l'Intérieur a les condamnés dans son domaine, les personnes en détention préventive sont dans le domaine du ministère de la Justice. D'ailleurs, l'autorité militaire, en donnant l'ordre d'informer, en commettant un officier instructeur, en lançant l'ordre d'arrestation, dans les conditions que j'ai dites, avait rendu l'issue à peu près inévitable ; le gouvernement était dessaisi.

Il semble bien toutefois que le tribunal correctionnel ait douté lui-même de l'applicabilité de l'article 60; car il ne se posa pas la question. Devait-il juger immédiatement le colonel? Il ne le pensa point; mais pour des motifs tirés du fond de l'affaire, les juges la remirent *sine die;* ils ne jugèrent pas à propos de rappeler dans leur décision l'ordre d'informer du gouverneur militaire de Paris et de se fonder sur la disposition de l'article 60 pour renvoyer l'affaire à plus tard. Voici le jugement du 21 septembre :

« Le Tribunal,

» Attendu qu'à supposer établis, dans leur matérialité et leurs effets légaux, les faits qui font l'objet de la prévention, les circonstances dans lesquelles se présente actuellement l'affaire exposeraient le Tribunal, s'il la retenait à son audience de ce jour, à ne pas apprécier sainement et équitablement la portée des actes reprochés aux prévenus ;

» Par ces motifs,

» Renvoie la cause au premier jour. »

On le voit, pas un mot de l'autorité militaire et de sa brusque intervention, bien qu'elle fût l'unique cause cependant du renvoi, l'unique auteur aussi et de la nouvelle inculpation et de la présente instance des fins de laquelle on dessaisissait la justice civile.

Les juges pouvaient-ils mettre le colonel en liberté provisoire? Assurément, ils le pouvaient, mais dans la forme ordinaire, à savoir en ces termes : « Ordonne qu'il sera mis en liberté provisoire s'il n'est retenu pour autre cause ». Le résultat eût été le même : le mandat du juge d'instruction eût été levé, mais le prévenu eût été placé sous l'ordre d'arrestation de l'autorité militaire qui n'avait certes pas le désir de le voir libre, tout le démontre amplement depuis le 12 juillet, et qui ne se serait pas dessaisie de sa personne, même au cas, surtout au cas, on va le voir, de mise en liberté par le Tribunal.

D'ailleurs, la mise en liberté ne pouvait être prononcée que sur la demande de l'inculpé ou sur les réquisitions du parquet. Or, ni du côté de la poursuite, ni du côté de la défense, personne n'éleva la voix pour demander la levée du mandat de dépôt ; du côté de la poursuite, on eut peut-être le sentiment que de la sorte on eût accentué davantage encore la livraison du colonel Picquart à l'autorité militaire et l'abdication de la justice civile. Quant au défenseur, il s'exprima en ces termes : « Voulez-me permettre de vous dire, monsieur le Président, qu'en raison des circonstances, M. le colonel Picquart me charge de ne présenter en son nom aucune demande de mise en liberté provisoire. »

L'autorité militaire s'empara donc du colonel; il fut conduit à la prison du Cherche-Midi.

Le colonel Henry avait été conduit à la forteresse du Mont-Valérien.

Pourquoi cette différence ?

Le grade des deux accusés était le même : lieutenant-colonel.

L'accusation lancée contre les deux était la même : faux et usage de faux.

Il y a pourtant une différence, je le reconnais :

La culpabilité d'Henry est certaine.

Picquart proteste énergiquement contre l'accusation dont il est l'objet et son innocence éclatera bientôt.

Alors, pourquoi l'un dans une prison où il sera étroitement surveillé et gardé? Pourquoi l'autre dans une forteresse, où des instruments de mort seront laissés à ses côtés?

On dira peut-être que l'administration de la Guerre jugeait plus précieuse l'existence du colonel Picquart. Celui-ci, cependant, avait déjà parlé, parlé devant ses chefs, parlé devant le juge d'instruction. Et l'autre avait tout à dire. On a laissé Henry aller à la mort sans prendre même le soin de lui faire signer ni le moindre interrogatoire, ni le procès-verbal de ses aveux qui, conséquemment, n'est pas un procès-verbal.

Le samedi 24 septembre, il y avait, dans la matinée, conseil de cabinet.

Je mis le conseil au courant des incidents de la poursuite Picquart; je lui donnai lecture des notes prises par moi sur cette affaire au fur et à mesure des événements, notes que je viens de résumer. M. le ministre de la Justice, M. le ministre de la Guerre et M. le sous-secrétaire d'État au ministère de l'Intérieur en reconnurent l'exactitude. Je représentai alors « l'anarchie gouvernementale » qui pouvait résulter de pareils procédés. Un membre important du cabinet insista et, sur sa proposition, il fut décidé que M. le ministre de la Guerre exprimerait à M. le général gouverneur militaire de Paris la pénible surprise que le Conseil avait éprouvée en apprenant qu'il avait engagé de lui-même et sur-le-champ une procédure que, comme ministre, il avait su que le gouvernement ne voulait pas jeter à travers les instances déjà engagées.

Deux membres du cabinet étant absents, la discussion au fond de la demande en révision fut, ce jour-là, renvoyée au surlendemain lundi.

Dans le numéro du 23 mai 1903 du journal royaliste le *Gaulois*, M. le général Zurlinden, deux fois ministre de la République, rapporte ainsi les incidents de la poursuite contre le colonel Picquart :

« Je m'enferme aux Invalides, et ne reçois âme qui vive pendant deux jours. Le mardi matin, 20 septembre, avant dix heures, l'état-major du gouvernement militaire reçoit du général Chanoine l'ordre formel d'ouvrir une enquête judiciaire sur le lieutenant-colonel Picquart et de se saisir de cet officier supérieur, lorsque la justice civile le relâchera, c'est-à-dire le jour même. Vers onze heures et demie, on me prévient officiellement que je suis renommé gouverneur militaire ; j'ai donc à signer les ordres relatifs au colonel Picquart que l'état-major, pressé par le temps, avait préparés dès le matin pour le général Borius, gouverneur intérimaire.

» Je vais au ministère de la Guerre, espérant y voir le général Chanoine et lui parler de l'affaire Picquart. Il était parti pour la Marne. Je fais ma visite au président du conseil; il ne me dit rien de cette affaire; moi non plus, ignorant complètement ce qui s'est passé entre lui et mon chef, le ministre de la Guerre.

» Le soir, je suis violemment attaqué par plusieurs journaux ministériels. Je comprends que le général Chanoine a agi de sa propre autorité, en usant de tous ses droits.

» Pendant deux ou trois jours, je m'attends à ce que le président du conseil fasse acte d'énergie et invite le ministre de la Guerre à me donner contre-ordre. La chose aurait pu être motivée sur ce que le cabinet étant décidé à faire la révision, il paraissait utile d'ajourner les poursuites contre un des témoins les plus importants. Il n'en fut rien, et l'affaire suivit son cours conformément à la loi. »

Le précieux document que je viens de reproduire et qui est signé « général Zurlinden, ancien ministre de la Guerre », appelle, comme tout ce qui vient d'une plume aussi autorisée, trop de réflexions et de trop importantes pour que je puisse les présenter maintenant dans le cadre forcément restreint d'une fin d'article. Il en est une cependant que le lecteur, qui l'a faite peut-être de lui-même, me reprocherait d'ajourner :

« Le mardi matin, 20 septembre, dit M. le général Zurlinden, l'état-major du gouvernement militaire reçoit l'ordre d'ouvrir une enquête sur le lieutenant-colonel Picquart et de se saisir de cet officier supérieur, lorsque la justice civile le relâchera, c'est-à-dire *le jour même.* »

Il y a, dans ces derniers mots, une légère inexactitude : l'audience où Picquart devait être jugé était fixée non au mardi 20 septembre, mais au mercredi 21. L'on n'était donc pas aussi pressé ; mais peu importe ; ce qu'il est intéressant de constater, c'est le peu de confiance que l'autorité militaire avait alors dans le bien fondé de ses plaintes et dans la justesse de ses accusations. C'est elle qui était plaignante contre Picquart en police correctionnelle ; l'audience arrive et l'autorité militaire ne doute pas que la justice civile ne relâche Picquart. Après le faux Henry, cette première accusation lancée contre Picquart ne pourra pas soutenir le grand jour de l'audience ; le tribunal va relâcher Picquart, Picquart sera libre, vite saisissons-nous de lui.

*

Siècle du 7 septembre.

Ainsi, M. le général Chanoine et M. le général Zurlinden forçaient la main au gouvernement, dont ils faisaient partie, dont ils connaissaient les intentions, et sans qu'il pût s'en douter.

L'un est ministre de la Guerre; il a pris ses fonctions le 18; le 19, il a été avisé par M. le ministre de la Justice et par moi de la décision prise par le gouvernement de surseoir à l'affaire Picquart, et « le mardi matin, 20 septembre, avant dix heures, l'état-major du gouvernement militaire reçoit du général Chanoine l'ordre formel d'ouvrir une enquête judiciaire sur le lieutenant-colonel Picquart et de se saisir de cet officier supérieur ». (Article de M. le général Zurlinden dans le *Gaulois* du 23 mai dernier.)

L'autre était ministre de la Guerre la veille; il sait par lui-même et il le dit (même article du *Gaulois*), que le gouvernement a ajourné sa décision; malgré sa dissidence sur la question de la révision, il reçoit du gouvernement ce poste, tout de confiance, de gouverneur militaire de Paris; tout de suite, il donne non pas l'ordre d'ouvrir une enquête, mais l'ordre d'informer. C'est ce que disent à l'audience du 21 et le procureur de la République et le président du tribunal; c'est ce que dira plus tard, dans un rapport du 19 novembre, l'officier instructeur, le capitaine Tavernier :

« Le 20 septembre 1898, le général gouverneur militaire de Paris était avisé par M. le ministre de la Guerre que des actes délictueux paraissaient avoir été commis par le lieutenant-colonel d'infanterie Picquart... Dès la réception de cette lettre, M. le gouverneur militaire de Paris nous a donné l'ordre d'informer, pour faux en écriture privée, contre le lieutenant-colonel Picquart. »

Et, le même jour, lettre directement adressée par le gouverneur de Paris au procureur général près la Cour d'appel, sans passer par le ministère de la Justice, qui aurait pu mettre le holà !

Et la raison de cette précipitation incroyable, raison avouée, nous l'avons vu, c'est que la première plainte dirigée contre Picquart par l'autorité militaire devant la justice civile va certainement échouer, que celle-ci va relâcher Picquart ; il faut donc diriger contre ce dernier une accusation nouvelle, sans quoi Picquart va recouvrer la liberté.

Le gouverneur militaire de Paris sent-il comme la chose est énorme ? car il se rend au ministère de la Guerre pour voir le général Chanoine ; mais celui-ci est « parti pour la Marne ». A quelle heure donc ? Le lundi 19 et le mardi 20, M. le ministre de la Justice et moi nous nous sommes entretenus avec lui, dans la journée, et justement de cette question.

Le gouverneur vient me voir ; à défaut du ministre de la guerre, qu'il n'a pu rencontrer, il pourrait m'en parler ; il ne m'en parle pas ; je ne lui en parle pas non plus ; mais, moi, cela se conçoit : je ne sais rien de nouveau, je demeure dans les conventions passées depuis plusieurs jours entre le ministère de la Guerre et le gouvernement ; je ne saurai rien qu'un peu plus tard, par la lettre que M. le général gouverneur a adressée directement au procureur général, que ce magistrat a portée au ministre de la Justice et dont celui-ci va venir me faire part.

Quant au gouverneur, c'est seulement « le soir », par les attaques des « journaux ministériels », qu'il a compris « que le général Chanoine a agi de sa propre autorité, en usant de tous ses droits ». Ici encore, M. le général Zurlinden doit confondre les deux journées du 20 et du 21 ; ce n'est qu'après l'audience du 21 que le colonel Picquart a été arrêté et que les journaux ont pu se plaindre de son arrestation. D'ailleurs, si je ne me trompe, c'est moi qui ai été le plus attaqué à ce propos ; singuliers « journaux ministériels ! »

Mais qui donc pourra penser que M. le général Chanoine ait « usé de son droit » en donnant « l'ordre formel » dont parle M. le général Zurlinden ? Un ministre n'a pas le droit « d'agir de sa propre autorité » dans une question sur laquelle le gouvernement s'est réservé la décision. Quant à moi, c'est seulement par l'article du *Gaulois* du 23 mai dernier que j'ai connu cet ordre formel ; la séance du conseil des ministres du 24 septembre en fait foi ; cet ordre formel n'était pas, d'ailleurs, dans la compétence du ministre de la Guerre, je l'ai montré par le texte de l'article 99 du code de justice militaire ; enfin, cela ne résulte pas des termes que je viens de citer du rapport Tavernier.

Cet ordre formel existe dans des archives ; peut-être quelque historien le publiera un jour.

M. le général Zurlinden continue en ces termes :

« Pendant deux ou trois jours, je m'attends à ce que le président du conseil fasse acte d'énergie et invite le ministre de la Guerre à me donner contre-ordre. La chose aurait pu être motivée sur ce que le cabinet étant décidé à faire la révision, il paraissait utile d'ajourner les poursuites contre un des témoins les plus importants. »

M. le général Zurlinden attendait un contre-ordre. Quelle singulière façon d'attendre ! Il reçoit, le 20, l'ordre d'ouvrir une enquête ; dès le même jour, il donne l'ordre d'informer ; il nomme l'officier instructeur ; il fait tout ce qui est irréparable ; il y ajoute ce à quoi il n'était pas obligé : bien que la justice civile doive incontestablement, d'après lui-même, absoudre le colonel, il écrit directement au procureur général de ne pas relâcher Picquart !

Il me demande un « acte d'énergie. » Acte d'énergie en effet d'annuler une instruction ouverte et commencée, quand le magistrat instructeur est commis et l'ordre d'arrestation lancé ! L'intervention violente du pouvoir politique dans l'œuvre de la justice, voilà qui ressemblerait d'assez près à la prévarication ; quelqu'un se serait-il flatté de m'y pousser ?

Et quelle singulière conception de la politique, chez des hommes qui viennent d'exercer le pouvoir, ou qui l'exercent, ou qui détiennent encore une part considérable de l'autorité, que d'amener les choses au point où le gouvernement ne pourra plus faire respecter sa volonté que par une illégalité et en agissant contre une partie du gouvernement ! Rendre l'illégalité nécessaire et l'attendre avec tranquillité, voilà qui n'est pas banal, quand il eût été si facile d'observer tout bonnement ce qui avait été convenu.

L'on ne saurait d'ailleurs méconnaître tout ce qu'il y avait de généreux dans le désir secrètement nourri par M. le général Zurlinden de me voir commettre cet acte d'énergie : ministre de la Guerre, il dénonçait le *petit bleu* Picquart à M. le ministre de la justice par lettre du 10 septembre ; il y revenait le 14 ; il précisait son accusation de faux le 16 ; au conseil des ministres du 17, il y insistait par deux fois ; gouverneur de Paris, le 20, il prenait, dans les limites de sa compétence, un ordre d'informer, il nommait l'officier instructeur, il écrivait au procureur général de lui livrer Picquart ; et, lorsque tout est consommé pour l'exécution de son

dessein, quand l'irréparable est acquis, que Picquart est sous les verrous, au Cherche-Midi, dans
là prison militaire où il l'a fait conduire avec la di-
ligence que l'on sait, il se prend à espérer que
Brisson va lui arracher Picquart et détruire tout ce
qu'il a préparé, tout ce qu'il a fait ! Et cette espérance dure deux ou trois jours ; on était au mercredi, quelle déception à la fin de la semaine !

Bien mieux, il découvre alors la raison pour laquelle on n'aurait pas dû arrêter Picquart, et qui
commandait à ce moment d'ajourner les poursuites :
la révision était prochaine, dit-il, Picquart était un
des témoins les plus importants ; il ne fallait pas,
en de telles circonstances, le mettre en arrestation,
l'emprisonner, tenter de le disqualifier. Déjà, la
chose avait été tentée, mais devant la justice civile ;
celle-ci reconnaissait la légèreté des accusations du
ministère de la Guerre ; elle relâchait Picquart ; ce
n'était pas l'heure de le reprendre sous une inculpation qui devait tomber à son tour. M. le général
Zurlinden sent tout cela, mais le colonel est au ca-
chot.

Comment il est resté longuement au secret malgré
mes instances formulées verbalement et par écrit,
c'est ce que je dirai une autre fois...

J'expose ces choses longuement et je le fais
exprès.

Les faits que je rapporte montrent, en effet,

quelles graves atteintes peuvent être portées à l'ordre public lorsqu'une nation laisse s'établir chez elle un organisme qui se croit une existence à part dans l'État et, parce qu'il dispose de la force, s'imagine pouvoir mettre sa volonté particulière au-dessus du gouvernement. Les ressorts de toutes les lois en sont tendus à l'excès et faussés.

Les lois constitutionnelles et les lois morales sont violées. Que deviennent en effet la responsabilité et la solidarité ministérielle, cette solidarité qui serait mieux nommée : l'honneur ministériel! Notre gouvernement, tel que ces lois l'ont fait, peut-il fonctionner sans la confiance réciproque des ministres les uns envers les autres, et de chacun d'eux envers l'ensemble du cabinet, sans le soin qu'ils prennent de l'informer avec exactitude des affaires de chaque département et de suivre scrupuleusement dans chaque ministère spécial les directions arrêtées entre tous? Or, la dissimulation de la découverte du faux Henry durant plus de deux semaines, — la dissimulation de la lettre de M. le général Pellieux durant des années, dissimulation vis-à-vis du gouvernement, dissimulation vis-à-vis de la justice, car il est constant que, dans cette période, plusieurs juridictions auraient eu intérêt à la connaître, — l'affaire Picquart enfin, la façon dont elle a été conduite et que j'ai exposée surtout avec les dires de ceux contre qui j'ai dû lutter; — tous ces faits, et bien d'autres, tous, jusqu'à la démission de M. le général Chanoine, ne prouvent-ils pas que le département de la Guerre a poursuivi un dessein particulier et qu'il l'a poursuivi par des voies irrégulières et condamnables ? Il était dans son droit d'avoir des vues spéciales ; mais lorsqu'il cachait au gouvernement les faits les plus graves, lorsqu'ensuite connaissant les décisions gouvernementales, il déployait secrètement son activité pour les contrecarrer, lorsqu'il égarait, en les maintenant dans l'obscurité, et le gouvernement auquel il laissait la responsabilité et la justice à laquelle il laissait le poids de ses erreurs, il n'était plus qu'un fauteur d'anarchie, de la pire anarchie, celle qui vient d'en haut.

*
* *

Siècle du 18 septembre.

M. le lieutenant-colonel Picquart était, le 11 septembre, par suite des actes que j'ai rapportés, aux mains de l'autorité militaire. Elle le mit au secret, au secret le plus absolu. Son défenseur réclama le droit de communiquer avec lui. Je reçus moi-même la lettre suivante :

« 5 octobre 1898.

» Monsieur le président du conseil, il est de principe constant que le code de justice militaire de 1857 s'est référé au code d'instruction criminelle pour tous les actes et incidents des procédures qui n'y sont pas prévus.

» Or, le code de justice militaire ne renferme aucune disposition qui permette de soumettre au secret un prévenu justiciable des conseils de guerre et, par suite, si la pratique du secret s'est introduite devant cette juridiction, ce n'est que par application du dernier paragraphe de l'article 613 du code d'instruction criminelle.

» Ce point est d'autant moins contestable que, lorsque la loi du 14 juillet 1865 est venue modifier l'article 613 du code d'instruction criminelle en restreignant à dix jours la faculté de la mise au secret pour les tribunaux ordinaires, il a été reconnu que cette modification s'étendait aux affaires militaires.

» Voici notamment ce qu'enseigne Wilhelm dans son commentaire sur le code de justice militaire : « Le rapporteur peut, comme dans le droit com-
» mun, requérir la mise au secret dans les condi-
» tions prévues à l'article 613 (C. inst. crim.,
» modifié par la loi du 14 juillet 1865), c'est-à-dire
» pour une période de dix jours pouvant être re-
» nouvelée une fois. »

» Mais il ne reste plus rien de la loi du 14 juillet 1865. Au cours de la discussion du projet de réforme du code d'instruction criminelle, qui est devenu la loi du 8 décembre 1897, j'ai eu l'honneur de faire voter un amendement par lequel toute la partie de l'article 613 de ce code relative à la mise au secret a été expressément abrogée.

» Le législateur a ainsi voulu faire disparaître de notre système judiciaire les derniers vestiges d'une procédure barbare qui jurait avec nos principes modernes de justice et de droit.

» Désormais donc, la mise au secret d'un prévenu n'est plus possible, aux termes de l'article 8 de la loi nouvelle du 8 décembre dernier, et, si elle a été prohibée pour la juridiction des tribunaux ordinaires, elle l'a été *ipso facto* pour celle des tribunaux militaires, puisque cette dernière doit suivre, en cette matière, les mêmes règles.

» Cette démonstration, déjà faite dans plusieurs journaux, m'avait donné à espérer que la mise au secret du colonel Picquart prendrait fin aussitôt que l'erreur à laquelle elle est due aurait été reconnue ; mais, la voyant se perpétuer, je me crois le devoir formel d'intervenir auprès de vous pour vous demander de la faire cesser sans retard.

» Vous avez la garde des lois ; vous devez en assurer l'exécution, et je me crois un titre particulier à placer sous votre protection personnelle celle dont j'ai pris, ainsi que je viens de le rappeler, l'initiative.

» Si, à mon insu, je commettais une erreur, je vous serais reconnaissant de bien vouloir me la signaler, ce qui me permettrait de faire taire les nombreuses protestations dont je reçois l'écho.

» Si, au contraire, je suis dans le vrai et que, malgré ma requête, la légalité continue à être violée, je me permets de me réserver le droit d'en référer, dès la rentrée des Chambres, au Sénat.

» Je n'en ai pas moins l'honneur, monsieur le président du conseil, de vous exprimer ma respectueuse confiance dans votre esprit d'équité et mes sentiments très dévoués.

» TRARIEUX. »

L'équité commandait, en effet, de ne pas maintenir le colonel Picquart au secret, surtout pour la raison exposée par M. le général Zurlinden, à savoir que le colonel était « un des témoins les plus importants » dans l'affaire de la révision. Le droit, toutefois, paraissait moins certain ; je m'en étais occupé déjà et je me heurtais aux objections suivantes formulées dans une *Note* que voici, du ministère de la Justice :

« L'interdiction de communiquer en matière de justice militaire est-elle régie par les dispositions de la loi du 8 décembre 1897 ?

» Pour le soutenir, il est allégué que le code de justice militaire ne contenant pas de disposition formelle sur les conditions dans lesquelles peut être prononcée l'interdiction de communiquer, il faut s'en référer au code d'instruction criminelle et aux règles nouvelles établies par la loi du 8 décembre 1897.

» Nous ne discuterons pas ici le principe même sur lequel est basée cette argumentation, à savoir que le code d'instruction criminelle doit être suivi, lorsqu'il y a lacune dans la loi de 1857 ; mais nous croyons que cette extension des règles du code d'instruction criminelle doit être strictement limitée au cas où la règle à suivre ne peut être trouvée dans la loi militaire elle-même et dans les principes qui dominent l'instruction en matière de justice militaire.

» Or, est-il exact de dire qu'en matière de justice militaire l'interdiction de communiquer ne trouve sa base dans aucun texte du code de 1857 ?

» Est-il exact de dire qu'antérieurement à la loi du 8 décembre 1897, le rapporteur qui empêchait un prévenu militaire de communiquer, appliquait l'article 613 du code d'instruction criminelle ?

» Nous ne le croyons pas.

» En effet, l'article 112 du code de justice militaire contient la disposition suivante :

« Le défenseur de l'accusé peut communiquer » avec lui, aussitôt les formalités prescrites par » l'article 109... » c'est-à-dire aussitôt après la notification de l'ordre de mise en jugement.

» Lisons également l'article 109, troisième alinéa :

« Il (le commissaire impérial) l'avertit en outre,
» à peine de nullité, que, s'il ne fait pas choix d'un
» défenseur, il lui en sera nommé un d'office par
» le président. »

» Que résulte-t-il de ces textes?

» Qu'avant la notification de l'ordre de mise en jugement, l'inculpé ne peut pas communiquer avec son défenseur; qu'à proprement parler, il n'a pas encore de défenseur.

» Nous n'allons pas, il va sans dire, jusqu'à soutenir que l'autorité militaire ne peut pas autoriser le prévenu à communiquer avec l'avocat qui sera chargé de sa défense, s'il est poursuivi. Nous établissons plus loin, au contraire, que l'autorité militaire a, à cet égard, un pouvoir d'appréciation absolu.

» Nous dirons seulement, qu'en matière militaire il n'y a pas, comme dans le droit commun, une décision d'interdiction de communiquer, manifestée par une ordonnance, mais seulement une application du droit qui appartient au magistrat militaire de réglementer le droit de communication.

» Ce n'est pas l'article 613 du code d'instruction criminelle qui est appliqué. C'est l'article 112 du code de justice militaire et les principes en matière de procédure militaire.

» Observons encore que le code de justice militaire renvoie formellement dans son article 128 (qui se trouve sous le titre de la procédure devant les tribunaux militaires) à un certain nombre d'articles du code d'instruction criminelle. Or, l'article 613 n'y figure pas. Cette circonstance nous paraît significative. Mais, a-t-on dit, la loi du 8 décembre 1897 sur l'instruction criminelle a introduit, dans la matière, des règles absolument nouvelles qui doivent être applicables en matière de justice militaire.

» Pour nous, il paraît manifeste au contraire que l'intention du législateur de 1897 n'a pas été de toucher à la loi militaire.

» Il ne serait pas difficile de trouver des cas où l'application de la loi de 1897 en matière militaire conduirait à des résultats absurdes, inadmissibles.

» D'ailleurs, il suffit de lire son texte, de lire le texte même de l'article 8 sur lequel nous discutons. Il y est question de juge d'instruction, de maisons d'arrêt ou de dépôt, soumises au régime cellulaire. A chaque pas de la discussion devant la Chambre et le Sénat, on voit que l'intention du législateur a été d'innover en matière criminelle de droit commun et non en matière militaire. (Voir *Officiel* du 21 mai et 10 juin 1897.)

» Mais alors, dira-t-on, c'est l'arbitraire absolu, — et la mise au secret des prévenus laissée à la discrétion d'un rapporteur près un conseil de guerre.

» Non, à notre avis, et ici, laissant de côté les considérations juridiques, nous croyons que cette faculté appartenant au magistrat instructeur près les conseils de guerre trouve sa limite dans le contrôle de l'autorité militaire supérieure du ministre de la Guerre. »

La suite de cette *Note* prit place, en partie, dans la lettre suivante que j'adressai, le 10 octobre, à M. le ministre de la Guerre.

« Monsieur le ministre et cher collègue,

» J'ai eu, dans notre entretien du 7 octobre, l'honneur de vous faire savoir que j'avais reçu une lettre de M. le sénateur Trarieux, relative aux questions de droit criminel que soulève la mise au secret. Je vous envoie sous ce pli copie de cette lettre.

» Sans vouloir entrer dans la discussion du point de droit qu'elle traite, il me semble cependant nécessaire d'appeler votre attention sur des considérations d'un autre ordre dont l'importance ne saurait vous échapper.

» Même si l'on admet, contrairement à la thèse soutenue par M. Trarieux, que le magistrat instructeur auprès des conseils de guerre n'est pas soumis aux règles nouvelles édictées par la loi du 8 décembre 1897, son pouvoir ne saurait cependant être sans limite ; cette limite est dans le contrôle nécessaire de l'autorité militaire supérieure, c'est-à-dire du ministre de la Guerre.

» On peut en effet relever quelque analogie entre ce qui se passait en matière criminelle de droit commun avant la loi de 1897 et ce qui subsiste encore en matière de droit militaire.

» Avant la loi de 1897, le garde des Sceaux exerçait un contrôle minutieux sur les interdictions de communiquer ; il se faisait adresser mensuellement un état des ordonnances rendues par les juges d'instruction et mettant les prévenus au secret (circulaire de la Chancellerie des 10 février 1819, 6 décembre 1840 et 14 octobre 1865) ;

» Ce contrôle a été rendu inutile par la loi de 1897.

» En matière militaire, le ministre de la Guerre doit, pour les mêmes raisons de principe, exercer ce contrôle sur les mesures prises par les rapporteurs près les conseils de guerre et, par cela même que leur pouvoir est très étendu en ce qui concerne l'interdiction de communiquer, il appartient au ministre d'en surveiller l'exercice.

» Le ministre de la Guerre est, en effet, nécessairement investi d'un pouvoir de haute surveillance sur les actes des officiers qui participent à l'administration de la justice militaire, ainsi que sur les décisions rendues par les conseils de guerre.

» C'est ainsi qu'il provoque les pourvois en cassation dans l'intérêt de la loi, contre les jugements des conseils de guerre et de révision, et qu'il a l'initiative des décisions gracieuses pour les condamnations prononcées par les tribunaux militaires.

» Avant même le jugement, il intervient pour mettre en mouvement la justice militaire et, pour ne citer qu'un exemple, l'ordre d'informer émane parfois du ministre lui-même.

» En un mot, il a la haute direction de la justice en matière militaire et exerce, vis-à-vis des chefs de corps d'armée, le contrôle qu'exerce le garde des Sceaux vis-à-vis des procureurs généraux.

» Ce sont là, monsieur le ministre, des principes qui n'ont jamais été contestés et qui ne pourraient l'être, semble-t-il, qu'en portant atteinte au pouvoir supérieur du ministre de la Guerre ; nous sommes d'accord, j'en suis convaincu, pour les apprécier ainsi.

» Veuillez...

» Le président du Conseil : H. BRISSON. »

Tel fut le dernier épisode de cette longue lutte contre le département de la Guerre qui a été le principal trait de mon court ministère ; j'étais en effet renversé le 25 octobre dans les conditions que l'on sait. Le 28, la Cour de cassation rendait un arrêt par lequel la demande en révision était déclarée recevable.

En ce qui concerne le colonel Picquart, j'étais d'ailleurs convaincu qu'en m'attachant surtout à la révision, je faisais le nécessaire pour l'affaire Picquart aussi bien que pour la révision en elle-même. Les faits ne tardaient pas à me donner raison : dans son rapport du 28 octobre, M. le conseiller Bard proclamait l'indivisibilité des deux affaires ; et, dans un arrêt de règlement de juges du 3 mars 1899, la Cour de cassation, pour la même raison, dessaisissait la justice militaire de l'accusation de faux. L'iniquité, le péril, ne pouvaient être conjurés que par là.

*
* *

Siècle du 2 octobre.

Je regrette vivement que le *Siècle* ne donne pas d'illustrations ; s'il en publiait, je l'aurais prié de reproduire une caricature de moi que j'ai trouvée et achetée l'autre jour chez un papetier du boulevard Saint-Germain ; il ne m'appartient pas de dire si elle est ressemblante ; mais la légende en est suggestive ; elle est ainsi conçue :

« *Siècle.* — Souvenirs. — J'ai été fichu dedans. — *Signé :* Brisson. »

Telle est la moralité que nos adversaires tirent de mon récit ; j'aurais été « fichu dedans » par ceux à qui j'ai eu affaire durant mes quatre mois de pouvoir en 1898, et particulièrement entre le 30 août et le 25 octobre.

Qu'ils en tirent vanité, eux et leurs amis, c'est ce que semblerait indiquer la caricature en question. Je ne discuterai pas sur ce point; même si la légende avait raison, si j'avais été « fichu dedans », je préférerais mon rôle à celui qu'ils auraient joué. Il faut tâcher de ne pas être « fichu dedans », il faut encore moins essayer de tromper les autres.

Mais la légende a-t-elle raison? Ai-je été mis dedans? Mes adversaires ont-ils sujet de triompher?

Lorsque j'ai pris le pouvoir, nul ne peut dire que l'autorité de la chose jugée contre le capitaine Dreyfus pût être utilement attaquée dans les termes de la loi, étant donné l'ignorance où nous étions de certains éléments connus du ministère précédent; la tentative de mon ami Scheurer-Kestner au Sénat en fait foi. Je ne pensais pas non plus qu'il y eût lieu de fortifier cette autorité par la lecture publique de pièces nouvelles; je m'opposais à ce qu'on en fît état; M. Cavaignac crut devoir passer outre; il y trouva l'occasion d'un grand succès, l'affichage de son discours fut ordonné; quelques semaines après on apprenait que ces pièces étaient des faux. Qui voyait juste?

La découverte de ce faux m'a été cachée durant quinze jours; à qui en fait-on grief?

A peine avisé de ce faux, je réclamais la mise à pied des généraux de Pellieux, Gonse et de Boisdeffre : que sont devenus ces deux derniers ? Quant au général de Pellieux, il était de mon avis, puisqu'il envoyait sa démission.

Cette démission, ceux qui l'avaient reçue l'ont cachée. Ils ont, suivant moi, comme je l'ai plusieurs fois exposé, donné par cette dissimulation de pièces un gros argument en faveur d'une révision nouvelle, si elle est demandée.

Enfin, j'ai voulu la révision : trois ministres de la Guerre, un ministre des Travaux publics, m'ont barré la route, et malgré ces efforts surhumains du génie militaire et du génie civil, malgré les artilleurs et les fantassins rangés en bataille, la révision a été prononcée. On a mis en travers la loi de dessaisissement et il en est résulté qu'au lieu d'être décidée par la majorité d'une douzaine de juges, la révision l'a été par l'unanimité des cinquante magistrats de la Cour de cassation.

J'ai défendu de mon mieux le colonel Picquart, avec des armes dont on a pu juger l'insuffisance : il a été, par des hommes dont le premier devoir eût été de me donner leur concours, et grâce aux procédés que j'ai décrits, jeté dans la prison du Cherche-Midi et gardé au secret : la Cour suprême l'a mis hors de cause.

Non, je n'ai rien à regretter de ce que j'ai fait.

L'unique résultat de la résistance de ces ministres, qui entraient dans le cabinet pour faire la révision et qui l'entravaient ensuite de tout leur pouvoir, a été de retarder une décision que tout le monde appelait après la découverte du faux Henry ou, pour mieux dire, après la publicité tardive donnée à cette découverte. Entre le 31 août et le 4 ou le 5 septembre 1898, l'opinion était unanime en faveur de la révision : l'*Écho de Paris*, le *Journal*, l'*Autorité*, présentaient cette procédure judiciaire comme indispensable ; le premier de ces journaux allait jusqu'à dire dans son numéro du 2 septembre : « La révision est, dès aujourd'hui, — nous le savons, — désirée par un grand nombre d'officiers de notre armée et non des moindres. » Consentie dans de pareilles conditions par M. Cavaignac, la révision se faisait sans difficulté, sans crise aucune ; sa démission et celle de M. le général Zurlinden ont permis aux meneurs de l'affaire de se reconnaître, de trouver l'invention du « faux patriotique, » enfin de fomenter l'agitation où se jetaient à corps perdu, dans le dessein de provoquer une réaction politique, les césariens, les boulangistes, les antisémites, les royalistes qu'un manifeste du duc d'Orléans devait bientôt porter en avant.

La retraite de ces deux ministres était d'autant plus inexplicable que c'étaient eux, on peut le dire, qui avaient le plus travaillé pour la révision : M. Cavaignac, en s'obstinant à lire des pièces dont il avait confirmé l'authenticité matérielle et morale, et dont il avait dû, peu après, reconnaître la fausseté; M. le général Zurlinden, en disqualifiant le colonel du Paty de Clam, en faisant connaître que c'était Henry qui avait reçu le bordereau et qu'au procès de 1894, le même Henry avait déposé au nom du ministère de la Guerre. Par quel retour illogique, ayant écrit, parlé, agi de la sorte, et rendu la révision inévitable, se sont-ils retournés contre leur œuvre, et ont-ils combattu les conclusions dont ils avaient formulé les considérants, c'est ce que je ne me charge pas d'expliquer; je me borne à le constater. Ils avaient rédigé l'arrêt et ils ont reculé devant le dispositif. Ils ont eu leurs raisons. Celles qu'ils ont données ont été mises à néant par l'enquête et par l'arrêt de la Cour de cassation.

C'est là, en effet, qu'il en faut toujours revenir : à l'enquête, au rapport Bard, au rapport Ballot-Beaupré, à l'arrêt, à leurs constatations. On me conseillait alors d'écarter la procédure en révision et de recourir à l'annulation prévue par l'article 441 du Code d'instruction criminelle et fondée sur la communication aux juges de 1894 de pièces dont ni l'accusé ni la défense n'avaient eu connaissance; l'annulation, à supposer qu'on eût pu la demander alors avec quelque chance de l'obtenir, l'annulation terminait tout sans grande lumière. Nous fûmes d'ailleurs saisis, dès le 3 septembre, d'une demande en révision ; la révision impliquait l'enquête, c'est-à-dire la lumière largement répandue sur tous les détails de l'affaire. Je ne dirai pas que je la préférais, car je n'ai véritablement pas eu le choix ; mais, parmi les personnes éclairées et de bonne foi, ayant consenti à lire l'œuvre de la Cour de cassation, qui ne se félicitera de la révision ?

Ce n'est pas d'ailleurs le seul conseil que j'ai reçu durant ces quelques semaines. Il m'en est parvenu d'excellents : la plupart n'avaient qu'un défaut, c'est qu'il m'était impossible de les suivre ; tous supposaient que j'étais maître à bord, comme un capitaine sur son navire ; or, outre que cela n'est jamais entièrement vrai d'un président du conseil, les faits les plus éclatants, les démissions dont je viens de parler par exemple, témoignaient cette fois qu'il n'en était rien. D'autres difficultés étaient moins connues ; j'ai raconté comment, le général de Boisdeffre s'étant jugé lui-même et ayant donné sa démission, quatre conseils de ministres eurent lieu le 31 août sans que je pusse obtenir qu'elle fût acceptée. Qu'on juge par là des résistances que j'ai rencontrées et qui n'étaient pas inexplicables, étant donné l'opposition successive des ministres de la Guerre, et les complications qu'elles pouvaient faire redouter !

On m'a conseillé aussi, les uns de prendre moi-même le ministère de la Guerre, les autres d'échanger le portefeuille de l'Intérieur contre celui de la Justice. Outre que je ne pouvais guère suivre ces deux conseils à la fois, l'un et l'autre offraient un grave inconvénient : celui de donner à la révision un tour violemment politique ; or, c'était, au gré de tous les gens sensés, ce qu'il fallait le plus éviter : ou la révision n'avait pas de sens, ou elle avait pour objet de rendre à l'autorité judiciaire une affaire que tant d'interpellations et d'incidents divers avaient fait dévier sur le terrain de la politique pure ; des polémistes généreux et passionnés pour une cause sacrée pouvaient négliger ce point de vue ; j'y demeurais obstinément fixé.

Donner ma démission ? Ma démission ; est-ce qu'elle ne s'imposait pas si j'échouais après avoir fait connaître aussi nettement mon opinion? Fallait-il en faire un coup d'éclat? Ce n'est pas dans ma manière. Le 31 août seulement, je fis voir, en la rédigeant, qu'il ne me serait pas possible de garder la présidence du conseil si l'état-major général gardait à sa tête l'homme qui avait abandonné les rênes au colonel Henry et qui le confessait. J'ai renouvelé cette déclaration dans la séance où il fut décidé que la demande en révision serait transmise à la commission consultative ; M. le général Zurlinden et M. Tillaye avaient annoncé leur retraite au cas où le conseil se prononcerait dans ce sens ; il fallait bien leur faire équilibre et montrer tout le danger d'une crise ministérielle éclatant à ce moment. Quoi de plus? Je voulais la révision : grâce aux concours dévoués de collègues qui sont restés mes amis, la révision a été faite. J'ai été renversé pour l'avoir voulue ; mais il était trop tard pour l'empêcher.

*
* *

Siècle du 6 novembre.

Depuis le dernier article que j'ai publié sous ce titre (*Siècle* du 2 octobre), M. Joseph Reinach a publié dans le *Radical*, en feuilletons, un chapitre du quatrième volume (quel bon livre, le tome premier !) de son *Histoire de l'Affaire Dreyfus*. Dans le septième de ces feuilletons, je lis les lignes suivantes :

« Bertulus, redoutant d'échouer au port, fit demander une audience à Brisson qui refusa, répondit (par un intermédiaire) de s'adresser à Sarrien. »

J'ai hésité quelques jours avant de rectifier cette erreur-là ; pourtant, je ne puis pas laisser dire que j'aurais refusé de m'éclairer ; c'est à peu près le contraire qui est vrai. Voici ce qui s'est passé :

Le ministère Méline avait été renversé le

14 juin 1898 et j'avais pris quelque part à la discussion qui avait amené sa chute. Après avoir fait appeler successivement MM. Ribot, Sarrien et Peytral, au bout de dix ou douze jours de crise, M. le Président de la République me proposa de former un cabinet ; après avoir consulté mes amis, j'en acceptai la tâche. Un jour, durant que je conversais avec des collègues, à mon domicile, rue Mazagran, quelqu'un me demanda ; ne pouvant me déranger à ce moment, je le fis recevoir par un secrétaire ; un instant après, celui-ci vint me dire : « C'est M. X... qui pense que M. le juge d'instruction Bertulus aurait quelque chose à vous dire si vous vouliez le voir dans une maison tierce. Que faut-il répondre à M. X... ? — Répondez, dis-je, que, de deux choses l'une : ou je ne réussirai pas à former un cabinet, et alors j'attendrai que M. Bertulus renouvelle sa proposition ; ou je réussirai, et alors je recevrai M. Bertulus ostensiblement, dans mon cabinet, au ministère que j'occuperai. »

Je ne connaissais pas M. Bertulus, même de vue.

Je formai mon cabinet, je pris le ministère de l'Intérieur ; peu après, la même personne vint place Beauvau, fit la même proposition au même secrétaire par lequel je fis transmettre la même réponse : « Si M. Bertulus a quelque chose à me dire, c'est ici, dans mon cabinet de ministre, que je le recevrai. »

Je ne reçus pas de demande d'entretien de M. Bertulus. Je suis donc loin de lui avoir « refusé une audience » ; je la lui ai proposée, au contraire, et il n'a pas été donné suite à ma proposition.

Il m'a été fait au moins une autre offre mystérieuse de renseignements en cette affaire, lorsque j'étais ministre ; j'ai toujours écarté le mystère ; si c'est un tort, je m'en accuse ; je crois que j'ai bien fait ; certaine de ces offres semblait se rapporter à des bruits venant de l'étranger ; j'ai répondu aux tiers qui me faisaient ces offres que je ne voulais rien savoir que par nos ambassadeurs et le ministre des Affaires étrangères.

On trouve cette correction puérile et l'on m'appelle « professeur de maintien » ; je le sais, peu m'importe ; je me retrouverais dans la même situation demain, j'agirais pareillement, et par habitude et à raison même de cette expérience : rien en effet n'a plus nui dans l'affaire Dreyfus que les propos hasardeux, les conversations hardies, les démarches risquées suivies trop souvent de réticences, de désaveux, de retraites, de reculs. Ces imprudences sont permises à tout le monde ; je pense qu'un ministre ne peut pas, ne doit pas s'y prêter.

*
* *

Pendant que j'y suis, faisons une autre rectification.

Dans le 21ᵉ feuilleton, M. Joseph Reinach dit qu'avant la découverte du faux Henry, sans croire à l'innocence du capitaine Dreyfus, j'étais tourmenté de la pensée qu'on aurait pu, en 1894, faire aux juges, après les débats clos, une communication dont n'auraient eu connaissance ni l'accusé ni son défenseur. C'est vrai. J'avais, dans mes souvenirs de basoche, un fait épouvantable de ce genre, et il me hantait. M. Reinach ajoute :

« Brisson n'aurait eu qu'à interroger Cavaignac, il ne l'osa pas. »

Mais si, je l'ai fait.

Mes préoccupations ont commencé bien plus tôt que ne le suppose M. Reinach ; il dit quelque part, je crois, que j'avais à peine parcouru le compte rendu du procès Zola ; or, j'ai suivi ces débats avec une attention passionnée ; j'étais président de la Chambre, je ne pouvais pas y assister, mais j'y envoyais régulièrement un jeune ami, plein de cœur, très intelligent, révisionniste ardent, et, tous les soirs, en attendant les journaux du lendemain matin, je me faisais rendre compte minutieusement de l'audience. J'étais loin, bien loin de l'indifférence mais surtout, surtout, la chose est vraie, j'étais préoccupé de la communication secrète.

Je demandai donc à M. Cavaignac s'il ne pourrait pas interroger là-dessus le général Mercier. M. Cavaignac me fit cette réponse singulière : « Il vaut mieux ne pas le savoir », et, se répétant : « Il vaut mieux ne pas le savoir. » Je conclus de cette réponse que je ne saurais rien ni de l'un ni de l'autre. Mon attention n'en était que davantage portée de ce côté, mais presque exclusivement de ce côté, jusqu'au coup de foudre des aveux d'Henry.

*
* *

La communication secrète pouvait conduire à l'annulation de la sentence de 1894, et elle y conduisait presque certainement ; aussi n'a-t-elle été avouée qu'à Rennes, en plein fonctionnement de la révision.

Quant à la révision, seuls, les aveux d'Henry l'ont rendue possible et par là je réponds au reproche que M. Reinach, après tant d'autres, adresse au cabinet que je présidais, de n'avoir pas fait la révision plus tôt. Elle était impossible. M. Reinach cite, dans ses feuilletons, plusieurs des objurgations éloquentes qui nous furent adressées, entre autres une très belle lettre de M. Félix Pécaut. Qui, plus que moi, vénérait Félix Pécaut ? Nous nous connaissions beaucoup, ayant préparé ensemble la création des écoles primaires supérieures de Vierzon, de Voiron et d'Armentières ; une amitié tendre me liait depuis ma jeunesse et me lie encore à la famille de ses fils. Etre approuvé de Félix Pécaut eût été pour moi une douceur ; il mourait en nous blâmant ; je n'hésite pas à dire que j'en ai beaucoup souffert, tant l'élévation de cette âme m'était connue ; mais quoi ! Qu'est-ce que laissait de chances à la révision l'acquittement d'Esterhazy, dans les termes où la loi a enfermé la révision ? On nous accusait de « sacrifier l'individu à la collectivité », c'est-à-dire d'immoler un innocent, le capitaine Dreyfus, à l'honneur de l'armée ! C'était supposer non seulement que nous croyions son innocence démontrée, mais supposer encore qu'un des cas de révision était ouvert. Ceux qui connaissaient l'article 444 du code d'instruction criminelle se rendaient compte du contraire ; ceux qui le reliront en demeureront convaincus.

La découverte matérielle du faux Henry vint tout changer en faisant un criminel du principal témoin de 1894; nous y ajoutâmes un deuxième motif, la différence entre les deux expertises. Celle-ci n'aurait suffi ni pour former la conviction de la Cour suprême, ni surtout pour créer un courant d'opinion. Rien de plus généreux ni de plus noble que les objurgations qui nous étaient adressées. S'ils eussent été à notre place, leurs auteurs auraient pu gémir de leur impuissance, ils auraient pu donner leur démission de ministres; ils n'auraient pas pu faire la révision. Les résistances que nous avons éprouvées, même après cette découverte, le prouvent, et au delà.

*
* *

Siècle du 23 novembre.

M. Joseph Reinach avait suspendu dans le *Radical* sa publication relative à l'affaire Dreyfus juste au moment où elle allait devenir intéressante, je veux dire où il allait traiter de la mort tragique du lieutenant-colonel Henry. Il l'a reprise et puis a brusquement clos ce chapitre de son *Histoire*. Les lecteurs du premier volume espèrent qu'il y reviendra.

Dans le numéro 11 de la *Mort d'Henry* (*Radical* du 15 novembre), M. Reinach croit pouvoir dire que lorsque M. Cavaignac vint, le 30 août 1898, à cinq heures du soir, m'annoncer la découverte du faux Henry et les aveux du coupable, « Brisson demanda à réfléchir. » On ne me voit pas bien, je pense, au moment où M. Cavaignac m'apportait la confession d'Henry et la sienne, lui demandant la permission de réfléchir. Il me pria de ne rien dire à personne des révélations qu'il venait de me faire avant le dîner qui, le soir même, devait réunir les ministres et il fut ainsi convenu entre nous, comme je l'ai dit dans le *Siècle* du 17 avril dernier ; rien n'était plus naturel d'ailleurs, les ministres devant se trouver assemblés une heure plus tard, que d'attendre ce moment. Quant à mes réflexions, elles étaient toutes faites, puisque, dès cette réunion, j'exposai la nécessité de nous mettre en face de la révision.

Dans le même feuilleton du 15 novembre, M. Reinach dit qu'à la nouvelle des aveux d'Henry, je fus bouleversé d'avoir fait afficher un faux; je l'ai dit moi-même en pleine Chambre des députés et imprimé dans le *Siècle* ; l'historien de l'*Affaire Dreyfus* ajoute que « Brisson était bouleversé aussi d'avoir réclamé sa part du triomphe oratoire de son ministre de la Guerre. » Il s'agit du discours du 7 juillet. Déjà, dans le feuilleton n° 5 de *Cavaignac ministre*, M. Reinach avait écrit, à propos de ce discours :

« Brisson tint à dire que Cavaignac avait parlé au nom du gouvernement. Il ne voulait pas laisser au seul ministre de la Guerre, dont il redoutait l'ambition, la gloire d'un tel discours. »

Ce sera toujours une question de savoir si l'historien doit se borner à exposer les faits en les rattachant à leurs causes ou s'il peut, sans trop de périls d'erreur, essayer de pénétrer les mobiles des personnages en cause; il y faut une psychologie bien informée avec la certitude de savoir naviguer entre l'indulgence excessive et le penchant inverse. Dans l'espèce, il est heureux que M. Joseph Reinach ait tenté de lire dans mon esprit puisque, étant encore de ce monde, je puis lui dire qu'il y a mal lu. Je rectifierai d'ailleurs son dire avec le

Journal officiel du 8 juillet 1898. Voici le compte rendu de l'incident. Après avoir répondu à l'interpellation de M. Castelin, M. Cavaignac, ministre de la Guerre, descend de la tribune :

« (*Applaudissements prolongés sur tous les bancs. — M. le ministre, en regagnant son banc, reçoit de nombreuses félicitations.*)

» MM. Marcel Habert, Alphonse Humbert, et Déroulède : L'affichage !

» *A droite.* — Oui, oui, l'affichage !

» M. LE PRÉSIDENT. — J'ai reçu de M. Mirman la proposition suivante : « Je demande l'affichage du discours de M. le ministre de la Guerre. » (*Applaudissements.*) Je vais consulter la Chambre sur cette proposition.

» *Sur divers bancs à gauche.* — Le scrutin !

» M. PAUL DE CASSAGNAC. — Le scrutin en une pareille circonstance serait un soupçon pour le patriotisme des députés. Il faut voter à mains levées. (*Applaudissements sur divers bancs à droite.*)

» M. LE PRÉSIDENT. — Je reçois une demande de scrutin. (*Bruit et vives réclamations au centre et à gauche.*)

» M. DUJARDIN-BEAUMETZ. — Elle est inutile. Tous les Français sont unanimes quand il s'agit de la patrie.

» M. HENRI BRISSON, *président du conseil, ministre de l'Intérieur.* — Je demande la parole.

» M. LE PRÉSIDENT. — La parole est à M. le président du conseil.

» M. LE PRÉSIDENT DU CONSEIL, *ministre de l'Intérieur.* — Messieurs, je prie les honorables auteurs de la demande de scrutin sur l'affichage du discours prononcé au nom du gouvernement par M. le ministre de la Guerre (*Très bien! très bien!*) de vouloir bien la retirer. (*Applaudissements à gauche et au centre. Bruit.*)

» M. LE PRÉSIDENT. — Messieurs, veuillez permettre au gouvernement de se faire entendre. J'invite tous mes collègues au silence.

» M. LE PRÉSIDENT DU CONSEIL. — Tout le monde est certain ici qu'au scrutin cette demande d'affichage réunira l'unanimité. (*Nouveaux applaudissements.*) Nous demandons d'y joindre, dans une pareille question, la preuve de la confiance que tous les partis de cette Chambre ont vis-à-vis les uns des autres, en attestant à l'avance qu'ils sont unanimes pour approuver le langage de M. le ministre de la Guerre. (*Applaudissements à gauche et sur divers bancs au centre et à droite.*)

» M. LE PRÉSIDENT. — La demande de scrutin est-elle maintenue? (*Oui! Oui! — Non!*) La demande de scrutin est maintenue.

» *Voix nombreuses à gauche.* — Les noms! les noms!

» *Un membre à gauche.* — Il faut que le *Journal officiel* mentionne les noms des signataires.

» M. LE PRÉSIDENT. — Je donne les noms des signataires de la demande de scrutin.

» (*La lecture a lieu.*)

» M. JULES DUVAU. — J'ai donné ma signature, mais non pas pour cet objet. En présence de la déclaration de M. le Président du conseil, je la retire. (*Très bien! très bien! à gauche.*)

» M. THOREL. — Pour le même motif, je retire la mienne. (*Applaudissements à gauche.*)

» M. LE PRÉSIDENT. — Messieurs, il ne reste plus le nombre réglementaire de signataires. (*Applaudissements à gauche et au centre.*) Je vais alors consulter la Chambre par main levée. (*Bruit.*)

» M. LE PRÉSIDENT. — Je reçois une nouvelle demande de scrutin. (*Exclamations à gauche.*)

» *Au centre et à gauche.* — Les noms! les noms!

» M. LE PRÉSIDENT. — Voici les noms de cette nouvelle demande :

» MM. Balsan, Maurice Binder, Cibiel, de Saint-Quentin, de la Chevrelière, de la Ferronnays, Jules Baron, Jacques Piou, Jules Dansette, Delpech-Cantaloup, de Solanges, Paul Bourgeois, le baron Reille, Armand Porteu, du Halgouet, de Keroüartz, Denys Cochin, Derrien, Ferdinand Boyer, Lerolle, Fernand de Ramel, Jules Galot, Forest.

» Je mets donc aux voix, par scrutin, la proposition de M. Mirman, tendant à l'affichage du discours de M. le ministre de la Guerre.

» Le scrutin est ouvert. (*Les votes sont recueillis,
MM. les secrétaires en font le dépouillement*)

» M. LE PRÉSIDENT. — Voici les résultats du dépouillement du scrutin :

Nombre des votants.	574
Majorité absolue	288
Pour l'adoption.	574
Contre	0

« La Chambre a adopté. (*Applaudissements.*)

» M. PAUL DÉROULÈDE, *de son banc.* — Nous demandons que la clôture de la discussion soit prononcée
et que la séance soit levée après l'admirable discours de M. le ministre de la Guerre. (*Très bien !
très bien ! sur divers bancs.* — *Mouvements divers.*)

» M. ANDRÉ CASTELIN. — Je demande la parole
comme auteur de l'interpellation.

» M. LE PRÉSIDENT. — La parole est à M. Castelin.

» M. ANDRÉ CASTELIN. — Après la manifestation
que la Chambre vient de faire, laquelle me donne
entière satisfaction, j'ai l'honneur de déclarer que
je retire mon interpellation. (*Applaudissements sur
un grand nombre de bancs.*)

» *Voix nombreuses.* — La clôture !

» M. LE PRÉSIDENT. — L'interpellation étant retirée, il n'y a plus lieu de mettre aux voix la clôture.
Je continue l'ordre du jour.

» *Plusieurs membres à l'extrême gauche. — A demain! (Dénégations au centre.)*

» M. LE PRÉSIDENT. — Un certain nombre demandent le renvoi à demain de la suite de l'ordre du jour. (*Non ! non ! — Oui !*) Je consulte la Chambre.

» (La Chambre, consultée, se prononce contre le renvoi.)

» M. ÉMILE CÈRE *et plusieurs de ses collègues.* — Nous demandons une suspension de séance. (*Dénégations au centre.*)

» M. LE PRÉSIDENT. — Plusieurs de nos collègues proposent de suspendre la séance pendant quelques instants. Je consulte la Chambre.

» (La Chambre, consultée, décide que la séance continue.) »

Et la séance continua ; il y eut des prises en considération, des rapports d'élection, des dépôts de projets de loi, des dépôts de propositions, des dépôts de rapports.

Si M. Joseph Reinach veut prendre la peine de relire cet incident, et au besoin toute la séance du 7 juillet, cette lecture l'éclairera et sur ce qui s'est passé ce jour-là et sur le résultat de ma très brève intervention. Sa vieille sagacité parlementaire, mise en éveil, ne s'y trompera pas ; s'il eût été sur nos bancs, à cette époque, elle ne se fût pas égarée un instant.

Le ministère que j'avais l'honneur de présider était interpellé : les interpellations se terminent généralement par le vote d'un ordre du jour ; celle-ci, sans cette dérivation de l'affichage, eût été certainement close par un ordre du jour précis et impératif. En effet, l'interpellateur, M. Castelin, avait parlé du « syndicat » ; il avait rappelé les ordres du jour, par lesquels la Chambre précédente avait réclamé des poursuites contre les « complices du traître » ; il en réclamait lui-même ; il demandait des mesures contre certains fonctionnaires qui avaient laissé voir des sentiments révisionnistes ; il nous reprochait de n'avoir pas réprimé « les actes délictueux » qui, selon lui, se commettaient tous les jours. Nul doute, étant donné l'entraînement de l'assemblée, que ces impérieuses exigences n'eussent passé dans la formule de l'ordre du jour. Le gouvernement, quel qu'il fût, aurait eu les mains liées ; il n'en a rien été.

Assurément, je ne me doutais pas que M. Cavaignac viendrait, un mois plus tard, réclamer ces mêmes poursuites contre les tenants de la révision ; mais, pourtant ! s'il avait été armé d'un ordre du jour de la Chambre, n'eût-il pas été plus fort ou tout au moins plus gênant ?

J'ai agi simplement en président du conseil, désireux de garder au gouvernement le plus de liberté possible. Tout autre à ma place en eût fait tout autant. Peu de temps après, les circonstances me commandaient d'user de cette liberté.

Et, dans la séance même, dans l'incident que je viens de reproduire d'après le *Journal officiel*, est-ce que M. Joseph Reinach n'observe pas, tout de suite après mon intervention, un *decrescendo* bien intéressant ? Que n'était-il là pour le remarquer, pour l'accentuer ? On retire les demandes de scrutin ; sans l'acharnement de vingt droitiers, tout se terminait par le geste banal des mains levées. On retire l'interpellation ; pas d'ordre du jour. Quelqu'un demande de lever la séance en l'honneur de M. Cavaignac ; un autre de la suspendre ; pas plus de succès l'un que l'autre ; la soupe au lait parlementaire tombait déjà. Mais quel bouillon si j'avais paru bouder à l'affichage !

*
* *

Dans le douzième feuilleton de la *Mort d'Henry* (*Radical* du 16 novembre), M. Joseph Reinach semble trouver étrange que dans les quatre conseils du 31 août 1898, il n'ait guère été question que de l'acceptation ou du refus de la démission donnée par M. le général de Boisdeffre. Comment aurions-nous pu faire autrement ? Le général lui-même avait senti que sa démission s'imposait ; M. Cavaignac voulait la refuser ; j'offrais ma démission si elle n'était pas acceptée ; je l'avais écrite, sur la table du conseil, à l'Élysée. Comment passer outre ?

Le soir, M. Cavaignac consentait à remplacer le général.

*
* *

M. Reinach pourtant, dans son quinzième et avant-dernier feuilleton, assure que M. Cavaignac avait « repris toute son arrogance » et que ce soir-là, 31 août, « il retourna en maître au ministère de la Guerre. »

Toute son arrogance ! Et il cédait.

En maître ! Il abandonnait la position choisie et défendue par lui durant vingt-quatre heures.

En maître ! Et Il était obligé de donner sa démission de ministre de la Guerre deux jours après ! Et il s'agissait si bien, entre lui et moi, de la révision que, dans une première lettre, il m'écrivait :

« Je demeure convaincu de la culpabilité de Dreyfus, et aussi résolu que précédemment à combattre la révision du procès. Je n'entendais pas me dérober aux responsabilités de la situation actuelle, mais je ne saurais les assumer sans être d'accord avec le chef du gouvernement auquel j'ai l'honneur d'appartenir. »

Et dans une seconde :

« Je ne puis penser, après ce que vous avez bien

voulu me dire, que, même en présence d'une décision du conseil des ministres, vous pourriez consentir à vous opposer à la révision. »

Je lui avais dit, en effet, qu'à mes yeux la révision était une question de conscience et que si la
majorité se prononçait contre, je me retirerais.

J'ai reproduit ces lettres dans le *Siècle* du
2 mai.

Qu'il est donc difficile d'écrire l'histoire à une
date si rapprochée des événements !

17 Juillet 1894.

Dans la discussion du projet de loi sur les menées anarchistes, M. Brisson, s'adressant au ministère Dupuy, s'exprimait en ces termes :

Le jour même où vous avez présenté ce projet de loi, faisant ainsi à l'orateur une bien singulière réponse, bien peu appropriée aux adjurations qui venaient de vous être adressées, ce jour-là M. Cavaignac descendait de la tribune. Il s'y était souvenu des deux traditions dont il se réclame : celle de son père, obligé, dans les plus dures conditions peut-être que notre histoire eût encore offertes, obligé de rétablir l'ordre ; et celle de son oncle, qui fut si cher à la démocratie militante qu'aujourd'hui encore, après soixante années, sa tombe, illustrée par deux grands artistes, reçoit l'hommage bien plus précieux encore du pèlerinage populaire. (*Très bien ! très bien ! à gauche.*)

M. Cavaignac vous proposait une réforme fiscale.

14 Juin 1898.

Le 14 juin 1898, la Chambre des députés venait
d'être renouvelée; une interpellation fut adressée
sur la politique générale au cabinet Méline ;
M. Brisson prit la parole vers la fin de ce débat et
s'exprima en ces termes :

M. LE PRÉSIDENT. — La parole est à M. Henri Brisson.
(*Applaudissements à gauche.*)

M. HENRI BRISSON. — Je n'ai que de très courtes
observations à présenter à la Chambre. J'ai demandé la
parole avant que M. de Cassagnac fût monté à la tribune,
et je n'avais à ce moment qu'une intention : c'était de
faire remarquer à la Chambre que, depuis deux jours,
une seule question planait sur ce débat: le Gouvernement veut-il rompre avec la droite? (*Applaudissements
à gauche et à l'extrême gauche.*)

M. le Président du Conseil est monté trois fois à la
tribune, et cette parole que les républicains lui ont demandée, ils n'ont pas pu l'obtenir de lui. (*Nouveaux
applaudissements sur les mêmes bancs.*)

On a parlé d'équivoque. Si ce n'est pas là l'équivoque même, je me demande ce que vous appellerez de ce nom. (*Applaudissements sur les mêmes bancs.*)

Moi aussi, comme M. Ribot, j'ai toujours réclamé l'union des républicains; je l'ai réclamée dans une circonstance analogue, au début de l'autre Chambre. Je la réclame aujourd'hui; et je viens vous dire, messieurs : Le seul obstacle à l'union des républicains, c'est la persistance de ceux qui se mettent à la tête de quelques républicains à s'allier avec la droite. (*Vifs applaudissements à gauche et à l'extrême gauche.*)

J'avais donc une question à poser à M. le Président du Conseil; mais il y a un instant, cette question, il l'a rendue inutile par l'interruption qu'il a adressée à M. Paul de Cassagnac : Il ne renie pas, il n'est pas près de renier le concours qui lui a été donné...

M. LE PRÉSIDENT DU CONSEIL. — Je ne l'ai pas demandé.

M. HENRI BRISSON... — il l'a accepté dans le passé, il l'a réclamé pour l'avenir (*Vifs applaudissements à gauche et à l'extrême gauche*), car, s'il ne le réclamait pas pour l'avenir, quelle difficulté éprouverait-il à le répudier franchement et hautement ?

Il s'agit donc, messieurs, de savoir si vous allez, au début de cette législature, consacrer, autoriser par vos votes la continuation de cette politique qui donne à la droite (*Applaudissements à gauche et à l'extrême gauche. — Interruptions au centre*) une part de plus en plus considérable dans la direction des affaires de la République, qui livre celle-ci à ses ennemis. (*Applaudissements à gauche et à l'extrême gauche.*)

Car, vous l'entendez bien, il ne suffit pas de dire que ce concours, on ne l'a pas demandé; il ne suffit pas de dire qu'il n'y a pas eu de pacte conclu. Oh! je n'aime pas le paradoxe et je ne dirai pas : Que n'y a-t-il eu un pacte conclu! Cependant je puis me permettre de vous faire observer, républicains qui m'entendez, amis avec lesquels j'ai livré tant de grandes luttes (*Vifs applaudissements sur les mêmes bancs*), que lorsqu'il y a un pacte il y a quelque limite dans les conventions, tandis que lorsqu'il faut vivre tous les jours des votes des ennemis de la République, c'est tous les jours que l'on est condamné à leur livrer quelque chose de l'esprit républicain. (*Nouveaux applaudissements sur les mêmes bancs.*) Eh bien! de même qu'il a fallu vivre deux années en livrant tous les jours quelque chose de l'esprit républicain...

M. LE PRÉSIDENT DU CONSEIL. — Nous n'avons rien livré! Qu'avons-nous livré? (*Exclamations à gauche.*)

Plusieurs membres à gauche. — Tout!

M. HENRI BRISSON. —... si vous ne déclarez pas ici la rupture avec la droite que nous vous demandons, il vous faudra vivre tous les jours des concessions plus ou moins éclatantes, plus ou moins dissimulées que vous ferez aux adversaires du régime. Voilà la vérité! Et je termine par où j'ai commencé, je termine en adjurant mes amis d'exiger cette rupture avec la droite. (*Très bien! très bien! à gauche et à l'extrême gauche.*)

Oui, je dis « mes amis ». Peut-être me fera-t-on observer que parmi les républicains en face desquels je me trouve en ce moment il y en a quelques-uns qui se sont récemment séparés de moi ; peu m'importe ! les amitiés et les inimitiés politiques ne se fondent pas sur des faits purement personnels (*Applaudissements*) ; elles viennent de luttes livrées ensemble, d'angoisses subies, de victoires remportées, de défaites momentanément acceptées en gardant notre recours au parti républicain, à toute la France républicaine. (*Vifs applaudissements à gauche et à l'extrême gauche.*) C'est ce recours, ô mes amis, auquel je vous prie de ne pas renoncer en trahissant l'espoir du pays républicain.

Comment pouvez-vous croire, si quelques-uns d'entre vous persistent à faire une majorité avec les ennemis de la République, comment pouvez-vous croire que la République n'en souffrira pas ?

On me dit : « Qu'avons-nous livré ? » Vous avez livré cela ; et cela, c'est tout, permettez-moi de vous le dire. (*Applaudissements sur les mêmes bancs.*) Vous avez été les premiers à le faire, vous avez été, vous êtes les seuls. Je le dis à mes amis : exigez donc, sous une forme quelconque, exigez la rupture avec la droite. Il est des choses sur lesquelles il m'est difficile à moi de m'expliquer ; mais vous n'êtes pas sans voir que l'influence de la droite croît sans cesse dans la direction de la République (*Interruptions au centre. — Applaudissements à gauche et à l'extrême gauche*), et je vous prie instamment d'y mettre un terme. Prenez la formule que vous voudrez, mais rompez avec la droite, non pas dans des formules équivoques, mais dans des formules décisives, afin de donner au début de cette législature quelque sécurité, quelque confiance au pays républicain. Non, ne le laissez pas dans les angoisses auxquelles il est en proie depuis deux ans ! (*Vifs applaudissements répétés à gauche et à l'extrême gauche.*)

A la suite de ce discours et pour en résumer la pensée maîtresse, MM. Henri Ricard et Bourgeois (du Jura) présentèrent un ordre du jour qui demandait au gouvernement de s'appuyer « sur une majorité exclusivement républicaine. » M. Méline, Président du Conseil, repoussa cette formule au nom du gouvernement; elle fut adoptée par 295 voix contre 246.

A la suite de ce vote, le ministère Méline donna sa démission et M. Brisson forma le cabinet qui fut conduit à faire la première révision; il était ainsi composé : Brisson, Président du Conseil, à l'intérieur; — Sarrien, à la justice et aux cultes; — Bourgeois, à l'instruction publique ; — Delcassé, aux affaires étrangères ; — Cavaignac, à la guerre ; — Lockroy, à la marine ; — Peytral, aux finances ; — Maruejouls, au commerce ; — Tillaye, aux Travaux publics ; — Viger, à l'agriculture ; — Trouillot, aux colonies. — Sous-secrétaires d'Etat: Vallé, à l'intérieur ; — Mougeot, aux postes et télégraphes.

7 Juillet 1898.

A peine constitué, le cabinet Brisson était interpellé sur l'affaire Dreyfus ; c'est dans la discussion de cette interpellation que M. Cavaignac prononça, le 7 juillet 1898, le célèbre discours dont la Chambre ordonna l'affichage ; nous croyons devoir en reproduire les passages qui suivent :

M. LE MINISTRE DE LA GUERRE. — J'apporte à la Chambre les faits que je peux lui apporter.

Ils sont de deux ordres :

Tout d'abord, le service des renseignements du ministère de la Guerre a recueilli, pendant six années, environ mille pièces de correspondance — échangées entre des personnes qui s'occupaient activement, et avec succès, de l'espionnage.

Ces pièces de correspondance, qui portent tantôt des noms vrais, tantôt des noms de convention, ne peuvent laisser ni par leur origine, ni par leur nombre, ni par leur aspect ni par les signes de reconnaissance qu'elles portent, aucun doute à aucun homme de bonne foi, ni sur leur authenticité ni sur l'identité de ceux qui les recevaient ou les écrivaient.

Parmi ces pièces de correspondance, il en est beaucoup qui sont insignifiantes ; il en est quelques-unes de fort importantes.

Je ne parlerai pas ici de celles qui n'apportent au sujet de l'affaire dont il est question que ce que j'appellerai des présomptions concordantes qui, cependant, par leur concordance même, pèsent sur l'esprit d'une façon décisive.

Je ferai passer sous les yeux de la Chambre seulement trois pièces de ces correspondances.

Les deux premières sont échangées entre les correspondants dont je viens de parler et font allusion à une personne dont le nom est désigné par l'initiale D...

Voici la première de ces pièces, qui a reçu, lorsqu'elle est parvenue au service des renseignements, l'indication suivante : mars 1894 :

« Hier au soir, j'ai fini par faire appeler le médecin qui m'a défendu de sortir, ne pouvant aller chez vous demain, je vous prie de venir chez moi dans la matinée; car D... m'a porté beaucoup de choses très intéressantes et il faut partager le travail, ayant seulement dix jours de temps. »

La seconde de ces pièces porte la date du 16 avril 1894. En voici le texte :

« Je regrette bien de ne pas vous avoir vu avant mon départ. Du reste je serai de retour dans 8 jours. Ci-joint 12 plans directeurs de... (ici figure le nom d'une de nos places fortes) que ce canaille de D... m'a donné pour vous. Je lui ai dit que vous n'aviez pas l'intention de reprendre les relations. Il prétend qu'il y a eu malentendu et qu'il ferait tout son possible pour vous satisfaire. Il dit qu'il s'était entêté et que vous ne lui en vouliez pas. Je lui ai répondu qu'il était fou et que je ne croyais pas que vous voudriez reprendre les relations avec lui. Faites ce que vous voudrez. »

Bien qu'il soit certain à mes yeux, par l'ensemble des présomptions concordantes dont je parlais tout à l'heure, que c'est de Dreyfus qu'il s'agit ici, si l'on veut admettre qu'il subsiste un certain doute dans l'esprit du fait que le nom n'est désigné que par une initiale, j'ai à faire passer sous les yeux de la Chambre une autre pièce où le nom de Dreyfus figure en toutes lettres. (*Mouvement.*)

Au moment où fut déposée l'interpellation de M. Castelin, aux mois d'octobre et de novembre 1896, les correspondants dont je viens de parler s'inquiétèrent, pour des raisons qui sont indiquées fort clairement dans les lettres que j'ai eues sous les yeux ; et alors l'un d'entre eux écrivit la lettre dont voici le texte :

« J'ai lu qu'un député va interpeller sur Dreyfus.

« Si... (Ici un membre de phrase que je ne puis lire) je dirai que jamais j'avais des relations avec ce juif. C'est entendu. Si on vous demande, dites comme ça, car il ne faut pas que on sache jamais personne ce qui est arrivé avec lui. » (*Exclamations.*)

M. ALPHONSE HUMBERT. — C'est clair !

M. LE MINISTRE DE LA GUERRE. — J'ai pesé l'authenticité matérielle et l'authenticité morale de ce document.

Son authenticité matérielle résulte pour moi non seulement de tout l'ensemble des circonstances dont je parlais il y a un instant, mais elle résulte, entre autres, d'un fait que je veux indiquer : elle résulte de sa similitude frappante avec un document sans importance écrit par la même personne, et écrit comme celui-là au crayon bleu sur le même papier assez particulier qui servait à la correspondance habituelle de cette même personne et qui, daté de 1894, n'est pas sorti depuis cette date des archives du ministère de la Guerre.

Son authenticité morale résulte d'une façon indiscutable de ce qu'il fait partie d'un échange de correspondances qui eut lieu en 1896. La première lettre est celle que je viens de lire. Une réponse contient deux mots qui tendent évidemment à rassurer l'auteur de la première lettre. Une troisième lettre enfin qui dissipe bien des obscurités indique avec une précision absolue, avec une précision telle que je ne puis pas en lire un seul mot, la raison même pour laquelle les correspondants s'inquiétaient.

Ainsi, la culpabilité de Dreyfus n'est pas établie seulement par le jugement qui l'a condamné : elle est encore établie par une pièce postérieure de deux années, s'encadrant naturellement à sa place dans une longue correspondance dont l'authenticité n'est pas discutable ! elle est établie par cette pièce d'une façon irréfutable. (*Applaudissements.*)

19 Décembre 1898.

A la fin de l'année 1898, le cabinet Brisson était remplacé depuis deux mois par le cabinet Dupuy, qui fut l'auteur de la « loi de dessaisissement. »

Dans la séance du 19 décembre, un débat s'étant engagé sur l'affaire Dreyfus, les explications suivantes furent échangées entre M. Brisson et M. Cavaignac :

M. Henri Brisson. — Je demande la parole. (*Vifs applaudissements sur divers bancs à gauche et à l'extrême gauche. — Exclamations et rumeurs à droite et au centre.*)

M. le Président. — La parole est à M. Brisson. (*Nouvelles rumeurs sur les mêmes bancs.*)

Je vous invite, messieurs, à cesser ces cris qui n'ont rien d'humain. (*Applaudissements.*)

Je demande que la tribune et les orateurs soient respectés.

M. Henri Brisson. — Messieurs, je demande la parole pour expliquer mon vote en quelques mots seulement.

J'ai d'abord à dire un mot sur un point de fait.

Avant le discours qu'il a prononcé ici, le 7 juillet, l'honorable M. Cavaignac, ministre de la Guerre, nous a priés, M. le garde des Sceaux et moi, de venir voir le dossier, tout le dossier, dans son cabinet. Nous nous y sommes rendus. Nous avons trouvé, étendues sur une grande table, cinquante ou soixante pièces environ parmi lesquelles les trois pièces que l'honorable M. Cavaignac a lues à la tribune. (*Mouvement.*)

Ce sont ces trois pièces seules, à mon estime et, je crois, à l'estime de M. Sarrien, ce sont ces trois pièces seules qui pouvaient être considérées comme appartenant réellement au dossier de l'affaire Dreyfus. (*Mouvements divers.*) Les autres les encadraient en ce sens qu'elles se présentaient avec ces pièces, dont la plus importante naturellement à nos yeux — je dis à nos yeux, à M. le garde des Sceaux et à moi — se trouvait celle sur laquelle Dreyfus était nommé.

De toutes ces pièces, à mon avis, je le répète, aucune ne pouvait intéresser par sa communication la sûreté de l'État. (*Vifs applaudissements sur divers bancs à gauche et à l'extrême gauche — Bruit sur d'autres bancs à droite et au centre.*)

M. André Castelin. — Je demande la parole.

M. Massabuau. — On a écrit le contraire!

M. le Président. — M. Massabuau, je vous rappelle à l'ordre. Il y a assez longtemps que vous troublez la séance.

M. Godefroy Cavaignac. — Je demande la parole.

M. Henri Brisson. — Naturellement, nous avons pensé, M. le garde des Sceaux et moi, que, puisque ces pièces étalées devant nous avaient paru à M. le ministre de la Guerre être les plus décisives dans le sens de la culpabilité de Dreyfus, nous avions par le fait examiné tout le dossier. (*Mouvements divers.*)

Le raisonnement du ministre de la Guerre avait d'ailleurs nécessairement pour centre, je le répète, la pièce où Dreyfus était nommé.

Quelques semaines après, M. le ministre de la Guerre venait dans mon cabinet m'annoncer que le colonel Henry lui avait fait, devant témoins, l'aveu que cette pièce était fausse et fabriquée par lui, colonel Henry. Dès cet instant, j'ai pris vis-à-vis de moi-même l'engagement de poursuivre la révision, et, cet engagement, je l'ai tenu. (*Vifs applaudissements à l'extrême gauche et sur divers bancs à gauche. — Bruit sur d'autres.*)

A gauche. — Cela vous honore, monsieur Brisson.

M. Georges Berry. — Vous en prenez toute la responsabilité.

M. Massabuau. — La commission de révision n'a pas été de votre avis !

M. Henri Brisson. — Et maintenant, s'il était possible de soustraire à la Cour de cassation d'abord, ou même à la défense...

M. René Viviani. — Très bien !

M. Henri Brisson. — ... quelqu'une des pièces desquelles pourrait résulter la démonstration de culpabilité, non seulement on infirmerait d'avance le résultat de la

tâche que poursuit aujourd'hui la suprême magistrature
de ce pays (*Mouvements divers*), mais on permettrait
avec l'assentiment des pouvoirs publics — ce qui ren-
drait la situation plus grave — on permettrait, comme
il a été dit du procès de 1894, de condamner un accusé
sur des pièces qu'il n'aurait pas connues. (*Vifs applaudissements à gauche et à l'extrême gauche. — Mouvements
divers.*)

M. Fournière. — Vive la lumière !

M. Henri Brisson. — La Chambre ne le voudra pas.
Quant à moi, je ne l'ai pas voulu, et je ne le veux pas
encore. (*Applaudissements prolongés à gauche et à
l'extrême gauche. — Bruit.*)

M. le Président. — La parole est à M. Cavaignac.

M. Godefroy Cavaignac. — Messieurs, je suis monté
simplement à cette tribune pour compléter les quelques
explications que l'honorable M. Brisson y a données.

Quant à ses dernières paroles sur la révision, je ne
m'y arrêterai pas. Un débat s'est engagé entre nous
sur ce point le jour où j'ai donné ma démission. Je
crois pouvoir dire, après la séance d'aujourd'hui, que
les faits se chargent et se chargeront encore de le trancher.

Je viens donc seulement compléter ici les explications de fait que M. Brisson a données. Il a rappelé
que le conseil des ministres ayant jugé que le Président du Conseil et le Garde des Sceaux devaient
prendre communication du dossier secret, M. Brisson
et M. Sarrien se sont, en effet, rendus dans le cabinet
du ministre de la Guerre, et là ils ont trouvé sous

leurs yeux, comme l'a dit l'honorable M. Brisson, les pièces que je jugeais à ce moment les plus essentielles, les plus décisives. (*Ah! ah! à droite. — Mouvements divers.*)

Mais, évidemment! (*Parlez! parlez!*) Et j'ai d'autant plus lieu d'être surpris des mouvements qui se produisent que, sur ce point, l'honorable M. Brisson indiquait lui-même tout à l'heure — et cela est l'évidence même — que la pièce que je lui ai montrée alors, que j'ai lue à la tribune et dont il parlait, si elle avait été authentique, eût eu une importance telle que les autres disparaissaient devant elle.

M. Marcel Habert. — C'est évident!

M. Godefroy Cavaignac. — M. Brisson et M. Sarrien ont donc trouvé les pièces que j'ai lues à la tribune et, auprès d'elles, des pièces de comparaison qui étaient de nature à établir, à mes yeux, par quels procédés ces pièces étaient parvenues entre nos mains.

A l'extrême gauche. — C'est rassurant!

M. Godefroy Cavaignac. — Et j'ajouterai qu'en ce qui touche la sécurité de ces procédés je crois que personne, pas même l'honorable M. Brisson et l'honorable M. Sarrien, ne pourrait émettre un doute sur ce point que le ministère de la Guerre disposait d'une source de renseignements sûrs qui pouvaient lui parvenir ainsi. (*Mouvements divers.*)

M. Henri Brisson. — Monsieur Cavaignac, je vous demande mille pardons si je ne vous laisse pas poursuivre plus loin; mais à partir du jour où vous êtes venu me dire que le colonel Henry avait fabriqué la pièce en question, à partir de ce moment-là j'ai considéré la suspicion comme s'étendant à toutes les pièces du dossier. (*Applaudissements à gauche et à l'extrême gauche.*)

M. MASSABUAU. — Cela s'appelle conclure du particulier au général !

M. GODEFROY CAVAIGNAC. — Vous me permettrez de vous dire, monsieur Brisson, avec tout le respect que je vous dois, que j'estime que, par ces déclarations, vous faites de l'acte de justice que j'ai accompli un instrument de prévention, de préjugés et d'injustice. (*Applaudissements au centre et à droite. — Vives interruptions à l'extrême gauche.*)

Il est donc parfaitement exact — et, sur ce point, il n'y a aucun désaccord entre M. Brisson et moi — qu'il a trouvé sur ma table les pièces que j'ai lues à la tribune et que je considérais à ce moment comme essentielles et décisives par elles seules, et un certain nombre de pièces de comparaison qui étaient de nature à indiquer le procédé par lequel elles étaient parvenues entre nos mains.

L'honorable M. Brisson a dit que la divulgation de ces pièces n'intéressait à aucun degré la sécurité de l'État ; j'estime qu'il a été bien imprudent, et je crois que bien peu de ceux qui auront eu ces pièces sous les yeux et qui connaîtront les personnes entre lesquelles elles ont été échangées et les procédés par lesquels elles avaient été obtenues, je crois, dis-je, que bien peu de ceux-là — peut-être l'honorable M. Brisson serait-il le seul — diraient que ces pièces n'intéressent pas la sécurité de l'État. (*Applaudissements sur divers bancs. — Mouvement.*)

Mais ce que l'honorable M. Brisson n'a pas dit, et ce que j'estime nécessaire d'ajouter, aussi bien parce qu'il y a là une question de bonne foi vis-à-vis de lui et de l'honorable M. Sarrien que parce que cela est essentiel pour le fond même du débat, — ce que j'estime nécessaire d'ajouter, c'est qu'alors que j'ai communiqué ces pièces à l'honorable M. Brisson, après les lui avoir montrées, je lui ai dit que le général Gonse était dans une pièce voisine, ayant entre les mains tous les autres éléments du dossier (*Ah ! ah ! au centre et à droite. — Bruit à l'extrême gauche*) et que je lui donnerais communication de ces pièces s'il désirait les avoir. Et l'honorable M. Brisson, dans un sentiment que je comprends parfaitement, ne les a pas demandées sans doute parce qu'il a jugé que celles que je lui montrais étaient suffisantes, en elles-mêmes et dans leur texte, pour faire la conviction. (*Mouvement prolongé.*)

Je n'ai plus qu'un mot à ajouter, mais ce mot, il me paraît nécessaire que je l'ajoute ici comme je l'ai ajouté devant la Cour de cassation en terminant ma déposition : c'est qu'en dehors de ces pièces dont a parlé l'honorable M. Brisson et qu'il a vues dans mon cabinet, en dehors des pièces qui ont été communiquées à la Cour de cassation, il y a encore des pièces que j'estime, quant à moi, être des éléments essentiels de conviction. (*Applaudissements répétés au centre, à droite et sur divers bancs à gauche.*)

M Camille Pelletan. — Pourquoi ne les avez-vous pas montrées? (*Bruit.*)

M. le Président. — La parole est à M. Castelin.

M. André Castelin. — Après nous être opposés par tous les moyens à la révision qui, à l'heure actuelle, est entamée, la Chambre me rendra cette justice que nous n'avons apporté à cette tribune aucune nouvelle interpellation, entendant que la question soit examinée avec tout le sang-froid qui convient.

Mais aujourd'hui, sans me permettre d'entrer dans aucune des questions du dossier secret, que je n'ai pas le droit de connaître, mais que la Chambre aura peut-être à apprécier, car nous ne laisserons pas s'accomplir, ainsi qu'on le suppose, certain déni de justice (*Très bien ! très bien ! au centre et à droite. — Mouvements divers*), je viens simplement faire appel à l'honorable M. Brisson pour lui demander de répéter à la Chambre une conversation que nous avons eue officiellement, car je ne me permettrais pas d'apporter à la tribune même des conversations qui n'auraient pas eu lieu entre un député et le président de la Chambre. Je demande à M. Brisson de bien vouloir dire à la Chambre si les faits que j'apporte sont exacts.

Lors de mon interpellation, par deux fois, l'honorable M. Brisson — alors président de la Chambre — m'a supplié, au nom des intérêts supérieurs de la patrie, à cause des complications étrangères que la moindre imprudence à cette tribune pouvait faire surgir... (*Applaudissements à droite et au centre. — Interruptions sur divers bancs à l'extrême gauche.*)

M. LE PRÉSIDENT. — Monsieur Castelin, vous savez combien je m'efforce d'assurer toujours la liberté des orateurs.

M. ANDRÉ CASTELIN. — Parfaitement, monsieur le Président.

M. LE PRÉSIDENT. — Le président de la Chambre, à ce moment, ne tenait compte que des intérêts supérieurs du pays. Je !vous prie de bien surveiller et de bien peser vos paroles. (*Très bien ! très bien !*)

A droite. — Mais M. Castelin n'a rien dit de si compromettant !

M. LE PRÉSIDENT. — Je n'arrête pas l'orateur, je l'avertis.

M. ANDRÉ CASTELIN. — Je tiens le plus grand compte des observations de M. le président ; et il pourra juger par la suite de ces explications que rien de ce que je vais vous dire n'est de nature à toucher à l'honorabilité et au respect qu'on doit à l'honorable ancien président de la Chambre.

M. LE PRÉSIDENT. — Il ne s'agit pas de cela non plus.

M. ANDRÉ CASTELIN. — Mais j'ai absolument le droit, dans les circonstances actuelles, d'apporter à mon tour une de ces affirmations qui résultent de faits qui m'ont été communiqués par M. le président de la Chambre et qui ont singulièrement augmenté ma foi dans la culpabilité de Dreyfus. (*Interruptions à gauche.*)

J'irai jusqu'au bout des quelques explications que j'ai à fournir à la Chambre.

M. le président de la Chambre m'avait donc invité d'une façon instante à renoncer à mon interpellation, en me faisant observer — et c'est là que j'ai été interrompu — qu'il pouvait y avoir un danger grave au point de vue français à ce que cette question fût soulevée à la tribune, étant donné que le moindre fait pouvait amener des complications étrangères.

M. le président de la Chambre m'a fait cette communication parce que lui-même avait été vivement ému par des démarches qui avaient été faites auprès de lui. Je n'ai pas, vous le comprendrez, à vous faire connaître le nom ni la personnalité de cet agent très haut placé dans la diplomatie étrangère... (*Exclamations.*)

M. le Président. — Vous avez bien raison de ne pas le faire connaître.

M. André Castelin. —... qui par deux fois est venu signaler — chose unique, comme me le faisait observer M. Brisson, président de la Chambre, unique dans les annales parlementaires — le danger qu'il pouvait y avoir pour les rapports de deux grands pays à ce que la question Dreyfus fût traitée à la tribune de la Chambre. (*Applaudissements sur plusieurs bancs. — Mouvements divers.*)

M. Henri Brisson. — Il est très vrai que comme président de la Chambre j'avais déjà eu cette pensée que j'ai réalisée lorsque je suis devenu président du conseil, que l'affaire demeurât une affaire judiciaire. (*Interruptions à droite.*)

Non seulement pour cette raison de principe, mais aussi à raison de conversations que j'avais entendues et qui me faisaient redouter que le débat fût non pas dangereux, mais fâcheux. (*Nouvelles interruptions sur les mêmes bancs*), j'ai engagé M. Castelin, non seulement, je crois, à être prudent, mais, il me semble, à ne pas developper son interpellation.

Je crois avoir agi en président prudent et je n'ai qu'à accepter la responsabilité de ce que j'ai fait. (*Applaudissements à l'extrême gauche et sur divers bancs à gauche. — Aux voix !*)

ARRÊT DE LA COUR DE CASSATION

Du 3 juin 1899.

La Cour,

Ouï M. le président Ballot-Baupré, en son rapport ; M. le procureur général Manau, en ses réquisitions, et Me Mornard, avocat de la Dame Dreyfus, es-qualités, intervenante, en ses conclusions ;

Vu l'article 443, paragraphe 4, du code d'instruction criminelle, ainsi conçu :

« La revision pourra être demandée lorsque, après une condamnation, un fait viendra à se produire, ou à se révéler, ou lorsque des pièces, inconnues lors des débats, seront représentées, de nature à établir l'innocence du condamné » ;

Vu l'article 445, modifié par la loi du 1er mars 1899 ;

Vu l'arrêt du 29 octobre 1898, par lequel la Chambre criminelle, ordonnant une enquête, a déclaré recevable en la forme la demande tendant à la révision du procès d'Alfred Dreyfus, condamné le 22 décembre 1894 à la peine de la déportation dans une enceinte fortiflée et à la dégradation militaire, pour crime de haute trahison ;

Vu les procès-verbaux de ladite enquête et les pièces jointes ;

Sur le moyen tiré de ce que la pièce secrète, dite « ce canaille de D... », aurait été communiquée au conseil de guerre :

Attendu que cette communication est prouvée, à la fois par la déposition du Président Casimir-Perier et par celles des généraux Mercier et de Boisdeffre eux-mêmes;

Que d'une part, le Président Casimir-Perier a déclaré tenir du général Mercier que l'on avait mis sous les yeux du conseil de guerre la pièce contenant les mots « ce canaille de D... » regardés alors comme désignant Dreyfus;

Que, d'autre part, les généraux Mercier et de Boisdeffre, invités à dire s'ils savaient que la communication avait eu lieu, ont refusé de répondre, et qu'ils l'ont ainsi reconnu implicitement;

Attendu que la révélation, postérieure au jugement, de la communication aux juges d'un document qui a pu produire sur leur esprit une impression décisive, et qui est aujourd'hui considéré comme inapplicable au condamné, constitue un fait nouveau de nature à établir l'innocence de celui-ci ;

Sur le moyen concernant le bordereau :

Attendu que le crime reproché à Dreyfus consistait dans le fait d'avoir livré à une puissance étrangère ou à ses agents des documents intéressant la défense nationale, confidentiels ou secrets, dont l'envoi avait été accompagné d'une lettre missive, ou bordereau, non datée, non signée, et écrite sur papier pelure « filigrané au canevas après fabrication de rayures en quadrillage de quatre millimètres sur chaque sens »;

Attendu que cette lettre, base de l'accusation dirigée contre lui, avait été successivement soumise à cinq experts chargés d'en comparer l'écriture avec la sienne, et que trois d'entre eux, Charavay, Teyssonnières et Bertillon, la lui avaient attribuée;

Que l'on n'avait d'ailleurs, ni découvert en sa possession ni prouvé qu'il eût employé aucun papier de cette espèce et que les recherches faites pour en trouver de pareil chez un certain nombre de marchands au détail avaient été infructueuses; que cependant un échantillon semblable, quoique de format différent, avait été fourni par la maison Marion, marchand en gros, cité Bergère, où l'on avait déclaré que « le modèle n'était plus courant dans le commerce »;

Attendu qu'en novembre 1898, l'enquête a révélé l'existence et amené la saisie de deux lettres sur papier pelure quadrillé dont l'authenticité n'est pas douteuse, datées, l'une du 17 avril 1892, l'autre du 17 août 1894; celle-ci contemporaine de l'envoi du bordereau, toutes deux émanées d'un autre officier qui en décembre 1897 avait expressément nié s'être jamais servi de papier calque;

Attendu, d'autre part, que trois experts commis par la chambre criminelle, les professeurs de l'école des Chartes, Meyer, Giry, et Molinier ont été d'accord pour affirmer que le bordereau était écrit de la même main que les deux lettres susvisées, et qu'à leurs conclusions Charavay s'est associé, après examen de cette écriture qu'en 1894 il ne connaissait pas ;

Attendu, d'autre part, que trois experts également commis, Putois, président, et Choquet, président honoraire de la Chambre syndicale du papier et des industries qui le transforment, et Marion, marchand en gros, ont constaté que, comme mesures extérieures et mesures du quadrillage, comme nuance, épaisseur, transparence, poids et collage, comme matières premières employées à la fabrication, le papier du bordereau présentait « les caractères de la plus grande similitude » avec celui notamment de la lettre du 17 août 1894 ;

Attendu que ces faits, inconnus du conseil de guerre qui a prononcé la condamnation, tendent à démontrer que le bordereau n'aurait pas été écrit par Dreyfus ; qu'ils sont, par suite, de nature aussi à établir l'innocence du condamné ;

Qu'ils rentrent dès lors dans le cas prévu par le paragraphe 4 de l'article 443 ; et qu'on ne peut les écarter en invoquant des faits, également postérieurs au jugement, comme les propos tenus le 5 janvier 1895 par Dreyfus devant le capitaine Lebrun-Renaud ;

Qu'on ne saurait, en effet, voir dans ces propos un aveu de culpabilité, puisque non seulement ils débutent par une protestation d'innocence, mais qu'il n'est pas possible d'en fixer le texte exact et complet, par suite des différences existant entre les déclarations successives du capitaine Lebrun-Renaud et celles des autres témoins;

Et qu'il n'y a pas lieu de s'arrêter davantage à la déposition de Depert, contredite par celle du directeur du Dépôt qui, le 5 janvier 1895, était auprès de lui;

Et attendu que, par application de l'article 445, il doit être procédé à de nouveaux débats oraux;

Par ces motifs, et sans qu'il soit besoin de statuer sur les autres moyens;

Casse et annule le jugement de condamnation rendu, le 22 décembre 1894, contre Alfred Dreyfus, par le premier conseil de guerre du Gouvernement militaire de Paris;

Et renvoie l'accusé devant le Conseil de guerre de Rennes, à ce désigné par délibération spéciale prise en chambre du Conseil, pour être jugé sur la question suivante :

Dreyfus est-il coupable d'avoir, en 1894, pratiqué des machinations ou entretenu des intelligences avec une puissance étrangère, ou un de ses agents, pour l'engager à commettre des hostilités ou entreprendre la guerre contre la France ou pour lui en procurer les moyens en lui livrant des notes et documents mentionnés dans le bordereau susénoncé ?

Dit que le présent arrêt sera imprimé et transcrit sur les registres du premier conseil de guerre du Gouvernement militaire de Paris, en marge de la décision annulée.

Ainsi jugé et prononcé, etc., — Chambres Réunies.

5 Juin 1899.

Dans la séance du 5 juin 1899, la proposition d'afficher dans toutes les communes de France l'arrêt par lequel la Cour de Cassation venait d'ordonner la révision ayant été faite, M. Brisson l'appuya en ces termes :

M. Henri Brisson. — Je demande la parole. (*Vifs applaudissements à l'extrême gauche et à gauche. — Bruit à droite.*)

M. le Président. — La parole est à M. Brisson.

M. Henri Brisson. — Comme président du Conseil dans le cabinet où siégeait M. Cavaignac, et qui a eu le malheur de faire afficher des faux par ordre de la Chambre, je demande aujourd'hui l'affichage de l'arrêt de la Cour de cassation. (*Applaudissements prolongés et répétés à l'extrême gauche et à gauche. — Bruit.*)

L'affichage fut voté par 290 voix contre 193.

13 et 14 Décembre 1900.

L'affaire Dreyfus revint encore devant la Chambre des députés dans les séances du 13 et du 14 décembre 1900.

Nous croyons devoir en détacher les passages suivants :

(Séance du 13 Décembre 1900).

M. Henri Brisson. — Je demande la parole. *(Applaudissements.)*

M. le Président. — La parole est à M. Brisson, avec le consentement de l'orateur. *(Bruit.)*

M. Charles Bernard interrompt au milieu du bruit et est rappelé à l'ordre.

M. Henri Brisson. — Je ne comprends même pas la question posée par M. Anthime-Ménard. Il est manifeste que lorsque, sur l'interpellation de M. Castelin, M. Cavaignac a donné connaissance de certaines pièces, ces pièces, le ministère Brisson tout entier les croyait parfaitement exactes, vraies et authentiques. Le jour même, c'est-à-dire le 30 août 1898, où j'ai appris qu'Henry avait fait l'aveu que la pièce connue sous son nom avait été fabriquée par lui, ce jour même j'ai pris la décision de demander la révision. (*Applaudissements à gauche, à l'extrême gauche et sur plusieurs bancs au centre.*)

Ce serait entretenir la Chambre d'une question personnelle que de dire pourquoi je m'en honore. (*Applaudissements sur les mêmes bancs.*) J'ajoute seulement que la Cour de cassation, saisie d'abord régulièrement et d'après la législation d'alors, dans sa chambre criminelle, a jugé qu'il y avait lieu de faire une enquête sur la demande de revision, qu'un ministère a dessaisi la chambre criminelle et, dans l'espoir, a-t-on dit, d'obtenir une décision différente, a déféré l'affaire à la Cour de cassation tout entière, et que la plus haute juridiction de ce pays a déclaré à l'unanimité qu'il y avait lieu de reviser le procès Dreyfus. Il me semble que je n'ai pas d'autre explication à donner. (*Vifs applaudissements sur les mêmes bancs. — Bruit à droite.*)

M. JULES MÉLINE. — J'arrive au nouveau reproche, ou plutôt au reproche si ancien qui m'est fait, qui traîne dans tant de journaux, à cette légende, que j'aurais connu le faux Henry.

Je peux, comme l'honorable M. Brisson, déclarer que je ne l'ai pas plus connu que lui, que je ne pouvais pas le connaître plus que lui et que, si je l'avais connu, il l'aurait connu, lui, comme moi. (*Applaudissements et rires au centre.*)

En effet, rien ne pouvait faire soupçonner ce faux, et

quand M. Breton vient dire à cette tribune (*Interruptions à l'extrême gauche*) que M. Hanotaux a déclaré devant la cour de cassation qu'il y avait, au ministère des Affaires étrangères, une pièce qui permettait de découvrir le faux Henry, je lui réponds qu'il n'a pas lu la déposition de M. Hanotaux ou qu'il l'a complètement travestie. (*Bruit à l'extrême gauche.*)

M. Hanotaux n'a rien dit de pareil. Il a parlé d'une pièce qui existe, en effet, au ministère des Affaires étrangères : c'est une lettre d'un ambassadeur couvrant son subordonné, ce qui ne prouvait nullement le faux ; cette pièce, connue de mon ministère comme de celui qui lui a succédé, n'a pas plus donné à M. Brisson qu'à moi l'idée qu'il y avait un faux dans le dossier.

Le faux a été découvert plus tard, — vous savez dans quelles conditions, — par d'autres moyens. Je n'hésite pas à dire, comme l'honorable M. Brisson, qu'à partir du jour où ce faux a été découvert et établi, il y avait le fait nouveau qu'on cherchait depuis si longtemps, et je comprends très bien que M. Brisson ait ouvert la procédure de révision. (*Exclamations à l'extrême gauche et à gauche. — Bruit.*)

M. Jules Méline. — Je ne comprends pas ces exclamations : je ne dis pas là une chose nouvelle. J'ai toujours déclaré que tant que le fait nouveau n'était pas découvert, il était impossible de saisir l'autorité judiciaire ; mais quand le faux Henry a été découvert, personne de vous ne m'a entendu dire que je blâmais M. Brisson de l'avoir considéré comme le fait nouveau et d'avoir soumis la question à la justice.

M. Henri Brisson. — Je demande la parole.

M. le Président. — La parole est à M. Brisson.

M. Paul de Cassagnac. — Ce n'est plus une Assemblée!

M. Henri Brisson. — Si par ces mots « que M. Brisson connaissait comme M. Méline une lettre ou un autre document émanant de M. l'ambassadeur d'Italie », si, par ces mots, M. Méline entend que la pièce dont il est question était déposée aux Affaires étrangères, il est possible qu'il ait raison, mais je pense que dans une affaire aussi grave, M. Méline et M. Hanotaux auraient dû la signaler à leurs successeurs et ils ne l'ont pas fait. (*Vifs applaudissements à gauche.*)

M. Jules Méline. — Je demande la parole.

M. le Président. — La parole est à M. Méline.

M. Jules Méline. — La réponse que j'ai à faire à l'honorable M. Brisson est très simple. Cette pièce existait au ministère des Affaires étrangères, et le ministre des Affaires étrangères du cabinet Brisson la connaissait évidemment quand la question de la révision a été portée à la tribune.

Si M. Hanotaux en quittant le ministère ne s'en est pas occupé, et ne l'a pas signalée d'une façon particulière à son successeur, c'est qu'il n'avait aucune raison de le faire et que d'ailleurs personne n'y attachait d'importance sérieuse au point de vue où l'on se place. (*Très bien! très bien! au centre et à droite. — Exclamations à l'extrême gauche.*)

(1re séance du 14 Décembre 1900).

INCIDENT

M. LE PRÉSIDENT. — La parole est à M. Brisson pour un fait personnel.

M. HENRI BRISSON. — Messieurs, j'ai demandé la parole pour un fait personnel. Je n'ai pas pu, en effet, la prendre pour faire une observation au procès-verbal, le *Journal officiel* n'ayant été distribué que depuis que cette séance est ouverte.

Il s'agit de la conversation qui a eu lieu hier entre M. Méline et moi. Je lis dans le compte rendu *in extenso* les paroles suivantes :

« *M. Jules Méline.* — La réponse que j'ai à faire à l'honorable M. Brisson est très simple. Cette pièce existait au ministère des Affaires étrangères, et le ministre des Affaires étrangères du cabinet Brisson la connaissait évidemment quand la question de la révision a été portée à la tribune.

» Si M. Hanotaux en quittant le ministère ne s'en est pas occupé et ne l'a pas signalée d'une façon particulière à son successeur, c'est qu'il n'avait aucune raison de le faire et que d'ailleurs personne n'y attachait d'importance sérieuse au point de vue où l'on se place. »

J'affirme ne pas avoir entendu cette phrase :

« Le ministre des Affaires étrangères du cabinet Brisson la connaissait évidemment quand la question de la révision a été portée à la tribune. »

Plusieurs membres à gauche. — Elle n'a pas été dite !

M. Henri Brisson. — A mon souvenir s'ajoute ce fait que le compte rendu analytique ne mentionne pas cette phrase, même par résumé. Enfin le journal *la République*, qui reproduit cependant les paroles de M. Méline en caractères spécialement visibles, n'en fait pas mention non plus. (*Très bien ! très bien ! à gauche.*)

Vous comprendrez, messieurs, que je trouve que tout soit important dans la question de savoir s'il y avait des raisons de douter de l'authenticité d'une pièce produite dans les circonstances suivantes : le 17 février 1898, devant la cour d'assises de la Seine...

Un membre. — A quelle heure ?

M. Henri Brisson. — Je vais le dire.

...M. le général de Pellieux faisait une allusion formelle à la pièce où Dreyfus était nommé en toutes lettres. M. le général Gonse, après lui, certifiait l'authenticité de cette pièce. M. le général de Pellieux, voulant donner à ce document une consécration plus haute, s'écrie tout d'un coup : « Commandant Ducassé, allez chercher M. le général de Boisdeffre ! »

Le commandant Ducassé sort pour aller chercher M. le général de Boisdeffre. A cinq heures, l'audience est levée sans que le général de Boisdeffre ait pu être entendu. Il le fut le lendemain à midi. Il a certifié à son tour l'authenticité de cette pièce.

Il s'était donc passé toute la soirée du 17 février, toute la nuit du 17 au 18 et toute la matinée du 18.

On se demandera s'il était possible de douter de l'authenticité d'une pièce produite dans de pareilles conditions, par un personnage d'un ordre aussi élevé et devant la justice. (*Applaudissements à gauche.*)

(2ᵉ séance du 14 Décembre 1900).

M. LE PRÉSIDENT. — La parole est à M. Méline sur le procès-verbal.

M. JULES-LOUIS BRETON (Cher). — Je demande la parole.

M. JULES MÉLINE. — L'honorable M. Brisson, à la fin de la séance de ce matin a, en mon absence, apporté une observation sur le procès-verbal, ou plutôt sur le compte rendu de la séance d'hier, qui comporte de ma part une réponse.

M. Brisson s'est plaint de trouver dans la reproduction de mon discours à propos de la pièce dont il a été question, cette phrase : « Le ministre des Affaires étrangères du cabinet Brisson la connaissait évidemment quand la question de la révision a été portée à la tribune. »

M. Brisson prétend qu'il n'a pas entendu cette phrase.

A gauche. — Nous non plus !

M. CHEVILLON. — C'est pour cela qu'il a rectifié !

M. HENRI BRISSON. — Je demande la parole.

M. JULES MÉLINE. — Vous allez voir, messieurs, combien vous avez tort d'être si prompts dans votre jugement.

M. Brisson dit qu'il n'a pas lu cette phrase au compte rendu analytique, ni même dans le compte rendu de la *République*, ce qui prouve bien que je ne l'y ai pas introduite, puisque le compte rendu de la *République* n'est que la reproduction exacte du compte rendu analytique, lequel n'est lui-même, vous le savez que le résumé de nos discussions.

A gauche. — Nous ne l'avons pas entendue !

M. JULES MÉLINE. — Ce qu'il faut consulter, c'est la sténographie. Je demande s'il est possible de dire que cette phrase n'a pas été prononcée : « Le ministre des Affaires étrangères du cabinet Brisson la connaissait évidemment quand la question de la révision a été portée à la tribune », alors que je trouve dans la sténographie ce texte : « Cette pièce existait au ministère des Affaires étrangères et évidemment elle devait être connue puisqu'on a proposé la révision. »

M. GASTON DOUMERGUE. — Il faudrait faire présider la séance par un juge d'instruction. (*Bruit.*)

M. LE PRÉSIDENT. — Monsieur Doumergue, je vous en prie, surveillez vos expressions.

M. JULES MÉLINE. — Les sténographes, auxquels il faut beaucoup pardonner au milieu du tumulte de nos séances, et qui ont beaucoup de mérite à tâcher de surprendre ce qu'on dit, ont hésité seulement sur ces deux mots : « devrait » et « pouvait », mais cela ne change rien au sens de la phrase (*Protestations à gauche*) ; quand je parlais de la discussion de la revision et non de la proposition de revision, je faisais allusion au discours de M. Cavaignac.

Je dis donc que la phrase que j'ai prononcée est exactement semblable, sinon identique à celle qui figure à la sténographie. (*Interruptions à gauche.*)

L'observation de M. Brisson me paraît avoir servi surtout à lui permettre d'introduire à la tribune, à propos de la discussion qui était engagée, des considérations que je pourrais relever.

Voix à gauche. — Faites-le !

M. JULES MÉLINE. — Je m'en garderai bien. (*Exclamations ironiques à gauche.*)

Vous savez bien que je ne serais pas embarrassé pour répondre. Je n'en ai pas le droit ; j'ai promis de ne pas rouvrir ce débat, et je tiens ma promesse. (*Applaudissements au centre.*)

M. LE PRÉSIDENT. — Le service tiendra le plus grand compte de cet incident.

M. HENRI BRISSON. — J'ai affirmé ce matin n'avoir pas entendu une phrase qu'en effet je n'avais pas entendue. J'y ai ajouté des constatations de faits matériels de l'exactitude desquels tout le monde peut se rendre compte. (*Applaudissements à gauche et à l'extrême gauche*).

La lettre de démission
du général de Boisdeffre.

Dans un article du *Siècle* (avril 1903), auquel il est fait allusion au cours de ce livre (page 65), M. Raoul Allier a donné le texte des lettres échangées à ce moment entre le chef d'état-major général et le ministre de la Guerre, texte emprunté par lui à la *Libre Parole* du 1er septembre 1898 :

Lettre du général de Boisdeffre au ministre de la Guerre :

Paris, 30 août.

Monsieur le Ministre,

Je viens d'acquérir la preuve que ma confiance dans le lieutenant-colonel Henry, chef du service des renseignements, n'était pas justifiée. Cette confiance, qui était absolue, m'a amené à être trompé et à déclarer vraie une pièce qui ne l'était pas et à vous la présenter comme telle.

Dans ces conditions, Monsieur le Ministre, j'ai l'honneur de vous demander de me relever de mes fonctions.

BOISDEFFRE.

*Réponse du ministre de la Guerre
au général de Boisdeffre :*

Paris, 31 août.

Mon cher Général,

Il me paraît nécessaire que vous présidiez vous-même à la répression des actes qui ont entraîné l'erreur commise par vous dans votre loyauté. C'est seulement ensuite, si vous persistez dans vos intentions, que je pourrais résoudre la question que vous me soumettez.

Agréez, je vous prie, l'assurance de mes sentiments affectueux.

CAVAIGNAC.

19 octobre 1903.

Le capitaine Dreyfus ayant, en vue d'une revision de l'arrêt de Rennes, adressé au ministre de la Guerre « une demande d'enquête sur les fautes graves commises à son préjudice dans les services placés sous le contrôle du Ministre », le général André, ministre de la Guerre, adressa au président du Conseil le rapport suivant :

Paris, le 19 octobre 1903.

Le ministre de la Guerre
à Monsieur le président du Conseil.

Je viens de terminer l'examen détaillé des nombreux documents relatifs à l'affaire Dreyfus existant au ministère de la Guerre. J'estime devoir vous communiquer, dès maintenant, les graves constatations que cet examen m'a permis de faire.

Ma crainte, au cours de mon enquête, était de paraître vouloir me substituer à la Justice et m'ériger en juge unique : je me suis donc scrupuleusement abstenu de scruter la conscience des juges ou des témoins de Rennes, et mon examen a porté uniquement sur les pièces et documents, dont mon administration est dépositaire. J'ai pu faire mes recherches avec d'autant plus d'indépendance, que, depuis 1894, je suis le premier ministre de la Guerre qui n'ait pas été mêlé à l'affaire Dreyfus ou aux affaires connexes, et je les ai faites avec empressement, car je suis persuadé que l'Armée doit mettre son honneur à voir la lumière définitive se faire et à ce que le trouble jeté dans toutes les consciences par l'arrêt accordant des circonstances atténuantes à un crime de haute trahison soit enfin dissipé.

L'administration de la Guerre est intervenue au procès de Rennes par la production du dossier dit « secret ». C'est elle qui a constitué ce dossier. Il a été présenté aux juges et commenté devant eux par un officier général spécialement délégué par le ministre. C'était donc l'œuvre même du ministère de la Guerre qui était portée devant le tribunal. J'ai examiné personnellement toutes les pièces existant dans nos archives et dont une partie a servi à constituer le dossier secret. J'ai pu me convaincre ainsi que des pièces importantes, favorables à l'accusé, n'avaient pas été produites et que, d'autre part, certaines pièces du dossier avaient été l'objet soit d'altérations matérielles, soit de commentaires erronés qui en dénaturaient la portée. Des affirmations inexactes ont été produites devant la Justice par des officiers et par le commissaire du gouvernement en ce qui concerne une personnalité étrangère dont les rapports, reproduits par le lieutenant-colonel Henry, jouèrent un rôle important dans l'accusation en 1894 et ont été invoqués à nouveau devant le conseil de guerre de Rennes. Enfin, trois officiers se sont livrés à des agissements qui rendent suspects leurs témoignages : l'un est le commandant Cuignet qui joua un rôle prépondérant dans la constitution du dossier secret; le second est le lieutenant-colonel Rollin, qui déposa, en 1899, comme chef du service des renseignements ; le troisième est l'archiviste Gribelin, dont les dépositions à Rennes, aussi bien que dans les affaires antérieures, ont été particulièrement importantes.

J'examinerai donc successivement dans ce rapport :

1º Les affirmations inexactes et les témoignages suspects ;

2º Les pièces non produites au dossier secret et relatives à l'affaire ;

3º Les pièces du dossier secret qui ont été l'objet d'altérations matérielles ou de commentaires erronés.

— AFFIRMATIONS INEXACTES ET TÉMOIGNAGES SUSPECTS.

a) Devant les différentes juridictions qui ont fait appel à son témoignage, l'archiviste Gribelin a déclaré, sous la foi du serment, que Picquart avait commis des indiscrétions au sujet du dossier secret des pigeons voyageurs. Or, à la date du 20 juillet 1903, M. Gribelin m'a fait **spontanément** et a signé la déclaration suivante :

« Pendant l'enquête Esterhazy, à la suite de laquelle Picquart est passé en conseil d'enquête, le colonel Henry dit à Gribelin : « Vous allez porter tel dossier « au général de Pellieux en déclarant que c'est celui « que vous avez donné autrefois à Picquart et qu'il

« aurait montré à Leblois. » Ce dossier ne contenait que des pièces banales; celui qu'Henry voulait faire porter contenait des pièces secrètes. Gribelin n'a pas voulu et a été puni. »

L'inexactitude des dépositions de M. Gribelin, en ce qui concerne le dossier secret des pigeons voyageurs, permet de suspecter toutes les autres déclarations faites par cet officier.

b) Le dossier secret contient une copie trouvée à l'Ambassade d'Allemagne du cours de l'École de guerre. Une note explicative (n° 32 du dossier secret), signée Cuignet et Rollin, portant la date du 20 novembre 1898, accompagne cette copie et certifie :

1° Que la copie reproduit un cours qui fut saisi chez Dreyfus en 1894.

2° Qu'il manquait certains feuillets au cours saisi chez Dreyfus.

Or :

1° Le cours copié à l'Ambassade d'Allemagne n'est pas celui que possédait Dreyfus.

2° Dans le cours saisi chez Dreyfus, il ne manquait aucun feuillet au moment où il fut mis sous scellés, en 1894, par l'officier de police judiciaire.

Ces fausses déclarations du lieutenant-colonel Rollin et du commandant Cuignet rendent suspects leurs témoignages.

c) Au procès de Rennes, il a été affirmé par de nombreux témoins et par le commissaire du gouvernement dans son réquisitoire que la personne qui avait mis Henry sur la piste de Dreyfus, le nommé Val Carlos, n'était pas un agent à la solde du service des renseignements. Or, les déclarations de M. Gribelin et l'examen de la comptabilité ont permis de constater que Val Carlos était un agent régulièrement employé moyennant une mensualité de 400 francs et que, pour masquer ces paiements, des surcharges d'écritures et des substitutions de noms ont été apportées en 1897 aux registres de comptabilité du service des renseignements.

II. — Pièces non produites au dossier secret et relatives a l'affaire Dreyfus.

Parmi les nombreuses pièces existant au service des renseignements relatives à l'affaire Dreyfus, non jointes au dossier secret, il y a lieu de signaler les suivantes :

1º Déclaration du commandant de Fontenillat, sous-chef du deuxième bureau de l'État-major de l'armée, datée du 6 novembre 1897, rendant compte d'une conversation au cours de laquelle le lieutenant-colonel Panizzardi lui a dit être persuadé de l'innocence de Dreyfus et lui a déclaré que « Schwartzkoppen lui a donné sa parole d'honneur que Dreyfus était innocent ».

Cette déclaration porte des annotations qui prouvent qu'elle était connue du général Gonse et du commandant Cuignet.

2º Une pièce écrite en entier de la main d'Henry, donnant la traduction d'un télégramme chiffré adressé de Rome, le 31 décembre 1894, au lieutenant-colonel Panizzardi.

Ce télégramme, écrit au moment où Dreyfus est déjà condamné, proscrit, par ordre du chef d'état-major de l'armée, au lieutenant-colonel Panizzardi « d'interrompre pour quelque temps toute relation avec une (la) personne compromise ».

Cette pièce prouve que l'attaché militaire italien avait, en ce moment, un agent qui ne pouvait être Dreyfus.

3° Diverses pièces prouvant que Dreyfus ne peut être la personne désignée sous le nom de « ce canaille de D » qui livrait les plans directeurs. — En effet :

a) Les plans directeurs étaient déjà livrés en 1892 au moment où Dreyfus était élève à l'École de guerre et ne pouvait s'en procurer.

b) On a continué à en livrer en 1895, alors que Dreyfus était à l'île du Diable.

c) Enfin une pièce, que le service des renseignements croit dater de 1893, montre qu'un agent désigné par les initiales D. B. livrait à cette époque les plans directeurs.

4° Une note de mars 1896, de la main de Schwartz-koppen, montrant qu'à cette époque, cet attaché militaire a un agent qui lui inspire des doutes.

5° Une note à la main du lieutenant-colonel Henry, datée d'avril 1895, donnant, d'après un de nos agents de Berlin, le signalement d'une personne qui renseigne Schwartzkoppen.

Ce signalement ne s'applique certainement pas à Dreyfus, il peut s'appliquer à Esterhazy.

III. — PIÈCES INEXACTEMENT INTERPRÉTÉES OU MATÉRIELLEMENT ALTÉRÉES.

1° Attribution à Dreyfus de l'acte de trahison qui a mis entre les mains de l'Allemagne des cours de l'École de guerre.

2° Une pièce écrite au crayon, figurant au dossier secret sous le n° 371, contient ces mots : « car D... m'a porté beaucoup de choses intéressantes ». Le commandant Cuignet a déclaré devant la Cour de cassation que la lettre D lui paraissait recouvrir une autre lettre qui aurait été gommée. Une expertise de M. Bertillon conclut que ce D a été mis au-dessus d'un autre D déjà existant. Enfin, le commandant Carrière, commissaire du gouvernement à Rennes, tout en déclarant attacher peu d'importance à l'initiale, a fait état de la pièce contre Dreyfus.

Or je possède la preuve qu'à son arrivée au service des renseignements, cette pièce portait l'initiale P.

3° Une pièce figurant au dossier secret sous le n° 26, dont plusieurs témoins et le commissaire du gouvernement, dans son réquisitoire, ont fait état en y attachant la plus grande importance, est une lettre datée *d'avril 1894* dans laquelle Panizzardi annonce à Schwartzkoppen qu'il va recevoir « l'organisation des chemins de fer ».

La date d'*avril 1894* a été apposée sur la pièce par le service des renseignements.

Or, je possède la preuve que la pièce a été réellement écrite le 28 mars 1895. A cette date Dreyfus était à l'île du Diable.

Tels sont, monsieur le Président du Conseil, les faits que je devais porter à votre connaissance et dont la gravité ne vous échappera pas. Je me suis volontairement limité dans mon énumération; je suis malheureusement convaincu qu'une enquête en ferait découvrir d'autres.

Signé : Gal André.

17 juillet 1906.

Cour de Cassation.

Le 12 juillet 1906, la Cour de Cassation, toutes Chambres réunies, rendit l'arrêt suivant, qui donnait à l'affaire Dreyfus sa conclusion judiciaire :

(Extrait des minutes de la Cour de cassation.)

A l'audience publique des chambres réunies de la Cour de cassation tenue au palais de justice à Paris le 12 juillet 1906,

Sur le réquisitoire du procureur général près la Cour de cassation formé d'ordre de M. le garde des sceaux et tendant à la revision du jugement rendu le 9 septembre 1899 par le conseil de guerre de Rennes, qui a condamné le capitaine Dreyfus (Alfred) à la peine de détention et à la dégradation militaire,

Est intervenu l'arrêt suivant :

La cour, chambres réunies,

Ouï aux audiences publiques des 17, 18, 19, 20, 21,

22, 25, 26, 27, 28 et 30 juin, 2, 3, 5, 6 et 7 juillet, M. le conseiller Moras en son rapport, M. le procureur général Baudouin en ses réquisitions et M° Mornard, avocat d'Alfred Dreyfus, intervenant, dans ses conclusions,

Vu la lettre du 25 décembre 1903 par laquelle le garde des sceaux, ministre de la Justice, a, en vertu des articles 443, § 4 et 444 du code d'instruction criminelle, chargé le procureur général près la cour de déférer à la chambre criminelle le jugement du conseil de guerre de Rennes qui, le 9 septembre 1899, a condamné Alfred Dreyfus à dix ans de détention et à la dégradation militaire, par application des articles 76 et 463 du code pénal et 1er de la loi du 8 juin 1850 ;

Vu l'arrêt de la chambre criminelle du 5 mars 1904 qui a déclaré la demande recevable en la forme et a ordonné une enquête supplémentaire ;

Vu les procès-verbaux de ladite enquête et les pièces jointes ; vu le réquisitoire écrit du procureur général et le mémoire de M° Mornard ; vu l'article 445 du code d'instruction criminelle et la loi du 1er mars 1899 ; après avoir, en chambre du conseil, délibéré conformément à la loi ;

Sur le moyen de revision pris de la falsification de la pièce n° 371 du dossier secret ;

Attendu que parmi les pièces du dossier secret produites devant le conseil de guerre de Rennes figurait sous le n° 371 une lettre que le ministre de la Guerre Cavaignac, affirmant la culpabilité de Dreyfus, avait lue à la tribune de la Chambre des députés le 7 juillet 1898, ladite lettre écrite au crayon noir sur papier quadrillé blanc, adressée par l'agent B... à un collaborateur de l'agent A..., et contenant ce membre de phrase:

« Je vous prie de venir chez moi, car D... m'a porté
beaucoup de choses très intéressantes, et il faut partager le travail ayant seulement dix jours de temps » ;

Attendu que l'initiale D paraissant recouvrir une
autre initiale qui aurait été grattée ou effacée à la
gomme, son authenticité avait fait l'objet en janvier 1899 d'expresses réserves devant la chambre criminelle qui avait commis l'expert Bertillon pour procéder à l'examen du document ;

Que l'expert Bertillon y avait, en effet, reconnu un
grattage ou gommage suivi de retouches, mais avait émis
l'avis que sous l'initiale D se trouvait déjà un autre D ;

Attendu que s'il en était ainsi, l'on ne pouvait
s'expliquer, ni dans quel but l'initiale avait subi cette
altération, ni pourquoi, en décembre 1894, on s'était
abstenu de soumettre la pièce 371 au conseil de guerre
de Paris, alors qu'on lui communiquait d'autres documents secrets, notamment la pièce 25 dite « ce canaille de D... » qui fut également lue à la Chambre des
députés le 7 juillet 1898, mais qui plus tard a été après
enquête déclarée inapplicable à Dreyfus par l'arrêt
des chambres réunies du 3 juin 1899 ;

Attendu néanmoins que, devant le conseil de guerre
de Rennes, il a été fait état contre l'accusé de la
pièce 371 par le commissaire du Gouvernement Carrière et le général Mercier qui en a même tiré argument pour prétendre, contrairement à l'arrêt des
chambres réunies, que la pièce 25 « ce canaille de
D... », relative aux « plans directeurs de Nice », pouvait, elle aussi, s'appliquer à Dreyfus ;

Mais, attendu qu'il est aujourd'hui certain que, de
1894 à 1898, dans la période où furent fabriquées la
pièce 374 dite « le faux Weyler » et la pièce 375 dite

« le faux Henry », l'initiale D de la pièce 371 a été frauduleusement substituée à l'initiale P qui existait auparavant ;

Attendu que la falsification est démontrée par deux procès-verbaux, l'un du 30 juillet 1903, l'autre du 6 octobre suivant ;

Qu'aux termes du premier, le général Zimmer, sous-chef d'état-major général, et le capitaine Targe, officier d'ordonnance du ministre de la Guerre, avaient trouvé libre dans un coffre-fort du ministère, une copie faite à la machine à écrire de la pièce 371 avec l'initiale P au lieu de D ;

Que, pour en contrôler l'exactitude, des recherches furent opérées dans la collection des copies authentiques des documents secrets communiqués au cabinet du ministre ;

Et que le second procès-verbal signé du capitaine Targe et des officiers d'administration Gribelin et Dautriche constate qu'aux archives de la section de statistique dans un cartonnier portant l'indication « 1894, bordereaux du cabinet du ministre, nᵒˢ 1 à 48 », ils ont trouvé un bordereau nᵒ 33 daté du 21 mars 1894, signé du lieutenant-colonel Sandherr, renfermant deux documents secrets dont l'un est la copie faite à la machine à écrire de la pièce 371, avec cette différence qu'au lieu de D on lit P ; le même procès-verbal énonçant « à la demande de l'archiviste Gribelin », que les deux documents secrets énoncés sur le bordereau signé du colonel Sandherr sont contenus dans une chemise portant leur analyse et la date du 21 mars 1894, le tout de la main de Gribelin lui-même ;

Attendu que cette falsification, dont la découverte est postérieure au jugement du conseil de guerre de

Rennes, avait eu pour but de créer contre Dreyfus une présomption de culpabilité qui doit au contraire faire place à une présomption d'innocence, puisque de la pièce 371 ainsi rétablie, il appert que, pendant l'année 1894 où a été écrit le bordereau incriminé, l'agent B... recevait « beaucoup de choses très intéressantes » d'un informateur qui n'était pas Dreyfus. Sur le moyen pris de la falsification de la pièce n° 26 :

Attendu que, devant le conseil de guerre de Rennes, a été produite une lettre de l'agent B... à l'agent A... portant à l'angle inférieur gauche, de la main du lieutenant-colonel Henry, la mention « avril 1894 » et se terminant par ces mots : « Je vous annonce que j'aurai l'organisation des chemins de fer » ;

Attendu qu'il a été fait usage de cette pièce pour soutenir que l'accusé était l'auteur du bordereau incriminé, par le double motif que, d'une part, le texte de ce document décelait un officier d'artillerie stagiaire à l'état-major général de l'armée et que, d'autre part, le service des chemins de fer, dépend du 4° bureau où Dreyfus, attaché à la section technique la plus importante au point de vue des transports stratégiques, avait passé, de juillet 1893 à janvier 1894 six mois pendant lesquels, au dire de plusieurs de ses camarades, il s'était efforcé d'acquérir et avait, en effet, acquis une connaissance approfondie de l'organisation militaire des chemins de fer français ;

Attendu qu'aux yeux de l'accusation cette pièce avait une telle importance qu'entendu comme témoin à Rennes, le général Mercier avait été logiquement amené à déclarer qu'elle avait, en décembre 1894, figuré dans le dossier secrètement communiqué au conseil de guerre de Paris ;

Mais attendu qu'en s'exprimant ainsi, il avait commis une erreur qu'a fait ressortir la nouvelle enquête de la chambre criminelle et que lui-même a reconnue dans une déposition du 26 mars 1904 ;

Qu'il est constant que la pièce 26 n'a pas été présentée au conseil de guerre de Paris ;

Qu'aucun des officiers du service des renseignements ne s'est rappelé l'avoir vue à cette époque ;

Qu'elle n'était pas mentionnée dans un rapport d'octobre 1897 écrit de la main du général Gonse et intitulé : « Bordereau des pièces secrètes établissant la culpabilité de Dreyfus en dehors de la procédure suivie devant le 1er conseil de guerre du gouvernement militaire de Paris » ;

Qu'elle n'est pas mentionnée non plus dans trois rapports complémentaires du même officier général datés de janvier, de mars et d'avril 1898 ;

Que, pour la première fois, elle est citée avec des indications incomplètes dans un cinquième rapport également daté d'avril 1898 ;

Et qu'elle n'apparaît comme accusatrice de Dreyfus à raison de la phrase finale concernant l'organisation des chemins de fer, que dans le rapport du 1er juin 1898 dressé par le général Gonse et le lieutenant de réserve Wattine ;

Attendu que ces diverses circonstances suffiraient à elles seules pour faire révoquer en doute la sincérité de la date « avril 1894 » apposée par Henry ;

Mais que la fausseté en est démontrée par des documents nouvellement découverts ;

Attendu en effet que, suivant procès-verbal du 17 octobre 1903, le capitaine Targe et les officiers d'administration Gribelin et Dautriche ont retiré d'un classeur enfermé dans une armoire à archives du service des renseignements et contenant des bordereaux ou des documents communiqués en avril 1905 au ministre de la guerre et au chef d'état major général un bordereau n° 37 du 1er avril 1895, signé du lieutenant-colonel Sandherr et auquel étaient jointes les copies de deux documents secrets placés dans une chemise qui porte la date du 1er avril 1895, écrite de la main de l'archiviste Gribelin;

Attendu que ces copies sont celles de deux lettres adressées par l'agent B... à l'agent A...; que la première lettre se terminant par la phrase relative à l'organisation des chemins de fer (c'est la pièce 26) est dans son entier ainsi conçue : « 28 mars, trois heures du soir. Mon cher, j'ai reçu. Merci. Il faut que vous ayez l'obligeance de m'envoyer de suite ce que vous avez copié, car il est nécessaire que je finisse, parce que pour le 31 je dois envoyer à R.... et avant ce temps, vous avez encore à copier la partie copiée par moi. Je vous annonce que j'aurai l'organisation des chemins de fer » ;

Que la seconde lettre (pièce numéro 267) porte : « 28 mars, six heures du soir. Je vous prie, mon cher ami, de m'envoyer ce que vous avez copié du télémètre, car, comme je vous le disais dans la lettre que mon domestique vous a apportée aujourd'hui à trois heures, j'en ai besoin, devant envoyer le tout à R... et remarquant que dans ce temps vous aurez aussi à copier les parties que j'aurai copiées moi-même. Si, à neuf heures de demain matin, Charles n'est pas venu, j'enverrai le mien chez vous. Tout à vous » ;

Attendu que ces deux lettres, écrites le même jour, à trois heures d'intervalle, sont l'une et l'autre copiées de la main de l'archiviste Gribelin, qui a affirmé avoir fait lui-même les copies, soit le 1er avril 1895, date du bordereau qui les contenait, soit peut-être la veille ;

Attendu que la pièce 267, sur laquelle ont été apposées, à l'angle supérieur gauche, la mention « ministre état-major, 1er avril 1895 », et à l'angle intérieur gauche la date « 28 mars 1895 », est expressément désignée dans le rapport Gonse-Wattine comme « reçue en avril 1895 » ; et que, dans le dossier secret, elle est, selon l'ordre chronologique, comprise parmi les pièces numéros 264 à 268, classées de janvier à mai 1895 ;

Attendu qu'il est impossible d'admettre que la pièce 26 soit, dès le mois d'avril 1894, parvenue au service des renseignements qui l'aurait, malgré son importance, retenue pendant une année avant d'en donner connaissance au ministre et au chef d'état-major général ;

Qu'il est manifeste que toutes deux ont été « reçues » à la même époque, c'est-à-dire à l'époque où elles ont été copiées, en 1895 ;

D'où la conséquence que toutes deux ont été, le 28 mars, écrites non en 1894, mais en 1895 ;

Qu'en effet, dans une note d'avril 1898, le lieutenant-colonel Henry, répondant à une question du général Gonse sur la date des pièces arrivées par « la voie ordinaire », disait : « D'une manière générale, les pièces ne dataient que d'un mois ou cinq semaines au plus, quelquefois de deux ou trois jours seulement » ;

Attendu que de l'examen de la pièce 26, il ressort que celle-ci, après la copie faite au service des renseignements, a été matériellement altérée ; qu'en effet, l'angle gauche de sa partie supérieure où dans la copie sont les mots « 28 mars, trois heures du soir » a été arraché ; de même que, sur la pièce numéro 207 dont la copie porte « 28 mars, six heures du soir, » l'enlèvement d'un fragment du bord supérieur a fait disparaître « 28 mars » pour ne laisser subsister que « six heures du soir » ;

Attendu en outre que, suivant les dépositions recueillies dans l'enquête, c'est seulement après le procès Zola qu'a commencé au service des renseignements l'usage d'apposer sur les pièces arrivées par « la voie ordinaire » la date de leur réception :

Que tout concourt donc à établir non seulement que la date « avril 1894 » a été inscrite par Henry sur la pièce 26 après la copie faite par Gribelin le 31 mars ou 1er avril 1895, mais que, pour constituer rétroactivement une charge contre Dreyfus incarcéré depuis le 15 octobre 1894, l'inscription a eu lieu après le procès Zola en 1898, dans l'intervalle entre les premiers rapports du général Gonse, qui passaient la pièce 26 sous silence, et celui dans lequel elle est indiquée pour la première fois.

Sur le moyen pris de la découverte de la minute du commandant Bayle concernant l'attribution de l'artillerie lourde aux armées :

Attendu que le dossier secret produit devant le conseil de guerre de Rennes renfermait, sous le numéro 83, un memento de l'agent A écrit partie en français, partie en langue étrangère, parvenu au service des renseignements le 28 décembre 1895 et ainsi traduit : « Lettre 3º direction au sujet de 120 affecté à l'artillerie de la 9º armée. Débrouiller pourquoi, la 9º armée n'en a pas jusqu'à présent. Une armée doit manquer, pour tromper Angleterre. Torpilleurs » ;

Attendu que ce document était accompagné dans le

dossier secret d'un commentaire daté du 2 octobre 1807, classé sous le numéro 84, suivant lequel les recherches effectuées après la réception de la pièce 83 avaient établi que les renseignements fournis à l'agent A avaient dû être tirés d'une note, émanée de la 3ᵉ direction et adressée le 23 mars 1893 au premier bureau qui l'avait ensuite transmise au troisième bureau, après avoir lui-même, le 27 mars, rédigé sur la question une autre note dont la copie existait encore, mais dont la minute avait disparu ; que la minute ne pouvait être l'œuvre que du commandant Bayle ou de son stagiaire, le capitaine Dreyfus ;

Attendu qu'on a conclu de là, devant le conseil de guerre de Rennes, que le commandant Bayle étant au-dessus de tout soupçon, la disparition devait être imputée à Dreyfus ; que cette circonstance a été retenue contre lui par les généraux Mercier, de Boisdeffre et Gonse comme une présomption de culpabilité ;

Mais attendu que le 12 mars 1904, aux archives du premier bureau de l'état-major général, dans un carton portant la suscription : « Rapport au ministre, notes au chef d'état-major », il a été trouvé par le lieutenant-colonel Fournier et le capitaine Hallouin, en présence du commandant Hélie et du capitaine de Lacombe, une copie de la note du 27 mars sur laquelle le mot « minute » est écrit au crayon, incontestablement de la main du commandant Bayle qui a quitté l'état-major le 3 juillet 1895 et est mort le 20 novembre suivant ;

Attendu que, si cette pièce avait été soumise au conseil de guerre de Rennes, l'imputation dirigée contre Dreyfus aurait été détruite ; et que rien n'aurait alors ébranlé la présomption d'innocence dérivant pour lui de la date même (28 décembre 1895) à laquelle le momento de l'agent A était arrivé au service des renseignements :

Attendu que, de l'ensemble des moyens de revision qui précèdent et sans qu'il soit besoin de statuer sur les autres moyens proposés, il résulte que des faits nouveaux, où des pièces inconnues du conseil de guerre de Rennes, sont de nature à établir l'innocence du condamné ; qu'ils rentrent dès lors dans le cas prévu par le quatrième paragraphe de l'article 443 du code d'instruction criminelle et doivent entraîner l'annulation du jugement de condamnation rendu contre Dreyfus ;

Et qu'il y a lieu de rechercher au fond s'il faut dans la cause appliquer le paragraphe final de l'article 445, aux termes duquel « si l'annulation prononcée à l'égard d'un condamné vivant ne laisse rien subsister qui puisse être qualifié crime ou délit, aucun renvoi ne sera prononcé »,

Au fond :

Attendu que, devant le conseil de guerre de Rennes, la base essentielle de l'accusation était la lettre missive, dite « bordereau », dont l'écriture et dont le texte formaient au début de la procédure les deux principales charges contre Dreyfus ;

Qu'il importe, tout d'abord, de les examiner successivement.

En ce qui concerne l'écriture du bordereau :

Attendu, d'une part, que dans l'enquête de 1899, les professeurs de l'École des Chartes, Meyer, Molinier, Giry, commis en qualité d'experts ont été unanimes à déclarer que ce document est de la main, non de Dreyfus, mais de l'ancien chef de bataillon d'infanterie Esterhazy ;

Attendu, d'autre part, que le bordereau est écrit sur

un papier pelure « filigrané au canevas » après fabrication de rayures ou quadrillage de 4 millimètres sur chaque sens ».

Qu'Esterhazy, lors des poursuites intentées contre lui sur la plainte de Mathieu Dreyfus, avait, le 7 décembre 1897, affirmé ne s'être jamais servi de papier calque ;

Mais qu'en novembre 1898, deux lettres de lui furent saisies — l'une le 17 avril 1892, adressée de Courbevoie au tailleur militaire Rieu — l'autre, du 17 août 1894, adressée de Rouen à l'huissier Callé — toutes deux d'une authenticité indiscutable puisqu'elles ont été reconnues, non par Esterhazy seulement, mais par les destinataires entendus sous la foi du serment, et toutes deux écrites sur un papier pelure, filigrané et quadrillé ;

Attendu que ce papier n'était pas d'un usage courant dans le commerce et que, selon les constatations d'une expertise (suivie d'une contre-expertise) à laquelle il a été soumis, il présentait « les caractères dont la plus grande similitude avec celui du bordereau, comme mesures extérieures et mesures du quadrillage, comme nuance, épaisseur, transparence, poids et collage, et comme matière première employée à la fabrication » ;

Attendu, au surplus, qu'à diverses reprises, notamment en 1899 dans des lettres au commissaire du Gouvernement Carrière et au général Roget, puis dans une déposition reçue en 1900 par le consul général de France à Londres, Esterhazy a avoué formellement avoir lui-même écrit le bordereau ;

Attendu, sans doute, que, s'ils étaient isolés, les aveux d'Esterhazy ne suffiraient pas pour constituer une preuve décisive ;

Mais que, rapprochés de tous les éléments de l'information ils doivent être tenus pour véridiques, sur ce point, quels que soient les commentaires dont il les a accompagnés sous prétexte d'expliquer sa conduite;

Attendu, toutefois, qu'à l'appui de l'accusation, les principaux témoins à charge se sont fondés sur un travail de l'expert Bertillon, prétendant démontrer, géométriquement et à l'aide du calcul des probabilités, que le bordereau était un document truqué, forgé par Dreyfus; que celui-ci, usant d'un gabarit placé sous le papier pelure aurait tracé, comme le révéleraient des coïncidences et des repérages, une écriture géométrique, dont la clef serait le mot « intérêt » qu'il aurait pris dans une lettre, dite « du buvard », saisie à son domicile le 15 octobre 1894, émanée de son frère Mathieu Dreyfus, et présentant une encoche qui serait, selon le lieutenant-colonel du Paty de Clam, « mathématiquement superposable » à une encoche du bordereau lui-même;

Mais attendu que Bertillon a édifié son système, non d'après le bordereau original, mais d'après un document artificiel, le bordereau reconstitué par lui;

Que c'est cette reconstitution qui a servi de base à l'argumentation du capitaine Valério parlant dans le même sens devant le conseil de guerre de Rennes, et à celle d'un autre officier, le commandant Corps, qui, dans un travail publié plus tard, a proposé un autre système, en désaccord du reste avec celui de Bertillon;

Attendu que, par ordonnance du 18 avril 1904, le président de la chambre criminelle a commis les membres de l'Institut, Darboux, secrétaire perpétuel de l'académie des sciences; Appel, doyen de la faculté des sciences de Paris et Poincaré, professeur à la même faculté, pour examiner, en provoquant toutes précisions et explications de la part de leurs auteurs, les études graphologiques de Bertillon, Valério et Corps, ainsi qu'une brochure, dénommée « la brochure verte », dont l'auteur, se disant ancien élève de l'école polytechnique, ne s'est pas fait connaître et n'a pu être retrouvé;

Attendu que les trois experts ont dressé, à l'unanimité, un rapport dans lequel ils établissent que la reconstitution du bordereau, effectuée par Bertillon, est fausse, que « ces planches sont le résultat d'un traitement compliqué, infligé au document primitif, et d'où celui-ci est sorti altéré, après avoir subi une série d'agrandissements et de réduction photographiques, et même de calquages, recalquages, découpages, collages, gouachages, badigeonnages et retouches »;

Que le rapport aboutit aux conclusions suivantes : « Tous ces systèmes sont absolument dépourvus de toute valeur scientifique ; 1° parce que l'application du calcul des probabilités à ces matières n'est pas légitime ; 2° *parce que la reconstitution du bordereau est fausse*; 3° parce que les règles du calcul des probabilités n'ont pas été correctement appliquées; en un mot, *parce que leurs auteurs ont raisonné mal sur des documents faux* »;

Attendu, encore, que les mêmes experts ont prouvé que les deux encoches, entre lesquelles on cherchait à établir une corrélation, avaient été faites l'une et l'autre postérieurement à la saisie des deux pièces, que « l'encoche du bordereau » n'existait pas auparavant sur le document original, et que « l'encoche de la lettre du buvard » provient « de ce que celle-ci a figuré dans un scellé ouvert, dont les pièces étaient maintenues à l'aide d'une ficelle passant dans une encoche au bas du scellé »;

Attendu que les études graphologiques de Bertillon et autres devant, par suite, être éliminées du débat, il reste acquis que le bordereau a été écrit par Esterhazy et non par Dreyfus ;

Attendu que le bordereau ayant été écrit par Esterhazy, on ne comprend pas, dans l'état de la procédure, comment les pièces, dont il annonçait l'envoi, auraient été fournies par Dreyfus puisqu'on n'allègue même pas qu'ils se soient connus ;

Mais attendu que, pour l'accusation, le texte seul de cette lettre missive, impliquerait par lui-même un acte de trahison imputable à un officier d'artillerie ayant passé par les quatre bureaux de l'état-major général, conséquemment stagiaire de deuxième année, lequel ne pourrait être que Dreyfus ; qu'il est donc indispensable de se prononcer à cet égard.

En ce qui concerne le texte du bordereau :

Attendu qu'aux termes de l'arrêt des chambres réunies du 3 juin 1899, Dreyfus était accusé « d'avoir, en 1894, pratiqué des machinations ou entretenu des intelligences avec une puissance étrangère ou un de ses agents, pour l'engager à commettre des hostilités ou entreprendre la guerre contre la France ou pour lui en procurer les moyens, en lui livrant les « notes et documents » mentionnés dans la lettre missive ou bordereau, non datée, non signée, adressée à l'agent A... et ainsi conçue :

« Sans nouvelles m'indiquant que vous désirez me voir, je vous adresse cependant, monsieur, quelques renseignements intéressants :

« 1° Une note sur le frein hydraulique du 120 et la manière dont s'est conduite cette pièce ;

« 2° Une note sur les troupes de couverture (quelques modifications seront apportées par le nouveau plan);

« Une note sur une modification aux formations de l'artillerie ;

« 4° Une note relative à Madagascar ;

« 5° Le projet de manuel de tir de l'artillerie de campagne (14 mars 1894).

« Ce dernier document est extrêmement difficile à se procurer et je ne puis l'avoir à ma disposition que très peu de jours. Le ministre de la guerre en a envoyé un nombre fixe dans les corps, et ces corps en sont responsables. Chaque officier détenteur doit remettre le sien après les manœuvres. Si donc vous voulez y prendre ce qui vous intéresse, et le tenir à ma disposition après, je le prendrai. A moins que vous ne vouliez que je le fasse copier in extenso et ne vous en adresse la copie.

« Je vais partir en manœuvres » ;

Attendu que : cette pièce non datée se terminant par les mots « Je vais partir en manœuvres », et Dreyfus étant allé, non aux manœuvres de septembre, mais à un voyage d'état-major en juin, l'accusation en 1894 avait supposé que le bordereau devait être du mois d'avril ou mai, et que les pièces livrées étaient, toutes, antérieures à cette date ;

Attendu que, plus tard, à l'époque où l'on prévoyait que la revision du procès serait demandée, on s'aperçut que les notes ou documents, pour la livraison desquels Dreyfus avait été condamné, ne pouvaient sérieusement être considérés comme ayant un caractère confidentiel ou secret; que, du reste, une note ministérielle du 28 mai 1898 déclarait : « Il n'y a pas un officier de l'armée française qui, partant pour les écoles à feu ou pour un voyage d'état-major, dirait : « Je vais partir en manœuvres ».

Attendu que l'accusation, alors, changeant de système, reporta vers la fin d'août la date présumée du bordereau et soutint que Dreyfus avait dû fournir des renseignements secrets ou confidentiels sur des travaux de l'état-major postérieurs au mois de juillet ; qu'elle ajouta que si, en réalité, il n'était pas allé aux manœuvres de septembre, il avait pu, jusqu'à la fin d'août, croire qu'il y irait ;

Attendu qu'ainsi l'accusation reposait sur des hypothèses et des conjectures, nécessairement contestables, puisque dans l'ignorance où l'on était de la teneur des notes envoyées à l'agent A, on n'était pas à même d'en apprécier la valeur, ni d'en déterminer avec certitude la provenance ;

Attendu d'ailleurs que le bordereau commençait par ces mots : « Sans nouvelles m'indiquant que vous désirez me voir, je vous adresse cependant, monsieur, quelques renseignements intéressants », mais que si l'auteur était un capitaine d'artillerie breveté, stagiaire à l'état-major général, on ne concevait pas que l'agent A mît si peu d'empressement à lui donner de ses nouvelles ; que la phrase s'expliquait au contraire si elle émanait d'un simple officier d'infanterie répondant au signalement de celui qui, plus tard, à Bâle, fut, d'après l'enquête de 1899, dénoncé au commandant Henry comme ayant en 1893 ou 1894, fourni à l'étranger des renseignements de si peu d'importance qu'on avait fini par le remercier ;

Attendu, en outre, qu'il est incontestable qu'avant l'arrestation de Dreyfus avaient été commis des actes de trahison ou d'espionnage dont on ne peut le rendre responsable, que deux employés civils, Boutonnet et Greiner, avaient été condamnés, l'un à cinq ans de prison en 1890, l'autre à vingt ans de travaux forcés en 1892; — que, d'un autre côté, d'après la pièce 371 du dossier secret, l'agent B..., en 1894, recevait d'un informateur dont le nom commence par la lettre P « beaucoup de choses très intéressantes »; que, d'après la pièce 83, l'agent A..., en décembre 1895, était renseigné sur l'attribution de l'artillerie lourde aux armées, Dreyfus étant alors incarcéré depuis plus d'une année, — et que, d'après la pièce 26, l'agent B... écrivait, le 28 mars 1895, à l'agent A... « qu'il aurait l'organisation des chemins de fer ».

Attendu que cette organisation, préparée dans le 4° bureau dont Dreyfus avait fait partie, ne fut certainement pas livrée par lui, puisque cinq mois après son incarcération, elle n'était pas encore en la possession de l'agent B...; qu'une personne autre que lui la promettait donc en mars 1895; et qu'aucun autre officier du 4° bureau n'étant soupçonné, l'on est bien forcé d'admettre que le traître n'appartenait pas à l'état-major général de l'armée; d'où il suit que les notes dont le bordereau annonçait l'envoi et dont la teneur reste ignorée, pouvaient également n'être pas l'œuvre d'un officier d'artillerie stagiaire à l'état-major, comme on le prétendait;

Attendu que le doute sur ce point ne saurait subsister, en présence de la nouvelle enquête de la chambre criminelle;

Que d'abord, l'examen du dossier de Greiner, condamné le 6 septembre 1892 à vingt ans de travaux forcés pour espionnage et vol qualifié, a permis de constater que cet employé civil du ministère de la ma-

CAHIER (S) OU PAGE (S) INTERVERTI (S) A LA COUTURE
RETABLI (S) A LA PRISE DE VUE.

DE LA PAGE

rine avait livré des documents parmi lesquels figuraient deux rapports de la commission d'expériences de Calais sur le canon 120 court.

Et qu'une commission composée de quatre généraux désignés par le ministre de la guerre le 5 mai 1904, — le général Balaman, du cadre de réserve, ancien président du comité technique de l'artillerie, — le général de Villien, inspecteur permanent des fabrications de l'artillerie, — le général de brigade Brun, commandant l'école supérieure de guerre, — le général de brigade Séard, du cadre de réserve, ancien directeur de l'école de pyrotechnie, — a rédigé un rapport dans lequel, à l'unanimité, ils déclarent :

1° Qu'un officier d'artillerie, commettant un acte de trahison n'aurait pas, dans un écrit, en 1894, présenté comme « intéressants » des renseignements sur le canon de 120 et le frein hydraulique, universellement connus depuis longtemps, mais qu'il aurait pris soin de spécifier, comme faisant l'objet de sa « note », le canon de 120 court et le frein hydropneumatique, dont la création était récente ; que, du reste, « il était possible, et on ne peut dire facile pour un grand nombre d'officiers, artilleurs ou non, de se procurer les moyens de fournir sur le canon de 120 court et sur son frein hydropneumatique une note donnant des renseignements intéressants », sans être pourtant « assez complets et assez précis pour permettre la construction d'un frein hydropneumatique pareil à celui du 120 court ».

2° Qu'un officier d'artillerie n'aurait pas, dans un écrit, employé cette expression, insolite et anormale sous sa plume, « la manière dont la pièce s'est conduite ».

3° Qu'un officier d'artillerie n'aurait pas dit ne pouvoir qu'avec une extrême difficulté se procurer le projet de manuel de tir du 14 mars 1894, puisque « ce projet de manuel, dont plus de 2.000 exemplaires avaient été envoyés par la 3° direction, ne pouvait être confidentiel, mais devait servir aux écoles à feu et être, par suite, l'objet d'instructions faites, non seulement aux officiers de l'armée active et aussi à ceux de la réserve... et même aux sous-officiers que l'on doit exercer à remplir les fonctions de chef de section »;

4° Que si la « note sur une modification aux formations de l'artillerie » visait les dispositions prises de juin à août 1894 pour la mobilisation des régiments d'artillerie, le traître n'aurait pas employé le mot « formation » qui ne sert de titre à aucune des pièces du volumineux dossier existant à la 3° direction, pièces intitulées, tantôt « *mobilisation des régiments d'artillerie* », tantôt « *organisation de l'artillerie dans le plan de 1895* »; « qu'il aurait fait usage de ces mots plus imposants »; et que, « en dévoilant une partie si importante de la mobilisation générale, il lui aurait fourni un renseignement d'une importance telle qu'il n'eut pas un seul instant senti le besoin de corser son envoi, de battre les buissons pour réunir un assemblage disparate de documents quelconques, comme l'a fait l'auteur du bordereau, s'efforçant visiblement de remplacer la qualité par la quantité »; qu'au contraire, en s'exprimant comme il l'a fait, il a dû avoir « simplement en vue le projet de revision du règlement sur les manœuvres de batteries attelées, dans lequel le mot « formations » constituait le titre vingt fois répété de tous les paragraphes »; que « les régiments de la troisième brigade d'artillerie étaient chargés d'essayer pendant leur séjour au camp de Châlons, en juillet et août 1894, ce projet de règlement »; qu'il était « entre les mains des officiers »; et que si l'on suppose la présence au camp de Châlons d'un officier « en quête de documents à livrer », il a pu, même n'appartenant pas à l'artillerie, l'avoir « pendant le peu de temps nécessaire pour y copier la partie réellement intéressante, c'est-à-dire les formations de guerre »;

Que sur ce point la commission des généraux experts conclut dans les termes suivants :

« On reconnaîtra que cette hypothèse prend un singulier caractère de probabilité si l'on veut bien remarquer que les trois nouveautés essayées au camp de de Châlons en 1894, étaient le manuel de tir : le canon 120 court (le canon de 120 long a été aussi tiré avec son frein hydraulique) et le projet de règlement sur les batteries attelées, *nouveautés qui se trouveraient ainsi faire justement l'objet des trois notes du bordereau se rapportant à l'artillerie* »;

Or, attendu qu'au camp de Châlons où Dreyfus n'était pas en août 1894, était Esterhazy qui d'après l'enquête de 1899, se tenait à l'affût d'informations relatives aux « choses de l'armée » et surtout à l'artillerie; que précisément le journal *La France militaire*, dans ses numéros des 11 et 13 août, appelait l'attention sur les expériences du camp de Châlons concernant *les trois nouveautés* dont parlent les généraux experts; et que le même journal, dans le numéro du 15, entreprenait, au sujet de l'expédition de Madagascar (*qui fait l'objet de la quatrième note du bordereau*), une série d'articles dans lesquels des renseignements avaient pu être puisés;

Attendu — quant au manuel de tir — qu'il convient d'ajouter qu'Esterhazy, vers la fin d'août 1894, avait cherché à l'avoir en communication du lieutenant d'artillerie Bernheim, qui lui avait remis, sans parvenir ensuite à se les faire restituer, le règlement sur les bouches à feu de siège et une réglette de correspondance, et que vainement on a invoqué contre Dreyfus la déposition du colonel Jannel déclarant lui avoir prêté, en juillet, pendant quarante-huit heures, un des trois exemplaires du manuel de tir déposés à la section technique du 2º bureau ;

Que Dreyfus, expliquant par une confusion involontaire cette déclaration, a affirmé avoir emprunté seulement le manuel de tir allemand dont il avait besoin pour un travail sur l'artillerie de l'armée allemande ;

Que, du reste, dans l'hypothèse même où les souvenirs du colonel ne seraient pas erronés, Dreyfus, ayant, dès le mois de juillet, rendu l'exemplaire emprunté, ne l'aurait pas, à la fin d'août, offert à l'agent A..., et, stagiaire à l'état-major, il n'aurait pas écrit que : « Je ne puis l'avoir à ma disposition que très peu de jours ; le ministre de la guerre en a envoyé un nombre fixe dans les corps, et les corps en sont responsables » ;

Attendu que, quant à la « note sur les troupes de couverture » et au membre de phrase additionnel, « quelques modifications seront apportées par le nouveau plan « que, d'une part, le *Journal des sciences militaires*, dans un numéro de mai 1894, publiait une étude sur « le 6º corps et les troupes de couverture » ;

Que, d'autre part, au 3º bureau, d'après l'enquête de 1890, des documents très importants et secrets étaient copiés, non pas uniquement par des officiers,

mais, contrairement aux règlements, par des secrétaires (sous-officiers, caporaux ou soldats) ; que des
indiscrétions ont pu, de bonne foi, être commises ;
qu'elles ont pu l'être même par des stagiaires causant
avec leurs camarades de l'armée ; que l'article du journal et les conversations entendues au camp de Châlons ou ailleurs étaient de nature à fournir, pour la rédaction d'une note *dont le texte demeure inconnu*, des
informations plus ou moins précises et plus ou moins
exactes sur les troupes de couverture et les modifications arrêtées déjà pour entrer en vigueur avec le
nouveau plan ;

Attendu enfin que le bordereau se termine par les
mots : « Je vais partir en manœuvres » ;

Mais que Dreyfus, en 1894, n'est pas allé aux manœuvres de septembre et n'a pu croire au mois d'août
qu'il y irait ;

Qu'en effet, une circulaire ministérielle du 17 mai,
mise à exécution en juillet par l'envoi dans les régiments des stagiaires de première année, excluait
pour eux comme pour les stagiaires de seconde année
toute participation aux manœuvres de septembre ;

Et qu'entendu comme témoin dans la nouvelle enquête, le capitaine de Puydraguin a déclaré qu'ayant
été plus tard interrogé sur ce point par le lieutenant-
colonel Henry, il avait remis à celui-ci une note, non
retrouvée depuis lors, portant que, dès le printemps
de 1894, les stagiaires avaient été avertis et savaient
qu'ils ne devaient pas aller aux manœuvres cette
année-là ;

Attendu, au contraire, qu'Esterhazy, dont le régi-
ment, le 74e d'infanterie, a assisté aux manœuvres de
forteresse de Vaujours a pu, bien que dispensé en sa

qualité de major, avoir l'intention de s'y rendre à titre individuel;

Et que l'expression incorrecte « partir en manœuvres » se rencontre sous sa plume dans des lettres dont une remontant à 1886, et une autre datée du 20 juin 1894, contemporaine, par conséquent, du bordereau;

Attendu qu'ainsi au point de vue soit de l'écriture, soit du texte, l'accusation, dont le bordereau était la base légale, est entièrement injustifiée;

Et que l'on s'est trouvé dans l'impossibilité absolue d'indiquer d'une façon plausible à quel mobile Dreyfus, riche et parvenu jeune à une situation brillante dans l'armée, aurait obéi pour commettre un si grand crime;

Attendu, pourtant que l'on a soulevé contre lui diverses accusations accessoires dont le conseil de guerre de Rennes n'était pas régulièrement saisi;

Mais qu'il faut, d'abord, écarter celles dont l'inanité est prouvée par la découverte de la minute du commandant Bayle (attribution de l'artillerie lourde aux armées) et par la falsification de la pièce 26 (organisation des chemins de fer);

Attendu que l'on a accusé Dreyfus (pièces 76 à 82 du dossier secret) d'avoir en 1889-1890, quand il était à l'école de pyrotechnie de Bourges, livré, sur un papier pelure que l'on prétendait analogue à celui du bordereau, la copie d'une instruction relative au chargement des obus en mélinite;

Mais attendu que, suivant l'expert Bertillon lui-même, l'écriture ne pouvait lui être attribuée; que pour le papier aucune analogie n'existait;

Et que cette instruction avait été élaborée à la section technique de la direction de l'artillerie, où était employé aux archives Boutonnet, condamné pour espionnage à cinq années d'emprisonnement le 20 août 1890;

Attendu que l'on a aussi accusé Dreyfus (pièces 67 à 75) d'avoir révélé le secret de la fabrication de l'obus Robin, qui était étudié à l'école de pyrotechnie de Bourges;

Mais que rien dans la cause n'autorise de tels soupçons;

Que le rapport des généraux experts déclare : « On ne cherchait pas à tenir secret le principe de cet obus; car le bulletin n° 8 des « questions à l'étude, en date du 1er juillet 1888, bulletin non confidentiel qui était en permanence sur toutes les tables des bibliothèques de toutes les écoles d'artillerie, faisait connaître ce principe et donnait même le dessin d'un obus de 57 millimètres qui en constituait une première application ; quelques mois après (1er janvier 1890), le bulletin n° 2, toujours non confidentiel, donnait non seulement le dessin d'un obus Robin de 80, mais encore une description complète du chargement », et plus loin : « Aucun des dispositifs employés par les Allemands ne concorde ni avec ceux de l'obus Robin, ni même avec aucun de ceux qui ont été essayés en divers moments à l'école de pyrotechnie; du reste leur obus est de 1891, tandis que le nôtre n'a été adopté qu'en 1895 » ;

Attendu, en outre, qu'au nombre des documents livrés par l'espion Greiner, se trouvait un rapport de la commission d'expériences de Bourges, contenant non seulement des renseignements très détaillés sur l'obus Robin et sur son chargement, mais aussi le plan à grande échelle de cet obus;

Attendu que l'on a, encore, accusé Dreyfus (pièces 27 à 32) d'avoir livré à l'agent A... des cours confidentiels de l'école de guerre, professés en 1893-1894, alors qu'il n'était plus à cette école ;

Que l'accusation se fondait sur ce qu'un fragment de la troisième partie des cours à peu près semblables, de 1890-1892, manquait dans la collection saisie chez lui et que le manquant était constaté dans un procès-verbal du 20 novembre 1898, signé par le chef de bataillon Rollin et le capitaine Cuignet ;

Mais attendu que la constatation faite par ces deux officiers était inexacte, qu'ils se sont aperçus, peu de temps après, de leur erreur ; qu'ils ne l'ont pourtant pas rectifiée dans un second procès-verbal, et que le commandant Rollin, bien qu'interpellé par l'un des juges, s'est abstenu de la signaler au conseil de guerre de Rennes ;

Attendu que les charges accessoires ainsi accumulées disparaissent donc ;

Et que, ne pouvant s'appuyer sérieusement ni sur les déclarations attribuées au témoin Valcarlos par un agent de police suspect, ni sur des dépositions évidemment mensongères, comme celles du témoin Cernuski, l'accusation a, en définitive, invoqué contre Dreyfus : 1° ses prétendus aveux ; 2° le dossier secret :

En ce qui concerne les prétendus aveux ;

Attendu qu'avant comme après sa condamnation du 22 décembre 1894, Dreyfus n'a jamais cessé de se proclamer innocent ;

Qu'il l'a crié, à plusieurs reprises, en passant devant le front des troupes, le jour où il a été dégradé, 5 janvier 1895 ;

Attendu toutefois que le capitaine de la garde républicaine Lebrun-Renaud, qui, avant la dégradation, se trouvait avec lui dans la salle de l'École militaire, a affirmé l'avoir entendu prononcer certaines paroles qu'on a prétendu être des aveux, mais au sujet desquelles lui-même a dit en 1899 devant la chambre criminelle : « On peut très bien ne pas considérer la déclaration de Dreyfus comme des aveux ; si on m'a parlé d'aveux, j'ai pu dire qu'il ne m'en a pas été fait » ;

Attendu qu'après enquête, l'arrêt des chambres réunies du 3 juin 1899 a refusé de voir dans ces propos, tels qu'ils étaient relatés, un aveu de culpabilité, parce que non seulement ils débutaient par une protestation d'innocence, mais qu'il n'était pas possible d'en fixer le sens exact et complet à raison des différences existant entre les déclarations successives du capitaine Lebrun-Renaud et celles des autres témoins ;

Attendu que, si le général Mercier, alors ministre de la guerre, avait pris un seul instant ces propos au sérieux quand ils lui furent répétés, il n'aurait pas manqué d'en faire dresser procès-verbal, et surtout de faire interroger Dreyfus sur la nature et l'importance des documents livrés puisque tel avait été le but de l'entretien que, par son ordre, le commandant du Paty de Clam, chargé de provoquer des aveux, avait eu avec le condamné le 31 décembre précédent.

En ce qui concerne le dossier secret :

Attendu que la cour ne peut passer successivement en revue toutes les pièces de ce dossier, dont un très grand nombre sont sans intérêt et sans portée dans la cause.

Que, pour les motifs exprimés déjà, il est inutile de revenir sur les pièces 25, 26, 27 à 32, 67 à 82, 83 et 84, 267 et 371, ci-dessus examinées, et qu'il n'y a pas lieu de s'arrêter aux pièces 14 et 14 *bis*, 22 à 24 et 41, 45 et 45 *bis*, 48 à 60, etc., qui ne sauraient dans les termes où elles sont conçues incriminer Dreyfus;

Attendu que les pièces 44 et 44 *bis*, sont la prétendue reconstitution d'une dépêche chiffrée, adressée le 2 novembre 1894 par l'agent B... ou en son nom, à son gouvernement, le lendemain du jour où l'arrestation de Dreyfus était annoncée par la presse;

Attendu que cette reconstitution qui aurait été de mémoire faite au service des renseignements en 1898 est inexacte;

Qu'en effet, lors de l'enquête de 1899, l'administration des télégraphes a produit le décalque officiel qui, immédiatement pris sur papier mince (tandis qu'une copie conforme était envoyée au ministère des Affaires étrangères), reproduisait et devait remplacer l'original destiné à être, l'année suivante, détruit en exécution des règlements :

Attendu que, le 27 avril 1899, a été dressé un procès-verbal constatant que « le général Chamoin et le commandant Cuignet, délégués du ministère de la Guerre, et le secrétaire d'ambassade Paléologue, délégué du ministre des Affaires étrangères, se sont réunis dans le cabinet du premier président, à l'effet de procéder au déchiffrement du décalque du télégramme du 2 novembre 1894, tel qu'il a été remis au premier président par l'administration des postes et télégraphes, avec les explications contenues dans la lettre du chef du cabinet du sous-secrétaire d'État de cette administration en date du 22 avril 1899 ; la traduction, opérée de concert par les trois délégués, a fait ressortir la version suivante ; « Si le capitaine Dreyfus n'a pas eu de relations avec vous il serait bon de charger l'ambassadeur de publier un démenti officiel, afin d'éviter les commentaires de la presse »;

Attendu qu'on ne peut opposer à Dreyfus, comme une preuve de culpabilité, cette dépêche, puisqu'elle fait présumer au contraire que l'agent B... n'avait pas de relations avec lui ;

Attendu que les pièces 66 et 66 *bis* concernent un brouillon de rapport non signé d'un attaché militaire appartenant à une nationalité autre que celle des agents A... et B..., qu'il en résulte que cet officier, en 1897, ne pensant pas que Dreyfus eût été condamné sans preuve, le tenait pour coupable ;

Mais qu'en 1899 il a changé d'avis ;

Que l'accusation d'ailleurs, si elle voulait faire appel aux déclarations des étrangers, devait forcément reconnaître qu'officiellement ou non, elles étaient formelles et nombreuses à la décharge de Dreyfus ;

Attendu, sans doute, que, sinon devant le conseil de guerre de Rennes du moins autour de lui, dans la presse et dans le public, un bruit avait été répandu, d'après lequel la pièce, présentée comme étant le bordereau saisi, ne serait que la copie sur papier pelure du bordereau original portant de la main d'un souverain étranger une annotation accusatrice contre Dreyfus ;

Mais attendu que, dans leurs dépositions reçues sous la foi du serment en 1904, cette allégation (ainsi que celle d'une prétendue lettre du même souverain) a été absolument démentie par le Président Casimir-Périer, les généraux Mercier, Billot, Zurlinden, de Boisdeffre, Gonse, Roget; les lieutenants-colonels Picquart, du Paty de Clam, Rollin et les autres officiers du service des renseignements; que le général Mercier a dit notamment : « C'est une légende complètement inexacte, rien, rien, rien n'a pu y donner lieu » ;

Que cette légende doit être mise à néant ;

Attendu en dernière analyse que de l'accusation portée contre Dreyfus rien ne reste debout ;

Et que l'annulation du jugement du conseil de guerre ne laisse rien subsister qui puisse, à sa charge, être qualifié crime ou délit ;

Attendu, dès lors, que par application du paragraphe final de l'article 445 aucun renvoi ne doit être prononcé,

Par ces motifs,

Annule le jugement du conseil de guerre de Rennes qui, le 9 septembre 1899, a condamné Dreyfus à dix ans de détention et à la dégradation militaire, par application des articles 76 et 403 du code pénal et 1er de la loi du 8 juin 1850 ;

Dit que c'est par erreur et à tort que cette condamnation a été prononcée ;

Donne acte à Dreyfus de ce qu'il déclare renoncer à demander l'indemnité pécuniaire que l'article 446 du code d'instruction criminelle permettait de lui allouer ;

Ordonne, en conformité de cet article, que le présent arrêt sera affiché à Paris et à Rennes, et sera inséré au *Journal Officiel* ainsi que dans cinq journaux au choix de Dreyfus ;

Autorise Dreyfus à le faire en outre publier aux frais du Trésor et au taux des insertions légales dans cinquante journaux de Paris et de province, à son choix ;

Ordonne que le présent arrêt sera transcrit sur les

registres du greffe du conseil de guerre de Rennes et
que mention en sera faite en marge de la décision annulée.

Le greffier en chef de la Cour de cassation,

GIRODON.

En lisant cet arrêt, le lecteur a pu voir que tous
les arguments qui font tomber la condamnation,
toutes les preuves de l'innocence de Dreyfus, sont
tirés de documents trouvés au ministère de la
Guerre.

Or, ce volume de *Souvenirs* n'est que le récit de
la lutte que j'ai dû soutenir, durant les deux mois
de septembre et d'octobre 1898, contre l'administration de la Guerre, de la longue dissimulation
dont elle a usé envers moi :

Dissimulation de la lettre du général de Pellieux ;

Dissimulation des aveux d'Henry et de son suicide ;

Arrestation du lieutenant-colonel Picquart ;

Fausse interprétation du petit-bleu ;

Dissimulation enfin de toutes les pièces existant
au ministère et qui auraient facilement conduit et
le gouvernement et la justice à la découverte de la
vérité.

Il a suffi, pour dissiper l'erreur, pour faire sortir la vérité des armoires, des cartons, des tiroirs, des placards, des coffres-forts où elle était dispersée, enfermée et cachée, de l'avènement au ministère de la Guerre d'un soldat résolu à la chercher et à la faire connaître, de mon ami, M. le général André.

Lisez, je le répète, l'arrêt du 12 juillet 1906 :

Qu'il s'agisse de la pièce 371, où l'initiale D fut substituée à la lettre P;

De la pièce 25, dite « ce canaille de D »;

De la pièce 26 sur l'organisation des chemins de fer et de sa falsification;

De la minute du commandant Bayle;

Du bordereau lui-même;

De l'obus Robin;

Des cours de l'École supérieure de guerre;

Du télégramme chiffré du 2 novembre 1893;

Toujours, et à tout coup, ce sont des documents trouvés au ministère de la Guerre et loyalement produits par lui qui mettent à néant l'argumentation dirigée contre Dreyfus, soit à Paris, soit à Rennes.

Ces documents, le lieutenant-colonel Picquart les eût trouvés et produits s'il fût resté au deuxième bureau; mais l'on y avait mis bon ordre.

M. le général André les a trouvés et produits; il est l'artisan principal de la deuxième revision, comme le lieutenant-colonel Picquart a été l'auteur de la première. Nous sommes quelques-uns à les avoir aidés, plus ou moins puissamment, plus ou moins heureusement; mais c'est à eux qu'en revient le principal honneur, c'est la cause de la fureur encore déployée contre eux aujourd'hui. L'on ne pardonne pas au général André l'esprit de suite qu'il y a mis, notamment dans la question des cours de l'École supérieure de guerre, ni sa lumineuse lettre du 18 octobre 1903, à M. Combes, président du Conseil.

13 juillet 1906.

Le lendemain de l'arrêt de la Cour de Cassation, le Gouvernement demanda à la Chambre (séance du 13 juillet 1906), de voter les projets de loi suivants qui furent adoptés à une grande majorité.

PROJET DE LOI

PORTANT RÉINTÉGRATION DANS LES CADRES DE L'ARMÉE DU CAPITAINE D'ARTILLERIE BREVETÉ DREYFUS (ALFRED) AVEC LE GRADE DE CHEF D'ESCADRON.

(Renvoyé à la Commission de l'armée.)

PRÉSENTÉ

AU NOM DE M. ARMAND FALLIÈRES,
Président de la République française,

PAR M. SARRIEN,
Président du Conseil, Garde des Sceaux, Ministre de la Justice,

ET PAR M. ÉTIENNE,
Ministre de la Guerre.

EXPOSÉ DES MOTIFS

Messieurs,

La Cour de cassation, toutes chambres réunies, a, par arrêt du 12 juillet 1906, cassé sans renvoi le jugement de condamnation prononcé le 9 septembre 1899 par le conseil de guerre de Rennes contre le capitaine Alfred Dreyfus.

L'innocence du condamné est juridiquement et définitivement établie par cette décision qui entraîne *ipso facto* la réintégration de cet officier dans les cadres de l'armée et efface tous les effets de la condamnation prononcée contre lui.

Le Gouvernement est impuissant à réparer l'immense préjudice tant matériel que moral dont a souffert la victime d'une aussi déplorable erreur judiciaire. Il désire tout au moins replacer le capitaine Dreyfus dans la situation où il se trouverait s'il avait poursuivi normalement le cours de sa carrière. Aussi, vous propose-t-il de décider que, par dérogation à l'article 4 de la loi du 20 mars 1880, modifiée par celle du 24 juin 1890, le capitaine d'artillerie breveté Alfred Dreyfus, dont l'ancienneté dans le grade remonte au 12 septembre 1889, sera immédiatement promu chef d'escadron pour prendre rang du jour de la promulgation de la présente loi.

PROJET DE LOI

Le Président de la République française,

Décrète :

Le projet de loi dont la teneur suit sera présenté à

la Chambre des Députés par le Président du Conseil, Garde des Sceaux, ministre de la Justice, et par le ministre de la Guerre, qui sont chargés d'en exposer les motifs et d'en soutenir la discussion :

Article unique.

Le capitaine d'artillerie breveté Dreyfus (Alfred) est, par dérogation à l'article 4 de la loi du 20 mars 1880, modifiée par celle du 24 juin 1890, promu chef d'escadron pour prendre rang du jour de la promulgation de la présente loi.

Fait à Paris, le 13 juillet 1906.

Signé : A. Fallières.

Par le Président de la République :

Le Président du Conseil, Garde des Sceaux,
Ministre de la Justice,

Signé : F. Sarrien.

Le Ministre de la Guerre,
Signé : Eug. Étienne.

Nous croyons devoir extraire du *Journal Officiel* le passage suivant :

M. le Président : — Voici le résultat du dépouillement du scrutin :

Nombre de votants	515
Majorité absolue	258
Pour l'adoption	473

(*Applaudissements vifs et prolongés à l'extrême-gauche, à gauche et sur divers bancs au centre.*)

Contre . . . . 42.

La Chambre des députés a adopté,

Votre président, messieurs, enregistre avec fierté ce vote (*Vifs applaudissements à gauche et à l'extrême-gauche*); il consacre par une loi le triomphe de la justice (*Nouveaux applaudissements*) qui depuis deux jours vaut à la France les acclamations du monde. (*Applaudissements répétés.*)

Le même jour, la Chambre adopte le projet de loi suivant, par 477 voix contre 27.

PROJET DE LOI

PORTANT RÉINTÉGRATION DANS LES CADRES DE L'ARMÉE DU LIEUTENANT-COLONEL D'INFANTERIE EN RÉFORME PICQUART (MARIE-GEORGES) AVEC LE GRADE DE GÉNÉRAL DE BRIGADE.

(Renvoyé à la Commission de l'armée.)

PRÉSENTÉ

AU NOM DE M. ARMAND FALLIÈRES,
Président de la République française,

PAR M. SARRIEN,
Président du Conseil, Garde des Sceaux, Ministre de la Justice,

ET PAR M. ÉTIENNE,
Ministre de la Guerre;

EXPOSÉ DES MOTIFS

Messieurs,

La Cour de cassation, toutes chambres réunies, a, par arrêt du 12 juillet 1906, cassé sans renvoi le jugement de condamnation prononcé le 9 septembre 1899 par le conseil de guerre de Rennes contre le capitaine Alfred Dreyfus.

La proclamation de l'innocence de Dreyfus démontre la légitimité des efforts que le lieutenant-colonel Picquart, au risque de briser définitivement sa carrière, tentait loyalement et courageusement dès 1806 pour faire triompher la vérité.

Cet officier supérieur, mis en réforme le 26 février 1898, ne peut être réintégré que par la loi dans les cadres de l'activité.

Nous vous demandons en outre d'effacer définitivement les effets de cette réforme, de lui conférer le grade de général de brigade auquel sont parvenus 64 officiers moins anciens que lui dans le grade de lieutenant-colonel ou d'une ancienneté égale et de faire remonter sa nomination au 10 juillet 1903, veille du jour auquel a été promu le plus ancien de ces officiers généraux.

Le Gouvernement est convaincu que le Parlement voudra s'associer à cette œuvre de réparation et de justice et c'est avec confiance qu'il propose à l'adhésion de la Chambre des députés le projet de loi dont la teneur suit :

PROJET DE LOI

Le Président de la République française,

Décrète :

Le projet de loi dont la teneur suit sera présenté à la Chambre des députés par le Président du Conseil, Garde des Sceaux, Ministre de la Justice, et par le Ministre de la Guerre, qui sont chargés d'en exposer les motifs et d'en soutenir la discussion :

Article unique.

Le lieutenant-colonel d'infanterie breveté en réforme

Picquart (Marie-Georges) est réintégré dans les cadres de l'armée et promu général de brigade pour prendre rang du 10 juillet 1903.

Le temps passé par le lieutenant-colonel Picquart dans la position de réforme lui sera compté comme temps d'activité.

Fait à Paris, le 13 juillet 1906.

Signé : A. FALLIÈRES.

Par le Président de la République :

Le Président du Conseil, Garde des Sceaux,
Ministre de la Justice,

Signé : SARRIEN.

Le Ministre de la Guerre,

Signé : Eug. ÉTIENNE.

Au cours de cette séance se produisit un incident que le *Journal Officiel* relate ainsi :

M. DENYS COCHIN. — Qui donc nous a affirmé la culpabilité de Dreyfus? Les vôtres toujours, les meilleurs libres-penseurs, les plus incontestés républicains.

M. ANTHIME MÉNARD. — Et M. Brisson? N'est-ce pas lui qui, comme président du Conseil, a fait afficher le faux Henry? N'est-ce pas lui qui a, à notre égard, la responsabilité de l'erreur commise en 1898, si erreur il y a? Nous n'avions aucun parti pris en arrivant dans cette chambre; en 1898 nous respections ce qui était alors la vérité légale, consacrée par une décision judiciaire.

M. LE PRÉSIDENT. — Vous oubliez, monsieur, que le faux Henry avait été présenté au ministère que j'avais l'honneur de présider par M. Cavaignac, que lorsque

M. Cavaignac a été obligé de proclamer lui-même que le faux Henry était un faux...

M. Lasies. — Qui l'a découvert, le faux? (*Bruit.*)

M. le Président. — ... J'ai demandé immédiatement qu'il fût procédé à la revision du procès Dreyfus (*Vifs applaudissements sur un grand nombre de bancs*); que M. Cavaignac a résisté à cette revision et que, malgré toutes les injures, tous les outrages, d'autres vilenies que je vous raconterai, si vous voulez, et qui s'attaquaient à mon cœur, j'ai marché à cette revision jusqu'au bout; et l'acte pour lequel j'ai été le plus injurié est celui dont je m'honore le plus. (*Applaudissements vifs et répétés sur un grand nombre de bancs.*)

M. Henry Michel. — Il restaura l'éternel honneur de votre vie politique.

M. le Président. — Ah! messieurs, peut-être trouve-t-on qu'ici je laisse trop voir et mon ancienne opinion et mon opinion actuelle ; mes chers collègues, je dois à chacun de vous l'impartialité. C'est tout. Mais je ne connais pas de situation officielle qui commande, qui permette, même, à un galant homme, ou plus simplement à un honnête citoyen, de conserver l'indifférence entre le crime et l'honneur. (*Applaudissements vifs et répétés à gauche et à l'extrême-gauche.*)

Discours prononcé à l'Inauguration du monument Scheurer-Kestner au Luxembourg.

Je ne saurais mettre la dernière main à ce livre sans donner un souvenir à mon ami Scheurer-Kestner, au grand Alsacien qui eut, le premier, le courage d'appeler sur l'erreur commise la justice de la France. Pendant de longues années cet ami cher fut si près de mon cœur, tant de liens nous unissaient dans le passé, que la tristesse me fut plus grande encore de le voir disparaître au moment où se levait l'espoir de la réhabilitation, et plus émouvant aussi l'honneur de lui rendre un pieux hommage, le 11 février 1908, au pied du monument qui lui a été élevé devant le Palais du Sénat par ses admirateurs et ses amis. Et c'est pour cette raison que je crois devoir reproduire ici le texte du discours que j'ai prononcé devant son monument au nom du Comité.

Monsieur le Président de la République,
Mesdames, Messieurs,

Devant le marbre admirable et charmant que nous venons de voir, je me rappelais le départ pour l'Alsace des restes de Scheurer-Kestner, dans la gare de l'Est. Vous y assistiez, monsieur le Président. C'était le 25 septembre 1899. Pressé par quelques amis d'adresser un dernier adieu à Scheurer, je disais :

« Mais non ! nous ne te disons pas adieu. Nous verrons dans Paris ta statue de bronze ou de marbre et ce sera, je l'espère, le couronnement des satisfactions grâce auxquelles la France aura repris la figure qui est la sienne devant le monde, celle de soldat de la Justice. »

Nous étions pourtant alors au lendemain de la seconde condamnation de Dreyfus. Obtenue malgré tant d'obstacles, la revision venait d'aboutir à ce désolant échec. Mais, ce qui nous donnait la force de parler ainsi, de nous élever au-dessus de la défaite, c'était justement l'invincible confiance que nous avait inspirée, dès le début et durant deux terribles années, la vaillante sérénité de notre ami. Grâce à lui, grâce à ce que ce mort d'hier avait mis en nous de vie et d'ardeur, de conviction et de certitude, nous voyions luire le soleil au moment même où il semblait que la nuit la plus noire vînt de se faire autour de nous.

La beauté morale de Scheurer était si pleine et si grande, sa conscience était si haute et si pure qu'en cette affaire de conscience nous nous disions qu'un tel homme ne pouvait pas errer.

C'est lui, c'est Scheurer-Kestner qui, si j'ose parler ainsi, a fait passer la thèse de l'innocence du monde des sourdes rumeurs à la réalité agissante, puis de la polémique à l'action. C'est lui qui, le premier, l'a portée à la tribune. Il le fit avec cette tranquillité sereine qui déroutait même les hostilités; je parle des premiers temps. Il fut vaincu; mais, je m'en souviens, nombre de ceux qui hésitaient d'abord à le suivre étaient convaincus qu'il disait vrai. Je sais plus d'une raison troublée qui, tout en ne lui donnant pas encore son adhésion officielle et extérieure, souhaitait passionnément de voir se fortifier le faisceau de preuves amassées par la méthode et la patience de notre ami.

C'est une grande force que d'inspirer de tels sentiments, que de communiquer cette confiance; la preuve que cette force est incalculable, c'est qu'elle nous donnait l'audace, quinze jours après la déroute et au lendemain de la mort de Scheurer, elle nous donnait l'audace de prophétiser la victoire.

La victoire, elle s'est fait attendre sept années encore.

Ce jour est cependant arrivé, messieurs.

Nous avons vu luire l'arrêt de la Cour suprême du 12 juillet 1906. Nous avons eu les deux lois votées le lendemain : Dreyfus innocenté, Picquart remis à son rang.

Le soleil que, le 25 septembre 1899, nous entrevoyions dans la petite cour du chemin de fer de l'Est, ce soleil brille de tout son éclat. Les satisfactions prédites, nous les avons eues.

Et le couronnement annoncé, le voilà : c'est ce marbre exquis et superbe que nous venons de dévoiler, comme sont tombés les voiles et les mensonges qui, durant douze années, ont obscurci la Justice.

Ce n'est pas une statue.

Par une de ces intuitions familières aux vrais artistes, Dalou a deviné l'âme modeste de Scheurer. Il a élevé un monument à la Justice et à la Vérité; il a dressé en pied leurs figures; il a placé entre elles le profil de notre ami, de celui qui les a servies jusqu'à la mort. Elles le portent à leur tour, elles l'encadrent et le présentent à la postérité.

La jeunesse des écoles, la population de Paris, viendront prendre en face de ce monument une leçon de haute morale et goûter une des plus pures jouissances artistiques qui se puissent imaginer.

Paris, dont je viens de dire le nom, Paris, en 1871, dans son patriotisme non encore troublé par les entreprises des ennemis de la République, Paris, avait adopté, pour l'envoyer siéger à l'Assemblée nationale, ce fils de l'Alsace, fils aussi d'une famille où la démocratie a compté tant de bons serviteurs : Kestner, Victor Chauffour, Jules Ferry, Charles Floquet, Risler. L'Alsace nous a repris Scheurer; il est retourné vers ces provinces arrachées à la patrie par la faute de ce régime plébiscitaire auquel de pauvres oublieux et quelques infirmes d'esprit voudraient nous ramener, sans doute pour achever de détruire la France.

Mais son souvenir demeure parmi nous. Vous l'avez vu dans ce médaillon, avec son profil si droit, si net, image de ce cœur et de cette volonté si fermes, tourné vers le palais où fut prononcée la première parole de vérité par ce bon Français, deux fois Français, fils de l'Alsace et fils de la Révolution.

Au lendemain du triomphe de la cause qu'il a servie, avec Trarieux, avec Grimaux, avec Manau, avec Zola que le Panthéon va recevoir, loin de moi la pensée de revenir sur les angoisses que nous avons traversées, sur les perfidies et les trahisons que nous avons subies. Non, je préfère reposer mes yeux et mon esprit sur ce chef-d'œuvre si doux et si harmonieux où respire, dans une atmosphère de beauté, la paix que nous donne le spectacle du devoir accompli et récompensé.

Récompensé?

Je ne voudrais pas non plus, devant ce monument de vérité, risquer un paradoxe : n'est-il pas vrai pourtant que, dans ces existences qui n'ont pas reçu leur récompense avant de s'éteindre, il y a quelque chose de plus touchant et de plus achevé? Ceux-là ont peiné pour la Justice; ils ont souffert pour la Vérité; ils n'ont connu de leur vivant que l'insolence de l'iniquité et du mensonge. Ce fut le cas de Scheurer-Kestner : rongée par trois années de luttes secrètes ou publiques, sa vie s'éteignit au moment où la cause paraissait de nouveau perdue; mais il y avait déposé de tels germes et mêlé un tel levain que la victoire était inévitable.

Il a suffi, pour découvrir la vérité, pour la faire sortir des armoires, des cartons, des tiroirs, des placards, des coffres-forts où elle était dispersée, enfermée et cachée, il a suffi, dis-je, de l'avènement au ministère de la Guerre d'un soldat résolu à la chercher, de mon ami, M. le général André.

Lisez l'arrêt de la cour de Cassation du 12 juillet 1906; tous les documents sur lesquels il se fonde, ce sont des documents trouvés au ministère de la Guerre, par lui produits et loyalement communiqués à la justice, qui mettent l'accusation à néant et démontrent l'innocence de Dreyfus.

Ces documents, le lieutenant-colonel Picquart les eût trouvés et mis au jour s'il fût resté au deuxième bureau; mais l'on y avait mis bon ordre. Témoin de la méthode, de la patience et du courage déployés par André pour les restituer, les coordonner et les mettre en lumière, je me reprocherais de ne pas le dire en cette occasion et de ne pas saluer ces deux soldats, ces deux artisans de la première et de la seconde revision, ces deux serviteurs, eux aussi, de la bonne cause. Ils se sont fait d'implacables ennemis. Que ceux-ci trouvent à leur tour en cette journée leur juste récompense!

Messieurs,

Je ne puis pas quitter le marbre symbolique que nous avons admiré tout à l'heure sans évoquer l'autre monument élevé il y a quelques années par le même artiste de génie sur la place de la Nation. Le triomphe de la République, c'est le triomphe aussi de la Vérité et de la Justice.

Je vais souvent par là, uniquement pour le contempler; je m'assieds sur un banc, je m'absorbe dans la contemplation de cette République s'avançant sur le monde, avec le geste de paix superbe et de doux commandement que Dalou lui a donné.

Et maintenant que j'ai vu le marbre sculpté à la mémoire de Scheurer-Kestner, je rapproche en ma pensée les deux chefs-d'œuvre, je fonds en une seule les deux créations de l'artiste.

La République triomphante de la place de la Nation, la République conduite par des lions, mais douce et conquérante des âmes, la Justice et la Vérité du jardin du Luxembourg, c'est le même symbole, c'est le même idéal : la République conquiert le monde parce que son vouloir est de servir la Vérité, de réaliser la Justice.

Vieux républicains qui m'avez formé, chevaliers sans peur et sans reproche de cette démocratie valeureuse qui a maintenu si haut les cœurs français, qui a su les ramener du culte de la force au service de la liberté, je vous évoque à votre tour. Vos âmes peuvent exulter et se réjouir! Puisque la République, c'est le bien, le vrai, le juste, puisque la République anime les grandes âmes et inspire les grands artistes, puisque la République, la Justice et la Beauté sont sœurs, amis disparus et chers, la République est immortelle.

Monsieur le président du Sénat, le Comité remet et confie à l'administration de votre Assemblée le monument élevé à la mémoire de Scheurer-Kestner. Il sera bien sous sa garde, sous votre garde. Scheurer a siégé parmi vous durant près d'un quart de siècle. Sous votre égide, son image servira d'enseignement et d'exemple à la jeunesse.

TABLE DES MATIÈRES

ÉMILE COLIN ET Cie — IMPRIMERIE DE LAGNY

E. GREVIN, SUCC^r

DE LA PRODUCTION

DES

MÉTAUX PRÉCIEUX

AU MEXIQUE,

CONSIDÉRÉE DANS SES RAPPORTS

AVEC

LA GÉOLOGIE, LA MÉTALLURGIE ET L'ÉCONOMIE POLITIQUE;

PAR

St CLAIR DUPORT.

PARIS,

CHEZ FIRMIN DIDOT FRÈRES, LIBRAIRES,

IMPRIMEURS DE L'INSTITUT DE FRANCE,

RUE JACOB, N° 56.

1843.